Collection « Grandes Fictions »

LES NEUF ÉNIGMES DE L'ARCHITECTE

DU MÊME AUTEUR

Autoportrait de Van Eyck, Fayard, 2000.
Livre de poche, 2001.

Une saison en Abyssinie,
Fayard, 2001.

Élisabeth Bélorgey

LES NEUF ÉNIGMES DE L'ARCHITECTE

Ramsay

« Si la construction a échoué,
si elle ne pouvait qu'échouer,
cela tenait à la faiblesse
de ses fondations. »
FRANZ KAFKA

Prologue

Neuf fois j'ai vécu, neuf fois je fus architecte, neuf fois j'ai pensé créer l'harmonie du monde, mais c'est au soir de ma neuvième vie seulement que je puis dire quelle était vraiment ma tâche. Ni le nombre d'or, ni la beauté, ni la gloire n'avaient en effet suffi à me délivrer du cycle des renaissances et du devoir de construire.

Dans ce jardin du Sud, j'écris chaque après-midi ce long rêve, je le transcris pour toi, mon enfant, cultivant l'illusion de te transmettre une connaissance, plus qu'un savoir.

Tu es au loin, tu enquêtes sur les sagas de tribus anciennes… En attendant que tu reviennes, je lance mon filet de paroles par-delà les océans qui nous séparent.

Ma mémoire n'a rien conservé du temps premier des origines, qui se perdent dans l'obscurité, l'oubli. Des abris dans la roche, des hordes respectueuses de leurs morts, artistes au fond des grottes, je ne puis que rêver, je n'y suis pas.

Tout commence pour moi en Égypte.

Quelques palmiers s'effilent sur l'azur pâlissant, non loin des rives du Nil. C'est la première image qui monte de mes vies passées, mais est-ce vraiment la plus ancienne, je ne sais pas. Je ne suis sûr de rien. Ce sont des temps si reculés, c'est une identité si fluctuante que la mienne... Au loin, des points grèges se balancent mollement sur les chameaux d'une caravane qui chemine dans l'air tremblé, et des silhouettes chétives grimpent sur les dunes qui roulent jusqu'en Libye.

Au sortir du souterrain de l'aire funéraire de nos Anciens, à Saqqarah, je suis saisi par un éblouissement, et je rends aussitôt grâces au Soleil et à sa lumière fauve :

« Béni sois-tu Khépri, le Scarabée de l'innocence des matins,

« Béni sois-tu Atoum, le zénith implacable,

« Béni sois-tu Rê, le dieu-faucon qui rougit les couchants angoissés ou suaves. »

L'ombre se terre derrière moi, j'en sens encore la fraîcheur sur mon corps plongé dans la fournaise radieuse et ventée qui inviterait plus futile que moi à l'aventure. À l'ouest, le désert et son appel séduisant, dangereux, mortel. À l'est, les palmeraies touffues protègent Memphis du vent brûlant et des tornades de sable. Au nord, le delta et la mer. Au sud, les forêts, les savanes et plus loin encore les sources du Nil. Je délaisse les hautes palissades de la tombe de Saqqarah que je vais construire pour Pharaon et m'en retourne à cheval à la ville du Mur-Blanc, la cité-forteresse de Ménès, l'unificateur des deux royaumes. J'y retrouverai mon jardin surplombant la grande digue du Nil et, sous l'ombrage, je peaufinerai mes plans pour la sépulture de Djoser, « le Sacré ».

Depuis son retour de guerre au-delà du désert du Sinaï, Pharaon, dans sa maturité virile, s'est su promis au royaume des Morts avant l'âge des souvenirs. Acclamé par son peuple, il caracolait avec ses armées traînant des nuées de prisonniers, il triomphait, gardant pour lui la certitude de sa fin proche. Le cuivre et la turquoise débordaient de ses coffres, le peuple l'adorait en dieu vivant, l'Empire grandissait, mais il n'était pas grisé. Son esprit austère évaluait en secret le travail à accomplir avant de mourir, sur son vaste pays qui s'étend des marais des sept branches du Nil jusqu'à la haute vallée du fleuve. Villes à embellir, temples à édifier, justice à maintenir, peuples à protéger…

Grâce à sa sagesse, à sa piété sans faille, l'harmonie cosmique de la vénérée Mâat s'est maintenue contre les forces du Chaos. Et les crues, revenues après plusieurs années de sécheresse, ont chassé la famine, les troubles. La colère des dieux s'est apaisée devant nos offrandes.

Ce sont des temps probes. Pharaon aime la paix, les moissons, les harpistes et la poésie. Sa justice est clémente. Mais il lui reste tant à faire.

« Imhotep, construis ma sépulture. Et, si cela me plaît, je te ferai immortel », m'a-t-il dit lors du banquet de victoire qui débordait d'insouciance.

Sa puissance ne laissait deviner aucune fêlure, sa maturité augurait de longues années de règne. En un jour si faste, pourquoi ce dessein ? Pour répondre à mon étonnement, il me désigna du menton l'un des devins de la cour.

Dans ce regard-là, j'ai lu l'ombre fatale.

Que puis-je bâtir pour Pharaon ? Que puis-je inventer pour faciliter son voyage dans l'Au-delà ? Pour y penser, je me fonds dans le désert. Là, drapé comme un Bédouin, insecte sur une mer de sable, devant le vide, je me concentre sur les travaux à venir. La brise salée de la mer vient rafraîchir mon front. La geste de nos dynasties pèse sur mon esprit, les enseignements de mon père l'encombrent. Il faut m'en dégager pour inventer, pour honorer mon roi de façon mémorable et glorieuse.

Depuis la nuit des temps, la Mort est le premier maître d'œuvre de l'architecture. Elle sépare l'espace des vivants du monde des défunts, commande aux tombeaux, aux caveaux. On construit les palais, on dédicace les temples, on bâtit les cités, les ponts, on ouvre les pistes qui tracent les alliances avec les terres étrangères, bien au-delà du pays de Pount, et on édifie les sépultures : les nôtres, faites de pisé, de briques crues, s'écroulent en quelques saisons. Petites, friables, vite oubliées. C'est insuffisant pour Djoser. Il faut trouver autre chose.

Entrelacs de dunes, ciel pur, silence, infini. La solennité de ma tâche s'accorde au temps fixe du désert.

Je suis issu d'une famille noble qui compte :
des scribes,
des prêtres,
des financiers,
un embaumeur,
et mon père, l'architecte de l'Empire…

Brusquement, c'est un autre ciel pur, une autre époque, et me voilà projeté dans le souvenir d'une autre vie… Où en étais-je ? J'essaie en vain de rattraper une saveur, une image, un nom. Impossible… Impossible de renouer le fil égyptien, Imhotep m'échappe, il a disparu, ma mémoire n'en sait soudain plus rien, tout entière envahie par la Grèce…

Peut-être n'est-ce qu'un détour, un de ses caprices courants qui affectent les cerveaux vieillissants ? En attendant, je t'invite à traverser avec moi la Méditerranée.

I

Première vie

Le châtiment de Poséidon

Au marché près de l'Agora, j'achète une tranche de pastèque à un homme qui vient d'Éleusis. Le soleil m'empêche de distinguer son visage dans l'ombre portée.

« Viens la semaine prochaine, j'aurai de belles figues ! »

Son intonation grivoise me gêne comme un geste déplacé. Je me détourne sans répondre tandis que je sens son regard sur moi. À pas lents, je m'éloigne et je mords dans le fruit juteux en essayant de ne pas salir ma tunique. Ce malotru, hirsute et sale, n'a aucune chance, il s'en doute, mais il lance ses filets, au hasard. Tout comme moi, avec un autre… Comment vivre sans espoir de séduire ?

Des Syriens vendent du bois, des paysans du miel, des herbes, des tissages colorés, des cruches, des pêcheurs bradent rougets et calamars gluants. Corbeilles de raisins, jarres d'olives, pots d'hydromel, amphores d'huile couvrent le sol, et ça crie, ça négocie, vite les drachmes changent de main, plus vite encore les paniers se vident, se remplissent, chacun content de son affaire.

« Tu ne peux pas manger ailleurs ! »

Dans la cohue, un éphèbe et son arrogant protecteur, suivis de trois esclaves, m'ont bousculé.

« Oh ! Par tous les dieux, c'est bien toi ? »

L'énorme Créon sourit jusqu'aux oreilles, ravi de m'avoir décontenancé. Dans cette face boursouflée, le charme de l'adolescent que j'ai connu s'est réfugié autour des îlots noirs des yeux. Créon est devenu riche, puissant, et son corps adipeux le dit. Il prend mes mains poisseuses dans les siennes.

« Depuis combien de temps, Aristide… ?

– N'en parlons pas… Comment vont tes affaires ? »

Aussitôt il s'engouffre dans une énumération qui le flatte : il construit des bateaux, cultive l'olivier du côté de Mégare, il a plusieurs villas (il ment, il n'en a bâti que deux – je le sais), possède chars, chevaux, esclaves, femme et enfants. Plus diverses affaires avec Athènes (je le sais aussi). Tandis qu'il s'épanouit, se penche vers moi en fausse confidence (il parle assez fort pour qu'alentour on l'entende) et replie ses doigts courts en commençant par l'auriculaire afin de décompter les bienfaits dont il jouit, sa paupière gauche reste à demi baissée, ce qui lui donne un air de vieux dindon déplumé. Il m'irrite tant il transpire l'aisance, le contentement de soi.

Derrière son épaule charnue, le bel éphèbe s'impatiente et nous lance des regards exaspérés – pourquoi ne parle-t-on pas de lui ?

« Et toi, que bâtis-tu et où en ce moment ? »

Le mépris affleure dans le ton condescendant de la question, démentant le sourire un peu mécanique.

« Des villas… Là-haut… Hélas, je dois partir…, lui dis-je en désignant l'Acropole.

– Comment, si vite ? Mais… mais… »

Ma dérobade le laisse insatisfait, il m'interroge du menton, mais je m'esquive sans souffler mot de mes projets. Qu'il doit, j'en jurerais, connaître de toute façon par ses relations à l'Assemblée. Jeune, il aimait fouiner dans les affaires d'autrui, à l'affût des détails, pour se moquer, mais surtout pour contrôler. En vérité, personne ne m'attend au Parthénon, je tourne le dos aux souvenirs de jeunesse, aux jours éteints et à sa familiarité goguenarde qui a le don de me hérisser. De quel droit me méprise-t-il ?

« Tu fuis parce que tu es jaloux », sifflerait entre ses dents Philon s'il était là.

À l'évidence, le temps l'épargne plus que moi. Créon porte beau, son allure reste digne malgré l'embonpoint. Des cheveux couvrent encore son crâne rond, et sa barbe ne grisonne pas comme la mienne. Et ce garçon, si jeune, si frais, si beau… Suis-je vraiment jaloux de ce dindon-là ? de ses richesses ? de cette tranquillité d'âme affichée, qui suppose une acceptation bonhomme de la mort ? Peut-être, peut-être pas. Mon métier m'a valu une renommée certaine, une carrière honorable, quelques *talents* également – et m'a permis de connaître Philon le moqueur.

Quelques pas, et c'est la solitude, le silence, je grimpe à travers les oliveraies vers l'Acropole d'où j'aimais auparavant admirer à perte de vue, au-delà du Pirée, le miroir étain ou saphir de la mer. Auparavant, c'est-à-dire avant la destruction par les Perses de ce lieu élu pour nos fêtes et nos dévotions. Maintenant, ce n'est plus qu'un vaste chantier de construction.

Entre-temps, il y a eu la bataille de Salamine. Et le feu de la vengeance.

Ayant attiré par ruse les lourds bateaux perses dans le détroit où ils furent coincés et brûlés, Thémistocle l'a emporté, mais, l'année suivante, les Perses ont ravagé nos sanctuaires. Sur l'Acropole se sont envolés dans les flammes ennemies les temples de l'Hécatompédos, d'Athéna Polias, d'Athéna Niké (de la Victoire), d'Athéna Hygieias (de la Santé), d'Athéna Ergané (du Travail), le propylée de Pisistrate, le temple de Dionysos Eleuthérios où l'on présentait danses, saynètes et dialogues, ainsi que celui d'Artémis, où officiaient les jeunes filles en robe safran.

Parmi les cendres tièdes ne tenait debout que la cella du temple d'Athéna Polias. Debout, mais vide – la statue de bois d'olivier de la déesse, cadeau des Dieux, avait été embarquée sur un bateau par Thémistocle dès qu'il avait su que les armées de Xerxès, bien décidées à nous détruire, foulaient la terre hellène.

En suivant ce raccourci abrupt, insoucieux des orties et des ronces qui m'éraflent les mollets, je m'essouffle sur le sentier piqueté d'ibis, de marguerites et de coquelicots, mais je le préfère à la Voie sacrée, encombrée de chars, envahie par le va-et-vient des tailleurs de pierre, des peintres, des sculpteurs. Sans parler des curieux, des pèlerins ou des femmes qui viennent leur apporter de l'eau, des friandises…

La brise soulève un peu de poussière, c'est un bel été qui meurt lentement, des feuilles à peine jaunies sur le sol crissent sous mes sandales et il fait encore chaud. Le temps est-il le nombre du mouvement, comme le prétend Aristote ?

Vieillir, s'alentir, respirer mal à l'effort, craindre la comparaison avec ce fat de Créon, redouter le regard de Philon en ôtant mon peplos... Il m'arrive de maudire les souples musculatures des athlètes du Stade, qui séduisent si aisément mon ami.

Depuis qu'il a remporté l'épreuve de la course aux chars des Grandes Panathénées et que l'amphore d'huile de l'olivier d'Athéna trône dans sa salle d'apparat, Philon la montre à tous ses visiteurs s'ils ne font pas mine de la remarquer. D'autorité, il verse l'huile translucide dans de petites coupes pour qu'ils la goûtent. Sa vanité n'a d'égale que sa niaiserie, mais sa grâce me chavire comme si j'étais un tendron du gymnase. Et quand il monte à cru pour s'en aller sur les collines de l'Hymette jusqu'aux carrières de Pentéli choisir le marbre de ses frises, qu'il a donc fière allure ! Je ferme les yeux sur les substantiels plaisirs qu'il puise auprès des boxeurs, des voltigeurs du Stade, et même auprès des carriers, sensibles comme moi à sa beauté. Mon âge me permet d'accueillir comme un présent sa nonchalance à se laisser aimer car, Aphrodite est malicieuse, il a du goût pour les hommes mûrs. Même si je brûle de ses absences, quand il revient exalté par ses prouesses, imbibé d'hydromel et blême de fatigue, je tais mon tumulte.

Trois jours que je suis sans nouvelles de lui... La marche amenuise ma contrariété qui n'est plus de la colère, plutôt de l'inquiétude. Et si jamais il lui était arrivé malheur, s'il avait fait une mauvaise rencontre ? Et si jamais je le perdais comme ça, bêtement, sans même le savoir ? Les maximes de nos chers stoïciens ne me rassérènent pas, ni les sophismes qui encombrent nos sempiternelles discussions – à user de la logique, on finit par ne plus démêler ce qui est vrai, et on peut justifier n'importe quoi, Philon s'y entend à merveille quand il revendique sa liberté.

Pour reprendre souffle, je m'arrête un instant, et goûte ce moment de simple bonheur, le plaisir ici, de vivre. Autour de moi, l'Agora et ses arbres, le marché, la colline sacrée. Que j'aime ma cité de grenadiers, de cognassiers, de cerisiers, de myrte et de thym, de sources et de miel. Ma mémoire retrouve l'enfant ravi des premières senteurs, l'ombre tendre de ma mère qui me désignait par leurs noms fleurs et fruits. Si mon cœur chante parfois, c'est à elle que je le dois plus qu'à mon père, sombre général qui n'a cessé de me heurter pour m'aguerrir. Ces odeurs d'herbe sèche, de terre chaude, de sel marin sont gorgées de la joie d'antan.

Les bruits de ferraille sur la pierre deviennent perceptibles à travers les eucalyptus, les oliviers, les haies de rosiers sauvages. Pour effacer l'outrage perse, Périclès s'est aussitôt lancé dans une colossale reconstruction, et cela fait presque dix ans que, tout entier dévoué à notre cité, il se multiplie pour tenir parole. Il veut également rebâtir le temple de Poséidon à Sounion, puis sur l'île d'Égine un autre dédié à Athéna, un triangle sacré et secret qu'il a conçu avec ses architectes. Il y parviendra car son art oratoire sait enflammer l'Assemblée, et les citoyens le soutiennent. L'opposition a beau l'attaquer en lui reprochant ces dépenses qui grèvent la cité, il continue pour la gloire d'Athènes une politique somptuaire que l'on ne peut qu'admirer tant elle flatte notre goût de la beauté, de l'ordre et de l'harmonie. Et il menace les récalcitrants : « Citoyens, si vous ne payez pas, moi je paierai et alors seul mon nom sera gravé sur les temples… » Alors ils obtempèrent. Ainsi, il a trouvé les milliers de tonnes de marbre pour le Parthénon, et les années pour l'élever…

Qu'il veuille rendre grâces à Poséidon, dont le temple a aussi été détruit, est bien la moindre des piétés, chacun en convient ; qu'il veuille consolider le port de Sounion pour assurer notre approvisionnement en céréales est une sage précaution, mais tout cela coûte si cher ! Ainsi vont les contradicteurs… Enfin, l'Odéon, consacré à la musique et qui imitera la forme rectangulaire de la tente de Xerxès, sera bâti avec le bois des navires ennemis. Dans cette revanche de la lyre d'Orphée sur la cacophonie des armes et des combats, je me plais à lire un ironique symbole de la très fragile victoire de la paix sur la guerre.

En arrivant au sommet de l'Acropole, je me dirige comme d'habitude sur le côté sud pour regarder au loin la mer, ourlée des navires légers qui ont assuré notre gloire à Salamine, et cette vue m'entraîne par la pensée jusqu'aux rives d'Égypte. Depuis qu'Hérodote a affirmé que, « comparée à tout autre pays, c'est elle qui renferme le plus de merveilles et qui offre le plus d'ouvrages dépassant ce qu'on peut en dire », je suis enflammé du désir de partir. Je rêve de ce pays qui excède la parole : quelle démesure et quelle magnificence ont rendu muet ce voyageur qui sait si bien conter ce qu'il a vu ? Oui, je rêve de l'Égypte comme d'un extraordinaire. Mais, parfois, ce sentiment diffus m'étonne et m'inquiète : à cet enthousiasme se mêle une puissante nostalgie qui n'a guère de sens, comme si cet ailleurs était un « autrefois ». Dès que j'aurai terminé Sounion, j'irai admirer les pyramides de Khéops, les colonnes de Karnak, les sphinx de pierre, j'irai sur les rives du Nil, j'irai à Memphis, à Thèbes, j'irai partout. Et si Philon le désire… il m'accompagnera. Je le souhaite ardemment, mais il ne semble guère soucieux d'élargir ses connaissances, ni de voyager.

N'est-il pas heureux à Athènes ? Sa vie le satisfait, il sculpte dans les ateliers de Phidias, il s'exerce au Stade, il pérore interminablement avec ses amis dans des banquets qui s'achèvent aux premières lueurs du jour, c'est un hédoniste effréné pour qui la vie est une fête, une perpétuelle saison de plaisirs. Mon enthousiasme pour les bâtisseurs et penseurs égyptiens si vénérables et si anciens que, par comparaison, Homère ou Hésiode semblent brouillons, lui paraît étrange. Il n'a cure qu'on leur doive le calendrier, la géométrie, dont nous usons chaque jour, ou que nos dieux soient si proches des leurs. Qu'Imhotep ait existé et bâti une nécropole impressionnante, que leur écriture puisse me fasciner le laisse plus que perplexe. Ce rêve n'est pas le sien.

Le bruit du chantier me ramène à la réalité et, me retournant, je ne peux m'empêcher d'admirer une fois encore la puissance et l'harmonie qui se dégagent du Parthénon. En ce jour d'été finissant, le temple s'illumine d'une lumière dorée qui sublime la blancheur du marbre pentélique et les couleurs éclatantes des peintures qui le décorent. J'ai beau l'avoir vu édifier, m'y être impliqué, puisque je travaille sous la férule de son architecte, Ictinos, et de Callicratès, l'habile technicien, je ne cesse à chaque visite d'exercer mon œil pour jouir de ses proportions.

Les fûts des colonnes ont été légèrement grossis aux deux tiers de la hauteur puis inclinés vers le centre de l'édifice, quant aux colonnes angulaires, elles sont à peine plus grandes et plus rapprochées que les autres, ces corrections optiques ajoutées aux calculs d'Ictinos concourent à son absolue perfection. Le savoir ne diminue en rien la jouissance que je retire de la contemplation du temple. La commission qui a retenu mes devis et mes propositions pour Sounion a jugé que je respectais, pour l'essentiel, ce qui se fait à Athènes.

Mais où est Philon ? C'est à lui le premier que je veux annoncer ma nomination, à la fois heureux de cet honneur et tourmenté par notre séparation qui durera au moins une année, voire beaucoup plus.

Au début, il me faudra vivre en permanence sur place, mon contrat le stipule, et c'est nécessaire. Même si la distance n'est pas grande, dix heures de bateau ou deux, trois jours à cheval, je ne pourrai pas revenir avant longtemps.

Dans l'atelier de sculpture, où se peaufinent les frises, métopes et frontons célébrant Athéna en lutte contre les Géants, ou des épisodes de la guerre de Troie, je n'aperçois pas la chevelure bouclée et noire de mon ami. Quoique la décoration ne soit pas achevée malgré les nombreux sculpteurs qui secondent Phidias, le Parthénon va bientôt être consacré. Philon travaille à un quadrige, mais ses ciseaux sont là, abandonnés sous les fers des chevaux, et personne ne sait où il se trouve. Sa passion équestre se lit dans la maîtrise de ses têtes de chevaux, à la fois nerveuses et épurées. La poussière du marbre m'incommode, on me bouscule, je gêne, et je bats en retraite.

Pour éviter de tomber ou de me tordre les chevilles sur le chantier qui est loin d'être terminé tant il y a de temples à refaire, je gravis les escaliers du Parthénon ornés d'un taureau et je longe les dix-sept colonnes cannelées, fines, bien polies, de la longueur. À Sounion, j'utiliserai la même technique : le fût posé directement sur le soubassement du temple, les larges cannelures, mais je n'en mettrai que seize au lieu de vingt, les chapiteaux en un anneau aplati, surmonté de l'abaque, sur lequel s'appuie l'architrave, elle-même surmontée d'une plate-bande sur laquelle alternent parties cannelées et triglyphes. Le toit, lui, est fait de panneaux de marbre et orné aux quatre coins de gouttières à tête de lion. Tout est bien net dans ma tête, bien précis dans mes yeux, soigneusement copié, recopié dans mes dessins privés, mais je ne me lasse pas de savourer chaque détail, chaque finition.

J'entre dans le temple pour y admirer la statue d'Athéna Parthénos, immense, extravagante, plus de quinze mètres de hauteur, bras, cou et visage en ivoire, peplos et armes en or. Phidias, qui l'a sculptée ainsi massive, écrasante, a su convaincre Ictinos d'adapter ses plans pour qu'elle y trouve sa place. Il n'en a pas démordu, et il a eu raison. Pour Sounion, le sculpteur de Poséidon a vu moins colossal et je n'aurai pas à tout refaire pour installer semblable géant. Coiffée d'un casque au cimier décoré d'un sphinx et orné sur les côtés de griffons et de chevaux ailés, Athéna porte sur sa poitrine une tête de Méduse échevelée de serpents, dans sa main droite elle tient une petite Victoire, soutenue par une colonne, et dans la gauche son grand bouclier qui repose à terre, sur lequel je m'amuse à retrouver le visage de Phidias chauve et les traits de Périclès en hoplite parmi les combattants des Amazones… « Sacrilège ! » crient les opposants, les jaloux. « Comment osent-ils se mêler aux dieux ? » renchérissent les pieux, les austères. Moi, j'aime cette liberté, cette affirmation facétieuse de la conscience de leur génie et de leur amitié au beau milieu des Dieux en lutte. Sereine et sauvage, grandiose et étrange, inquiétante et belle, la déesse en impose à tous ceux qui ont eu le privilège de la voir.

Ni Philon, ni mes maîtres architectes, ni Phidias ne sont là. Des peintres posent les touches finales de rouge aux architraves de la double colonnade dans la cella, ils bavardent, se lancent des quolibets, sifflotent des airs de leur cru, peu impressionnés par la géante. Des cordes traînent le long du petit bassin encore à sec, prévu pour l'humidification nécessaire à l'ivoire, mais je ne vois pas mon ami.

J'hésite.

Peut-être est-il sur le chantier des Propylées, celui que Mnésiclès supervise afin de créer un accès solennel à l'Acropole ? Entre les plans des édifices antérieurs, le respect des zones réservées aux autres temples d'Athéna et le terrain irrégulier, la tâche est difficile. Il a prévu la largeur du corps central et la profondeur du portique occidental des Propylées à partir respectivement de la largeur de la cella et de la profondeur de la salle ionique à l'ouest du Parthénon. Un peu technique, m'objecteras tu, mais la beauté est à ce prix, c'est une question de mesures, de rythmes, de nuances.

Je questionne un parent de Philon, le sculpteur Polygnote, mais il ne l'a pas vu.

« J'ai autre chose en tête que de surveiller *ton* Philon », me dit-il.

Il désapprouve mon attitude, je le sais. Et pour me signifier que je l'ennuie, il se plonge dans les proportions de ses futurs frontons sur des dessins, qu'il rectifie pour rapetisser ses chevaux aux coins...

De quel droit me méprise-t-il celui-là aussi ? On n'aime pas les vieux amoureux, ils sont ridicules. L'amitié, passe encore, mais la passion...

Je m'en vais m'asseoir en bas, sur un gradin du théâtre vide, et je contemple ce demi-cercle parfait. Nos figures géométriques et les nombres qui les codent ne sont-ils pas plus réels qu'on ne le pense ? Existent-ils en eux-mêmes, hors de nos esprits ? Je serais tenté de dire oui, si immatériels qu'ils puissent paraître. Mais je ne suis ni philosophe ni sage, et je me contente de me servir des nombres pour tracer mes plans. Une voix sarcastique me siffle que un et un ne font pas deux pour l'inconstant qui se contente de se laisser aimer.

Sur la scène vide, des fantômes bavards, drôles et acharnés à vivre se disputent un peu de joie... Serions-nous la somme de nos amours ? ou la soustraction de nos déceptions ? Il faudra bien quitter la scène un jour, et que dira le chœur alors ? et Philon ? Que suis-je pour lui ? Quelques sensations heureuses, une voix rauque, une présence qu'il regrettera peut-être, un corps connu dans le moindre repli ? Quelle mathématique rudimentaire...

Je n'en sais rien. Chacun reste un mystère pour l'autre.

Un chien dort en bas sur la scène, les cigales se sont arrêtées, signe que la température fraîchit. Des moineaux s'envolent en piaillant. Des hommes passent, Zénon marche, l'air songeur, en écoutant l'inconnu qui pérore. J'ai déjà perdu trop de temps, j'essaierai plus tard de retrouver Philon. Hippodamus de Milet m'attend dans sa maison au-delà du Phalère – là où nous descendons en procession, chaque printemps, lustrer la vieille statue de bois d'Athéna, que Thémistocle a su sauver en l'emportant en mer. Je chéris cette fête où, pour la première fois, Philon m'est apparu sous un parasol blanc. Sa beauté ambiguë, mêlant agilité et force, m'avait sidéré, et le trouble aussitôt envahi.

La mer étale, le ciel impavide, les oliviers figés, rien ne bouge. La chaleur décroît encore un peu. Le vent se lève. Les murs de la ville sont déjà loin, et je chemine à travers un pays immobile, vieux fantôme au milieu de nulle part, cavalier solitaire dans une nécropole. Les maisons, vides, comme désertées à tout jamais. C'est une impression étrange et inquiétante, seul mon cheval avance ou s'égare, comme mon esprit.

Chez Hippodamus, la pièce est protégée du soleil déclinant par des tentures grenat. À l'instar d'Alcibiade, il a fait décorer les murs, se moquant des réactions outrées qui s'en sont suivies. Nos grincheux n'aiment pas l'innovation ni les dépenses. Des statues et ses maquettes qui ont servi pour l'Assemblée du peuple laissent peu d'espace pour se mouvoir. D'un doigt, il me désigne la table, trop faible pour m'accueillir en se levant. Depuis qu'il souffre des reins, son humeur vire à la mélancolie.

« Verse-nous à boire. »

Il fait un signe pour que je remplisse à ras bord sa coupe. Son œil narquois brille, le médecin lui interdit les boissons alcoolisées, il s'en moque.

Je m'assieds près de lui, et nous célébrons, silencieux, ma désignation. Je l'ai obtenue grâce à son appui auprès d'Ictinos et de Périclès, plus qu'influents dans la commission.

« Dans quelques jours, je pars pour Sounion.

– Tout est scellé pour toi, les crédits votés, les devis acceptés. À toi de bien œuvrer, Aristide.

– Et pour toi ?

– Regarde… »

Il me désigne le plan d'ensemble du Pirée qui prévoit gymnase, agora, théâtre, bâtiments administratifs et fontaines alimentées en eau courante.

Il souffle avec difficulté, repose sa coupe et ferme les yeux.

« Aurai-je le temps de la voir bâtie ? » murmure-t-il avec anxiété.

Peut-être que non, sa maladie semble grave et c'est, j'en ai peur, la dernière fois que je lui rends visite. Hippodamus a une conception large de son rôle de bâtisseur, des capacités intellectuelles remarquables, une conscience aiguë des contingences et des besoins humains. Il a tout prévu, tout organisé.

« Quelle belle cité tu t'apprêtes à… »

Son silence m'étonne. Un peu inquiet, je m'incline vers lui, je sens son haleine fétide sur mon front. Il s'est endormi. Sur la pointe des pieds, je me retire, tandis qu'un serviteur enroule sans bruit les tentures pour laisser entrer la lumière affaiblie et l'air tiède.

De nouveau, je longe la mer, je n'ai pas le cœur à franchir les murs d'Athènes pour rentrer dans ma demeure sans avoir vu Philon.

Parvenu à sa villa, je questionne son vieux serviteur. Il bougonne.

« On l'attend pour la nuit. »

Il me sert à boire, me propose des mets sucrés que je dévore. Cette journée décisive m'a exténué.

De la terrasse je contemple les bustes, les statues en pied qui jalonnent son jardin. Philon ne sera jamais aussi grand que Phidias, il n'a pas son génie, je le sais, mais lui l'ignore encore ou ne s'en soucie pas. Il suit à merveille les innovations du maître, qui s'éloigne du monumental ancien, en affinant les corps, qui s'assouplissent, en humanisant et en individualisant les têtes, qui reflètent l'intensité des émotions. Il réussit maintenant ces drapés aériens qui ont transformé les peplos lourds et sévères en voiles légers, presque transparents, épousant le corps et révélant les formes, créant un clair-obscur par le jeu de la lumière dans les plis du tissu. Il excelle dans l'art équestre, qu'il connaît si bien, et aime sans mesure ses coursiers, il les soigne, les dresse et obtient d'eux l'impossible aux concours. Non, il n'aura jamais la grandeur de son maître Phidias. Il y faut une témérité d'âme, un talent d'exception, une liberté de pensée qui ne craint pas de rivaliser avec l'Olympe.

Philon m'a sculpté, moi aussi. Dans mes visages de pierre aux yeux morts, je suis déjà au-delà de la vie, le cheveu rare, le menton prognathe, la barbe courte, les joues affaissées. Ce corps sous les plissés légers n'est déjà plus le mien. Ce n'est déjà plus moi. Et quel fut cet homme qui était moi ? Moi non plus je ne passerai pas à la postérité ; comme mon ami, je m'applique à imiter nos maîtres étincelants, favoris des Dieux. Je n'en conçois pas d'amertume, au moins sur ce plan ne suis-je jaloux de personne, privilège de l'âge qui détache de la vanité. Aussi bien que je puis, j'œuvre sous leur direction, et c'est suffisant. Les Dieux m'ont accordé cette chance de superviser Sounion, et ce sera le grand ouvrage de ma carrière, jusque-là cantonnée à de plus modestes tâches.

Ce succès qui devrait être une joie tourne au chagrin. Le cercle parfait du soleil disparaît dans la mer, et en cette heure crépusculaire d'un bleu qui vire au noir, je m'effondre en silence au milieu de ces marbres sans vie. Combien de temps Achille a-t-il pleuré Patrocle ? Dans le souffle de la mer et du vent, la villa que j'ai dessinée pour lui n'est plus qu'un théâtre vide où je n'ai figuré que peu de temps. Privé de lui, je ne sais même plus si Sounion a du sens.

Tout ici n'est déjà que souvenir.

Nous avons été heureux.

Souvent, Philon s'accordait à mon désir. Même ses silences et ses excès m'ont lié à lui.

Souvent, nous avons lu sous ces pins, souvent nous nous sommes baignés le soir, et avons partagé le vin. Souvent nous avons dormi sur une couche parfumée de jasmin.

Nous avons été heureux, longtemps.

Nous avons été.

Philon arrive enfin, tard, la lune diaphane brille depuis longtemps, il me réveille.

« Reste, demain je voudrais te sculpter en Poséidon… »

J'hésite, l'intention me flatte, mais j'ai tant de choses à préparer pour mon départ. Il n'a pas à me prier beaucoup pour que j'accepte. Ses yeux brillent de satisfaction et de malice, que pourrais-je lui refuser ? J'enverrai un serviteur réunir mes effets chez moi.

Au réveil, le ciel d'Attique est si pur que j'en reste saisi d'admiration comme si je le découvrais. L'aube resplendit, Homère a su si bien la chanter, lui, l'aède privé de soleil, et mort en errant. Nos Dieux nous aiment dans la lumière.

Commence la séance de pose, silencieuse, interminable. Tandis que de ses doigts enduits de glaise surgit mon corps, Philon ne parle pas, ses yeux et ses mains travaillent sans relâche à saisir mes formes pour les fixer. Je suis debout, nu, tenant un glaive, fixant la mer intensément bleue. Son esprit est sa main. Il sourit quand il modèle mon sexe.

La glaise lui plaît car elle permet les remords. Quand il taille la pierre, il peine, hésite, mime son geste, se recule, reporte son regard sur le modèle, creuse enfin d'un coup sec. Puis s'arrête, contemple le trait, soupire en secouant ses cheveux bouclés :

« Le marbre est sans pardon, mais je le materai ! »

Souvent il s'essuie le front, il passe un bout de langue sur sa lèvre sèche, puis il se penche à nouveau, oublieux de mon désir, de mon attente. Son regard m'absente de ma propre vie, je disparais sous sa mesure, sous ses exigences, il me tue pour me faire vivre éternellement. Moi qui l'ai possédé la nuit, le jour je suis son esclave, en ce dernier jour plus que tout autre. Je me complais dans cette violence qui m'efface pour me recréer en dieu.

L'après-midi s'étire ainsi. Une longue sieste, et de nouveau l'atelier qui s'ouvre large sur une pinède dévalant jusqu'aux flots. Je me repais de cette vue que j'avais élue pour son plaisir, j'oublie Sounion, la tâche à accomplir.

Encore une nuit. Une tendre nuit.

Avant le chant du coq, je me glisse hors du lit, enveloppé de sa tiédeur, sans l'éveiller. Il dort, ses longs cils ombrent sa joue, son corps repose en travers de la couche, je ne vois que sa nuque, son dos puissant, la chute de reins, les cuisses qui savent serrer fort la monture. Les adieux m'insupportent, je referme la porte. Aphrodite, jusque-là si favorable, me permettra-t-elle de le revoir ? Devrai-je, comme nos jeunes filles tissant le peplos d'Athéna, m'en aller faire des offrandes mystérieuses à la déesse de l'Amour afin qu'elle exauce mon vœu ?

Dans la cour, mon épouse a surgi, théâtrale et apprêtée, tresses enroulées en chignon, tunique pâle qui moule ses seins, sa taille, ses longues jambes. Les serviteurs apportent des coffrets, du linge, mes maquettes. Elle me toise sans rien dire tandis que je vérifie si tout y est. Ses yeux cachent la secrète satisfaction de me voir affligé. Aucun reproche ne franchit ses lèvres, mais son cœur bouillonne de ressentiment, malgré le jeune esclave de Sicile qui lui sert d'amant. Tout finit par se savoir. Jamais elle n'aurait imaginé me perdre ainsi. Elle m'indiffère, et cela la ravage dans son amour-propre car d'amour elle n'a plus. Pourtant, aux premiers temps, quand elle dénouait le soir sa longue chevelure qui se répandait sur son dos, elle m'émouvait, et sa douceur envers nos fils me plaisait, infiniment. Mais je n'ai plus de souvenir depuis que j'aime Philon. Elle s'approche de moi, ses lèvres sur ma main impriment un baiser spectral, sous son apparente soumission brûle la haine. Elle élève nos trois fils en serpents venimeux et, du fond de son gynécée, ourdit je ne sais quelle vengeance. Puisse sa perfidie m'épargner la mort ignominieuse d'Agamemnon…

Le voyage pour Sounion prend deux jours. À chaque tour de roue, mon humeur s'assombrit, les soucis du temple accaparent mon esprit. C'est la première fois que j'ai une responsabilité si écrasante – serai-je à la hauteur de Phidias, d'Ictinos, et, surtout, saurai-je servir Poséidon ? Imaginer que je travaille pour mille ans, quelle étrange pensée ! Elle fait vaciller le présent, l'amour et la mort dans l'insignifiance. Le vent se lève, s'affole, les nuages obscurcissent l'horizon de leurs masses bleu-gris, il se met à pleuvoir, la côte se festonne d'écume sous les bourrasques qui cassent les branches des pins, des bateaux tanguent, résistant au naufrage, un feu crache des torsades noires par-delà les collines à l'intérieur des terres. Pluie insistante, vents rageurs, mer déchaînée, arbres en folie, le chaos en si peu de temps, et je n'ai plus d'abri. Nous devons nous arrêter, les éclairs se succèdent, le tonnerre roule ses fracas de pierre. Nous allons mourir foudroyés ou bien engloutis par un raz de marée...

Dans la nuit, les fureurs divines s'amenuisent, les rafales s'apaisent brutalement, la pluie cesse, nous reprenons notre chemin, et l'auberge me semble un palais.

Le port qui niche au creux de la baie de Sounion s'est vidé de ses navires et de toute embarcation. Des barques de pêcheurs pourrissent sous l'action corrodante du sel, leurs carcasses attendent les artisans habiles à les réparer. Filets verdâtres en tas, reflets tremblants, temps arrêté, rives à l'abandon, horizon d'attente. Sur le marché aux esclaves, quelques hommes sont à vendre. Ils frissonnent, hagards, silencieux, osant à peine regarder l'acheteur qui les enverra s'échiner à creuser la terre en chiens galeux. Plus qu'au butin pris sur les Perses, notre cité d'Athènes doit sa fortune aux mines de plomb argentifère de Laurion, près d'ici, à la pointe de l'Attique. Nous devons notre vie d'hommes libres, nos belles drachmes d'argent frappées de la chouette d'Athéna et nos immenses chantiers à ce labeur harassant de vies invisibles, sans valeur.

Délaissant le marché au poisson, les jardinets, les cabanons de pêcheurs, je grimpe en direction des temples. Les ronces rampent sur la roche et, au pied de la butte, je passe le mur d'enceinte de la forteresse militaire. Le village de garnison bien ordonné semble dormir. Où sont passés les soldats, les marins, les artisans ? Les bateaux de guerre attendent, côté sud-ouest, dans une petite rade, la prochaine sortie en mer. Je m'achemine vers le sanctuaire de Poséidon, je traverse le propylée, encastré dans un mur de fortification de l'aire du temple, en contrebas du sanctuaire. Quelques pas encore et j'y suis, c'est l'éblouissement.

D'une souveraine solitude, les ruines affrontent le ciel et la mer, je me sens aspiré par l'infini bleu.

Tout est à refaire, à rebâtir. Vers l'est, non loin, sur un autre piton rocheux moins élevé, les colonnes brisées du sanctuaire d'Athéna. Depuis la querelle qui a opposé la fille de Zeus à Poséidon pour la possession de l'Attique, ils sont rivaux. Pour emporter la souveraineté sur Athènes, la déesse, d'un coup de sa lance, a fait surgir un olivier du rocher, alors que Poséidon n'a su faire jaillir qu'une source salée. Les Dieux assemblés jugèrent que l'olivier était un cadeau beaucoup plus appréciable pour les Athéniens et lui accordèrent donc la cité. Mais, ici, c'est Poséidon qui domine.

Je marche sur les blocs renversés, la tâche sera longue, mais je rends grâce au vieux Cécrops qui a appris aux hommes à enterrer les morts et à construire les temples. Bientôt, au lieu de ces ruines, les navigateurs apercevront de leur bateau un amer parfait.

Maintenant qu'ils ont déblayé ce qui restait de l'ancien sanctuaire, ce qui a pris près de deux décades, les carriers m'emmènent choisir le marbre. Nous marchons sur des sentiers détrempés, ânes et chariots cahotent à travers les oliveraies mouillées, les pinèdes luisant de gouttelettes diamantines.

Vers midi, au détour, non loin des mines de Laurion, d'où les chocs retentissent, la carrière s'ouvre en un grand dépli de blanc, de crème, d'ocre jaune clair, de brun pâle. Je gravis les marches géantes des blocs, caresse les veines du marbre, comme mon ami le sculpteur le fait avant de l'entamer de son ciseau. Malgré les pluies des jours précédents, l'atmosphère est remplie de poussière, je respire mal. Après mûre réflexion, je désigne le marbre pour le temple.

Dès le lendemain matin, je rédige le devis pour le carrier :

« Extraire des blocs de pierre tendre, réguliers, longs de quatre pieds, larges de trois pieds, épais de un pied et demi ; les dégrossir sur toutes faces à angle droit avec surface brute, les transporter à Sounion en bon état, sans éraflure, au nombre de vingt-cinq… »

Et ainsi de suite. Ce fastidieux travail terminé, je rencontre les tailleurs de pierre qui assureront la mise en place des colonnes – moment délicat du travail. Ce sont ces hommes-là, alliant force et minutie, qui seront les vrais constructeurs du temple, plus que nous qui faisons plans et calculs.

Le contremaître s'empare des maquettes en terre cuite que j'ai apportées d'Athènes – elles guideront la taille des blocs les plus simples –, et il examine un par un les modèles en bois des blocs d'entablement, des chapiteaux, des larmiers, des blocs d'angle, pour les faire exécuter de la même manière.

« Emporte aussi mes dessins du plan du temple… Tu sauras la destination de chaque pièce… »

Sur le chantier, nous ne serons pas trop de deux à avoir en tête l'entièreté du plan, et de ses parties. Un bloc mal placé, et ce sont des heures de perdues, de l'argent gaspillé, de la peine inutile, et je tiens à ce que le travail s'accomplisse dans l'ordre.

Nous établissons les salaires, à la tâche pour les canneleurs, à la journée ou à la pièce pour les spécialistes – c'est à lui que je verserai les sommes qu'il répartira.

Nous avons décidé du meilleur emplacement pour l'atelier qui servira d'abri aux tailleurs de pièces moulurées, aux sculpteurs et aux artisans pour les portes de bronze, d'ivoire, sur le site même du temple.

Il prend également le devis où j'ai consigné les tailles pour les métopes, frontons, frises.

Je déjeune avec le sculpteur de Poséidon, qui approuve mon choix du marbre. Il sollicite mon avis.

« Regarde mes dessins… »

Il m'exaspère, je les ai déjà vus dix fois pour le dossier de la commission ! Sa statue, imposante, reste trop dans la facture ancienne, à mon goût.

« Quand est-ce que je vais commencer ?

– Dès que l'atelier sera prêt… »

Je l'exaspère aussi.

Il ne ressemble ni à Philon ni à Phidias. Rien d'attirant ni même d'élégant en lui, mais ses œuvres sont plus puissantes que son apparence. Les dieux nous manipulent à leur gré, lui comme moi. Cette intelligence de la *technè* que ne semble pas habiter l'esprit m'a souvent étonné chez d'autres artistes. On dirait qu'ils savent faire apparaître le divin malgré eux.

La modeste maison qui me sert de logis n'engloutira pas mes indemnités de résidence. Ce déclassement temporaire sied à mon état morose. La vie se réduit quand on souffre, si c'est le corps qui est atteint, on passe du lit à la table, si c'est le cœur, on passe de rien à rien, le monde n'a plus ni couleur ni saveur. Peu me chaut alors le décor de ma peine.

À l'étage, j'ai installé près de mon lit des tables vite encombrées par mes maquettes, j'y ai empilé des dessins, les doubles de mes devis. Une pièce familière à cause de mon travail, indifférente puisque j'y dormirai seul. Plusieurs saisons à passer ici, quelques voyages à Athènes peut-être. Tout est calme, la nuit comme une tombe, même le roulis de la mer sous le vent du Nord s'est arrêté. Philon a promis de venir. Je l'attends déjà, tel Énée scrutant la voile blanche du retour…

« Mangez, reposez-vous. »

Les doigts noueux de la femme préparent le vin, l'huile. Ses gestes sont sereins, sa présence simple m'apaise. Son visage ridé sourit. Je comprends à peine le jargon de sa bouche édentée, ses fils naviguent vers la Phénicie, sont mariés avec des filles de Cnossos, patrie de Dédale, notre ancêtre à tous, nous autres architectes, et le reste se perd, mâchouillé, incohérent, tandis que je décortique mes châtaignes grillées en songeant à autre chose.

Chaque soir, je m'abats sur le lit, ivre de fatigue. Les bruits de la carrière résonnent longtemps dans mes oreilles comme des plaintes. Et je crie moi aussi en dormant, la chaleur de Philon me manque, le sommeil si paisible auprès de lui ici me fuit. Que ne suis-je Zeus pour me transformer en pluie d'or, en nuée pour l'emporter avec moi ! Que ne suis-je magicien pour l'ensorceler avec des philtres ! Que fait-il dans cette Athènes si prompte au plaisir et à l'oubli ? Que ne suis-je Éole pour aller le caresser à son insu ! Je suis la moitié d'un talisman brisé. Quand l'aube point, plus lourd qu'un tas de pierres, je m'endors profondément, mais il est l'heure de se lever.

Au fil des jours, malgré le contremaître, les tailleurs, malgré la présence du sculpteur rondouillard, je me sens seul. À la carrière, malgré le bruit, je vis entouré d'une nappe de silence, les blocs surgissent taillés devant moi, je les numérote, je coche ma liste, je les envoie rouler jusqu'au chantier où je vais les retrouver et les faire placer selon mon plan. Je me partage entre ces deux lieux, comme je suis divisé entre Athènes et Sounion. Mon corps bouge, mon esprit vit deux vies, l'une presque mécanique, vigilante, technique, l'autre arpente une lande nue et vide.

L'idée fixe de revoir Philon double mon regard, mes oreilles sont tendues vers un bruit de chevaux qui n'arrivent pas, mon cœur bat pour une silhouette qui n'est jamais la bonne. Je souffre, et je me regarde souffrir avec ironie. Je n'écris pas à Philon, je ne peux pas. Il m'oublie au gré de sa jeune force.

Sous la pluie, dans le vent, je réceptionne les blocs de marbre, je les répartis pour leur mise en place, je surveille l'atelier pour qu'on commence les décorations, je paie les salaires, je surveille la pose des premiers fûts. Poséidon est déjà dressé en glaise. Le sculpteur m'agace de plus en plus. Lentement, trop lentement, les colonnes se montent une à une. La nuit, je revis le chantier, je refais les gestes du jour, et je me réveille soucieux, épuisé. Parmi cette foule de manœuvres, des jeunes gens obscènes et négligents paressent et tentent de me séduire.

Enfin, les premières colonnes sont assemblées. On les déleste des marges de sécurité, on les débarrasse des excédents, on les polit et on commence les seize cannelures. Les chapiteaux seront posés dès que l'équipe du sculpteur les aura terminés. Ça avance, ça avance... Le visage de Philon s'efface par moments, je souris, je l'oublie, je guéris. L'espace du sanctuaire se structure : on devine déjà toute la construction articulée. Quelques architraves sont mises en place sur des colonnes, et maintenant je ne rêve plus que de poulies, de treuils, de crochets et de louves.

Faire tenir ensemble ce qui, au départ, n'avait rien pour être tenu ensemble, ou plutôt réassembler dans un ordre, créer l'unité dans les distances entre les colonnes, afin de rendre visible la géométrie et nos calculs par un rapport d'équilibre et d'harmonie. Que cela soit beau à l'œil et à l'esprit. Chaque colonne est un volume autonome qui maîtrise par sa force l'espace autour de lui, tout comme le temple le fera avec ce paysage grandiose. Il sera robuste mais fin, puissant mais léger, affronté aux éléments de l'air et de l'eau, sublimant de sa perfection le cap Sounion.

Nos Dieux nous appellent à l'excellence. Grâce à nos temples, l'immatériel se fait présence, métaphysique incarnée. Toutes ces années passées auprès d'Ictinos m'ont mûri, l'âge aussi. L'équilibre, la force, la pureté, le contraste puissant de l'éclat du marbre et des couleurs sur le ciel érigeront une œuvre qui ravira le regard et le cœur des Dieux.

Les trois tavernes du village sont bien décevantes, alors je m'offre la nuit de longues promenades sur les rives. Derrière un buisson de lauriers, non loin de moi, une fête secrète a lieu : des femmes échevelées s'accouplent avec des ruffians à la lueur de torches, elles dansent en s'accompagnant de tambourins et le vin déborde de leurs coupes. Puis elles chassent leurs amants et n'en retiennent qu'un seul, le plus beau, il ressemble à Philon. Elles dansent frénétiquement autour de lui, qui rit, puis, soudain, d'un seul mouvement le poignardent, le dépècent, prêtes à dévorer ses restes.

« D'où es-tu ? »

Secoué par une poigne peu amène, je me réveille de ce cauchemar.

« D'où es-tu ?

– Du pays de Philon », suis-je tenté de répondre.

La mer est d'encre, les rives désertes sous un ciel étoilé. Les feux de mon cauchemar ne sont que les flammes du brasier d'un pêcheur. Son visage buriné, ses yeux matois, sa longue cicatrice sur le front disent le dur labeur, les traversées, la malchance. Aucune trace de Ménades ivres de sacrifice, les Dieux se moquent de moi en m'insufflant des rêves où mon amant meurt sacrifié tels Osiris l'Égyptien et Dionysos en Thrace. À la faible lueur de sa torche, le pêcheur a fini par me reconnaître et marmotte quelques excuses. Je frissonne sous mes lainages. Mon air égaré l'intrigue. À cet inconnu qui me semble aussi dévasté que moi, je confie la démesure de mon amitié, je soupire. Il pose sa main sur mon épaule dans un geste d'apaisement.

« Aphrodite peut être cruelle », me dit-il.

L'aurore nous sépare.

Des gens de l'Académie font étape à Sounion. Le fat Créon pérore avec eux. Ils visitent le chantier d'un œil inquisiteur, s'exclament, critiquent, louent, puis savourent les poissons grillés à l'anis, l'hydromel que je leur offre. Leur présence égaye la soirée, la nuit. Ils débattent sur Socrate, qu'on a condamné voilà plus de trente ans à la ciguë, et qu'ils ont vu moqué par Aristophane dans une de ses pièces récentes. Ils rient, discutent, appuient leurs mots de gestes de main. Quel plaisir de les entendre ! Chez nous, le moindre paysan sait raconter une histoire, en tirer avec plus ou moins de bonheur une leçon de vie. Mais leurs propos me torturent quand ils dérivent sur l'amitié, la passion charnelle.

L'un d'eux, frêle et sardonique, me tend une coupe avec un regard sans équivoque. Plus tard dans la nuit, il me rejoint, je cède, vite, mal, sans joie.

Il faudra encore beaucoup de mois pour en terminer, deux années entières selon mon estimation la plus optimiste. Quatre serait réaliste. D'Asie on a pu me faire parvenir en quantité suffisante du bois pour la charpente. Du marbre arrive de Paros pour une des frises, afin de varier les tons. Beaucoup de colonnes ne sont encore qu'à demi dressées. Tout en haut des échafaudages, je vérifie mes calculs, les effets optiques. J'anticipe. À l'atelier, j'ordonne d'aller plus vite, j'entre dans d'inutiles colères, épuisantes pour moi, contre le maître des tailleurs qui affirme ne pas pouvoir aller plus vite. Ruse exaspérante pour obtenir des salaires plus nombreux. Cette rapacité me suffoque, ils finissent par me haïr tant mon humeur devient désagréable. Athènes me presse, ma femme me réclame de l'argent, me menace, sa famille la dresse contre moi. Comme Pénélope, elle ne m'oublie pas, mais c'est par haine. Toutefois, elle n'ose pas sans ma permission venir jusqu'ici afin de régler les affaires qui lui paraissent si urgentes.

Rien de Philon – je n'ai que ce manque de lui.

La guerre du Péloponnèse qui s'annonce, la peste qui rôde, des amis qui meurent, les bateaux qui accostent avec leurs contes d'ailleurs, les intrigues arachnéennes d'Athènes – la rumeur du monde ne m'atteint plus, je travaille, ou plutôt je voudrais travailler car l'hiver ralentit tout.

Il neige et je grelotte. Je somnole, je dessine, je m'empâte et m'attriste en longues lapées. J'ai froid aux os. Je ne retourne plus à la carrière, c'est une corvée que j'ai déléguée pour les derniers blocs. Les ouvriers tombent malades ou se terrent chez eux, le froid est humide. Rien n'avance.

Philon n'est pas venu, ne viendra pas, n'a jamais eu l'intention de venir. Comment ai-je pu un instant y songer ?

Tout est mort, gelé. L'arsenal dort, les bateaux en cale, des soldats succombent à la fièvre.

La vieille hôtesse essuie des larmes. Est-ce pour ses fils qui ne reviennent pas ? Elle se casse, marche avec difficulté, se trompe en cuisine, oublie, bafouille pour s'excuser, elle m'insupporte. Ses mains tordues manient encore l'écuelle, le pot d'hydromel, mais pour combien de temps ? Irai-je consulter l'oracle à Delphes et me mêler aux pèlerins pour connaître l'avenir ? Des vapeurs de la terre la Pythie puise sa clairvoyance, mais Apollon parle-t-il vraiment à travers elle ? Je soupçonne quelque supercherie... Ces grands prêtres sont si informés de tout, si politiques. Et puis je connais la réponse. Philon ne m'aime pas. Je sors dans le vent chercher quelques bûches pour ranimer un feu à peine tiède.

Le sommeil me fuit, je marche longuement sur les plages froides en proie à la mélancolie – on m'a déjà soigné autrefois pour cela. J'en reconnais les signes, l'immense fatigue, le découragement, l'insomnie. De loin, le temple me semble une ruine plutôt qu'une promesse. Au fur et à mesure qu'il s'établit, c'est moi que j'ensevelis. Chaque bloc posé, c'est un souffle d'amour qui se pétrifie, un souvenir heureux qui s'en va, une tendre illusion qui se dissipe. De moi il ne restera rien, je m'en vais à chaque jointure, je disparais à chaque sculpture, chaque finition m'achève. L'espace sacré régnera sur les flots, il accueillera le mystère des dieux de l'Olympe, mais il engloutit ma destinée : les Parques patientent pour couper le fil de ma vie dès que j'en aurai terminé. Leurs ombres me poursuivent. Cette pensée devient obsédante, je me retourne hanté par des visions funèbres plus réelles que moi-même, cela m'effraie, ce n'est pas un temple que je bâtis, mais le tombeau de ma passion, et j'en mourrai. Et si Poséidon s'irritait de la démesure de mon cœur, de cette tristesse sans sagesse alors que je le sers ?

Avec la lumière blafarde du jour, la forme pure du temple s'impose et me rassérène immédiatement. Le ciel gris pour l'éternité rehausse son éclat, l'étain n'est que l'écrin de la blancheur des pierres. Poséidon, le dieu qui l'habite déjà – je ressens sa présence comme une brise mutine –, veillera dans une demeure digne de ses bienfaits envers nous, peuple de marins. Durant des siècles, mon temple conservera sa beauté, j'en suis sûr, et je vois se déployer un futur rempli de cohortes de fidèles marchant vers lui, d'offrandes déversées au-dehors de la cella, de grandes cérémonies sacrificielles bigarrées célébrant les batailles gagnées, les empires conquis. Une perspective infinie s'ouvre devant moi, comme si je connaissais déjà l'avenir, comme si je devais ne jamais pouvoir me libérer du Temps, mais un Temps sans direction ni sens, en quête d'un secret, en butte à une énigme, à une malédiction qui sans cesse me contraindrait à bâtir, à bâtir… Ce trouble n'est que passager, et ma mélancolie s'évapore dans la certitude de l'après.

Le corps de pierre aux proportions parfaites n'efface cependant pas les lignes tout aussi parfaites du corps de mon amant. En lui j'avais retrouvé la même harmonie qui préside à nos constructions, chez lui organique, chez nous autres technique et spirituelle. Sa beauté est le chiffre de mon âme, la cella de mon être vieillissant, le nombre d'or de ma vie, aussi fixe et mystérieux que celui qui nous obsède dans l'architecture sacrée. En moi je protège cette harmonie de l'amour, de la durée qui se suspend. Après tout, que Philon se partage en abondance n'est que justice. Que serait un dieu oublié, un chef-d'œuvre sans regard pour l'admirer ? Que serait un temple solitaire ?

Une invisible Circé me retient ici prisonnier – je ne me décide pas à prendre un cheval, je ne m'y résous pas. Cette passivité, que nous attribuons aux femmes, ne laisse pas de m'étonner. Deux jours de voyage, et Philon serait à portée de désir. Boudeur, silencieux, capricieux. Je saurais le reconquérir, il est si prompt à l'échange, au plaisir. Pourtant, non, je ne bouge pas. Sortilège de Poséidon qui me veut tout entier à sa célébration ? Ou renoncement ? Trop tard, trop vieux, trop las ? Mon dernier feu ? Que Philon ignore l'abattement causé par son indifférence me sauve du pire. Que son profil se penche vers d'autres lèvres, que son corps vibre en d'autres étreintes, qu'il s'éloigne donc, c'est bien ainsi, et je dis oui.

Après Sounion, j'embarquerai pour l'autre rive de la Méditerranée. Oui, je m'en irai comme Ulysse faire un long voyage pour délivrer non pas une Hélène infidèle, mais mon cœur obstiné. Personne ne m'attend nulle part, et je n'ai d'autre Ithaque que mon art, qui me sera refuge et patrie pour les années qu'il me reste à vivre. Poséidon m'a longuement occupé, et peut-être me sera-t-il favorable en cette future traversée pour l'Égypte. Je l'en prie en travaillant du mieux possible. Je me nourrirai de la grandeur des pharaons, j'étudierai les pyramides, les temples, j'honorerai

Imhotep, je descendrai le Nil, et je m'oublierai, puisqu'il le faut. À mon retour, détaché, libre, j'enseignerai le peu que je sais à mes fils. Et quand je croiserai Philon, je ferai semblant de ne plus me souvenir de lui.

Telle une colombe discrète sur la terrasse, le printemps parfumé s'est insinué avec sa couleur lilas, et les orangers en fleur frémissent sous la brise douce à la peau. Je me prends à regretter mon épouse, dont la beauté rayonne en ces mois de renouveau. Le port s'anime, les voiles étoilent le bleu de la mer, le marché aux esclaves reprend ses transactions criardes, le teint des femmes s'éclaire comme leurs robes à longs plis qui découvrent parfois une cheville de reine.

Avec la sève printanière, l'énergie me revient. La douceur du temps est propice à l'accélération des travaux, aux finitions du sanctuaire sur lesquelles je veille avec un soin maniaque. Le sculpteur a presque terminé la statue de Poséidon. Le dieu est debout, haut, bras tendu avec son glaive, nu et barbu, vigoureux et puissant, trop proche des Kouros de l'ancienne manière. Il n'a pas imité Phidias, que la commission assume ses choix. J'aurais préféré plus de vie. Philon a-t-il coulé dans le bronze l'ébauche de glaise faite lors de notre dernier jour, comme il l'avait promis ? Sans doute pas, mon corps manque de fermeté pour un dieu si vigoureux.

Comme les saisons, les gestes se répètent, les œuvres éclosent, le ventre des femmes s'arrondit, et les hommes s'ébrouent, souplesse retrouvée, mains agiles, regards rieurs, cœurs légers. Ils aiment me taquiner, leur animosité s'est dissoute avec le temps clément, et leur familiarité n'est plus déplaisante, elle transperce enfin cet invisible mur qui m'entourait. Ils savent que nous avons encore plusieurs mois devant nous, l'été et le long automne doux seront féconds. Peut-être que l'an prochain le temple sera prêt. Et dans mon esprit, il sera chant, il chantera au-delà de la terre, par-delà la mer, il chantera pour longtemps notre piété, notre amour de la vie.

Je traverse le chantier pour me rendre à la cella, que l'on peint. Heureux, le sculpteur me fait signe du sommet de sa statue dont il fignole la courte chevelure bouclée. C'est presque un jour de victoire pour lui et pour moi, même si nous ne sommes que les jouets de Poséidon.

Mon absence ne sera pas longue. Mes derniers ordres donnés, je m'en retournerai à Athènes, enfin. Et je reviendrai vite.

Je n'entends pas le cri d'alerte, je ne vois rien, je continue à avancer. Je perçois le léger souffle que produit un déplacement d'air. Je ne devine dans l'ombre du sanctuaire que le visage tendu et la bouche ouverte du sculpteur qui veut me dire… Une pierre mal jointe tombe d'un bloc. Je comprends qu'il arrive quelque chose, mais je continue vers Poséidon. En un éclair me traverse le souvenir du rêve de Périclès, visité par Athéna lui donnant conseil pour soigner un ouvrier tombé d'un échafaudage…

Mais il ne s'agit pas de cela. Tout va très vite. Je veux regarder pour comprendre. Je m'arrête, prêt à poser une question, je jette un regard vers le haut…

À peine ai-je senti les battements de mon cœur s'affoler lorsque j'ai vu la pierre fondre sur moi, à peine ai-je éprouvé cette difficulté à respirer qui me prend si souvent au contact de la poussière du marbre, à peine ai-je souffert du choc sur mon corps…

Je ne sais plus.

Une intense suffocation.

Et, juste avant, le visage de mon épouse, jeune encore, lumineuse, les cheveux épars sur ses épaules nues. Quel crime ai-je donc commis pour qu'elle me lance un tel regard courroucé ?

Puis le noir absolu.

Jamais je ne verrais l'Égypte et ses pyramides dans le désert. Resté dans l'oubli du passé et dans l'ignorance de la tâche à accomplir, je devrais revenir encore plusieurs fois, bâtir de nouveau, et chercher à travers ce travail la clé de ma destinée…

Première fugue

Je suis un charognard qui hante les ruines, les mousses, je suis un aigle qui s'ébat dans les antres d'Hécate. Aigle ou vautour, quel maléfice me fait changer d'époque, de monde et de règne ?

De mes ailes puissantes, je vole de l'extrême pointe du Groenland au désert de Gobi, de l'ocre des canyons d'Amérique aux grisailles du Tibet, des terrasses du Machu Picchu aux totems de l'île de Pâques, puis je me repose dans le sourire du Bouddha de Borobudur, je plane le long de la muraille de Chine, des minarets d'Ispahan… Je niche, solitaire, sur les barrages du Nil, et dans le sillage boueux des navires je heurte le pont de Brooklyn.

Deuxième vie

Notre-Dame et Moïse, l'enfant trouvé

« *F* comme foi, comme fenouil, comme fougère, répète ! *F* comme fougasse, *f* comme France, *f* comme les feux de l'enfer, répète !

– *F* comme faim.

– Insolent ! Malgré toi, malgré ta mauvaise tête, je ferai quelque chose de toi. Arrêtons-nous manger, au prochain bourg. »

Oh oui, manger ! M'en mettre plein la panse ! Depuis que je vis, peut-être même dans le ventre de Blandine la Folle, j'ai toujours eu faim, été comme hiver. Surtout l'hiver. Le tiraillement qui ne me laissait pas de repos s'est calmé depuis que l'abbé m'a emmené loin du village. Il nous faut marcher jusqu'à Paris, passer les gués, payer les taxes, montrer patte blanche aux soldats. Je traîne un peu.

« Dieu veut que tu marches, alors avance », rouspète-t-il en tournant sa grosse tête vers moi. Son œil est sans pitié.

Les jambes de sa mule s'ouvrent grandes sur les sentiers, et lui vocifère que je marche pour Dieu.

Depuis que nous allons ainsi, je prie plusieurs fois par jour. Sur son dos, il a accroché un parchemin tout gratté de choses inutiles, gribouillé des deux côtés, il y a même des trous dans la peau, avec les lettres, bien grosses et joufflues, et chaque jour une lettre. Si je n'ai pas appris à la reconnaître, il prend sa corde de moine et m'en fouette une bonne quarantaine de fois. La lettre *F* a été saignante.

« *F* comme fouet, tu retiendras, petit crétin », qu'il criait.

Son crâne en était rouge, ses yeux protubérants comme ceux d'un crapaud. Depuis, je répète, je répète la lettre, les précédentes, je récapitule, et mes pas dans les pas de sa mule, l'alphabet rentre dans ma pauvre tête. Lire et marcher. J'ai mal aux pieds, mais je n'ai plus faim, et même si l'abbé me bat, je ne m'enfuirai pas. D'ailleurs, je n'ai nulle part où aller. « Est juste ce que Dieu veut », Dieu et son serviteur me veulent instruit.

L'abbé a son idée, il m'a pris avec lui quand il a su que j'avais réparé la charpente et la voûte de la chapelle Sainte-Marie de mon village. Une toute petite église qu'on a. La grande tempête de la mi-carême avait arraché les arbres, noyé les champs, fait déborder la rivière de partout, et troué le toit de Sainte-Marie. Des éclairs terrifiants comme personne n'en avait jamais vu, des rafales de vent qui ont duré des heures.

Dieu se fâche, qu'on murmurait.

On a tous eu très peur, même Melchior le maréchal-ferrant qui me sert de père. Des gravats avaient rempli la petite nef. De la poussière commençait à descendre des colonnes, des murs, ça annonçait le désastre. La statue de la Vierge en plâtre bleu et or, on ne la voyait plus sous la poussière. On s'est mis à genoux et on a prié pour que la colère de Dieu s'arrête, on a fait pénitence, et père Bernard, notre vieux curé, nous a confessés un par un.

J'étais malheureux, j'avais de la peine pour la Mère de Dieu, qui grelottait sous la pluie et se desséchait au soleil. J'avais l'impression qu'elle voulait me dire quelque chose. En enlevant la poussière, j'ai cru entendre :

« Mon petit Moïse, fais donc quelque chose.

– Mais quoi, Sainte Mère ? »

J'aurais juré que j'avais vu ses paupières se lever et ses lèvres bouger. Mais je me méfiais, je pouvais bien être aussi fol que la Blandine. « Mon petit Moïse », personne ne m'appelait comme ça. Après, j'ai prié la Sainte Vierge, mais sa statue de plâtre bleu et or, les mains jointes, le regard tourné en haut, n'a plus parlé.

Il y en avait une autre de Vierge, sur un tableau, maintenant détrempé, où elle souriait en tenant son Enfant dans les bras, vêtue d'une belle tunique bleue, avec d'autres femmes autour. Que de *Je vous salue Marie, pleine de grâce*... je lui ai récités à celle-là, je lui causais dans mon cœur.

« Mère de Dieu, prends soin de ma mère, de mes frères et sœurs, c'est au Paradis qu'ils doivent être avec toi, qui es si belle et si bonne. Ils ont bien de la chance, au moins ils peuvent se reposer. Est-ce que tu ne pourrais pas empêcher que ça aille de travers, que le Melchior m'embête, que les autres me houspillent pour un rien ? Même le curé, il se fâche quand je dors dans son église. » Et bien d'autres souhaits que je ne disais à personne.

Dans ses yeux, il y avait une douceur qui me rendait tout chose, car ma mère à moi, Blandine, je ne l'ai pas connue du tout.

Toujours est-il qu'après l'orage les jours passaient, la statue s'abîmait, et le tableau aussi. Je tournais autour de l'église en me demandant ce qu'on pourrait faire. Ça me tracassait. Je dormais mal, j'étais le seul à me soucier de l'église dans le village. Puis, une nuit, la Vierge m'est apparue dans un rêve et m'a dit :

« Moïse, mon petit Moïse, tu vas prendre soin de moi, tu ne peux pas m'abandonner. Répare mon église. »

Une grande dame blanche d'air ou de fumée, avec une couronne de pierres précieuses, qui me souriait. Cette fois, j'en suis sûr, je l'ai entendue, sa voix céleste, oh, une voix douce mais ferme, une voix mélodieuse que je n'oublierai jamais. Je n'ai pas osé raconter ce rêve à quelqu'un, on se serait moqué de moi ou bien on aurait été jaloux que la Vierge me parle. Le vieux père Bernard m'aurait pris pour un orgueilleux, le pire des péchés à ce qu'il disait.

Alors je m'y suis mis, à réparer. J'ai voulu renforcer la voûte, qui avait souffert de la tempête, en cherchant à sentir le volume, son poids. Comme je ne savais rien calculer, j'ai échoué. J'ai recommencé, ça n'allait toujours pas. J'ai pleuré. Le curé a ordonné à Louis le maçon de me donner un coup de main. Il m'avait prêté des outils pour extraire de petits blocs, je les ai apportés sur mon dos et j'ai attendu qu'il veuille bien les tailler pour remplacer les quelques pierres qui menaçaient de tomber, et qu'il a ensuite posées avec du mortier ; et pour les planches de la charpente, j'ai scié les arbres abattus par la tempête. Finalement, la voûte a tenu de nouveau. Puis j'ai colmaté les lézardes des murs, des colonnes. Melchior, ça lui plaisait pas, je ne travaillais que pour ça, mais le curé lui a dit de me laisser faire, pour mon salut ça comptait. Alors Melchior ne m'a plus frappé pour que je reste à ferrer les chevaux.

« Dieu t'a aidé, m'a dit l'abbé recruteur quand il m'a fait venir vers lui.

– Je veux bien, mais j'ai peiné pour ça », que je lui ai répondu.

Il m'a giflé. Ça m'a tellement surpris que je suis resté à le regarder comme un idiot. Charles, le menuisier, et Louis, le maçon, ont bien ri. Louis ne veut pas aller construire à Paris, il gagne ici de quoi manger et il n'aime pas la ville. Charles, c'est pareil, il ne veut pas bouger. Que l'abbé me prenne donc comme apprenti, moi, l'enfant trouvé.

L'abbé a demandé où était ma mère.

Blandine la Folle, c'est comme ça qu'ils l'appelaient, est morte en me mettant au monde, moi j'ai survécu en braillant très fort. On m'a trouvé dans un panier tout près de la rivière où la pauvre femme s'était réfugiée pour me faire naître. Mais je ne lui ai pas raconté ça. J'ai dit :

« Maintenant, c'est Agathe, ma mère. Elle habite avec Melchior. »

On était là à se regarder, l'abbé et moi, et Melchior souriait.

« Si tu veux, l'abbé t'emmène à Paris. Je suis d'accord. »

Melchior, il avait bien voulu être mon père quand le père Bernard lui avait dit :

« Puisque tu veux un fils, et que le bon Dieu ne t'en a pas prêté, tu en as un tout trouvé. »

Et il lui avait montré le panier avec moi dedans.

J'étais nu, pas même un linge, et comme Agathe avait dit oui, Melchior a dit oui aussi. Alors je suis resté chez eux, où j'ai eu faim, j'avais toujours faim. Il m'a gardé dans sa bicoque parce que notre vieux curé lui avait glissé une pièce, et les pièces, il aime les compter dans son tiroir, le soir à la chandelle, même s'il n'en a pas beaucoup.

Alors, Melchior qui me sert de père a répété :

« Réponds donc, tête de mule, tu pars avec l'abbé ? »

L'abbé me toisait, et ma joue était rouge de sa gifle, c'était pas un bon début, mais Melchior avait déjà donné son accord. Je n'avais pas vraiment le choix. Je n'ai rien dit.

On était assis autour de la table, on n'y voyait plus guère, la nuit tombait et je ne comprenais qu'une chose, que Melchior, ça le débarrasserait, que je m'en aille. *Tu es toujours fourré à l'église à regarder la Sainte Vierge, si tu crois que ça nous aide* ! S'il croit que je veux être comme lui ! À passer mon temps à planter des clous dans les pieds des chevaux... Et puis le feu leur fait peur, ils se cabrent, c'est nerveux, sensible comme tout, les chevaux. Ils n'aiment pas ça, ils veulent qu'on leur parle à l'oreille, qu'on les caresse, qu'on leur donne à manger, qu'on les brosse avec douceur. Melchior, avec son tablier de cuir sur son gros ventre, sa force, il les rudoie, et il me faisait peur à moi aussi. Il avait juré que je serais, que je le veuille ou non, un bon maréchal-ferrant, il m'a emmené plusieurs fois à la foire aux bestiaux, il m'a appris à jauger les chevaux. Et à boire avec lui. Sauf que je devais conduire la charrette après, car il cuvait fin soûl.

Quand il montait sur Agathe, ça m'empêchait de dormir. Dans le lit, j'avais beau m'éloigner, je les sentais bouger, Agathe gigotait et criait, ils croyaient que je dormais, mais leur odeur me dégoûtait, je ne gardais rien ces soirs-là, j'allais prier la Vierge :

« Mère de Dieu, toi qui sais ce que c'est que la douleur, avec ton pauvre fils mort pour nous, aide-moi. Le Melchior est une bête, fais qu'il soit moins méchant avec l'Agathe et avec moi, aide-moi, bonne Marie, dis-le à ton Fils, à Dieu le Père. »

Et le père Bernard me retrouvait dans un coin de l'église sur de la paille, affamé.

« C'est ma vraie maison », que je lui disais.

Il ne répondait rien, mais ça lui plaisait pas trop.

« Monsieur l'abbé, faut comprendre, il n'est pas comme nous autres, rapport à sa folle de mère », reprend Melchior, puisque je ne disais ni oui ni non pour mon départ.

Ma mère, notre vieux curé essayait de l'habiller, de lui faire la leçon. Blandine ne comprenait rien. Il lui interdisait de communier, c'était tout, mais il la laissait assister à la grâce du Tout-Puissant pendant la messe. Comme elle était aussi forte qu'un homme à la tâche, on lui donnait de la soupe, du pain, en échange.

Dans sa cahute, il n'y avait qu'une paillasse avec un drap grisâtre. Presque tous les hommes du village s'y sont couchés avec elle une fois ou l'autre. Ils venaient en cachette. Blandine disait jamais non, le feu au corps qu'elle avait. Même que la grosse Berthe avait surpris son mari et qu'elle l'avait traîné à peine reculotté à travers le village en le battant. Tout le monde avait bien ri de les voir. Depuis, chaque fois que ma mère passait, Berthe criait : « Fous le camp, espèce de putain ! » Les autres femmes l'insultaient aussi, mais, à la longue, elles se sont fatiguées parce que *Blandine était vraiment idiote.* Le curé me répétait ça avec de la peine.

À la messe, je détaillais les hommes pour voir à qui je ressemblais. Mais j'ai eu beau chercher, je n'ai pas trouvé mon père honteux. Je suis blond, avec des yeux noirs, plutôt maigre. « Un chat efflanqué », dit Agathe. Et eux, ils sont noirauds, costauds. Des gros nez, des mentons fuyants, des sourcils épais, un air fermé, méfiant, menaçant. Puisque tous, sauf Melchior, mais c'est lui qui le dit, ils ont été dans sa cabane aux pierres, forcément c'est l'un d'entre eux. Quand je me regarde dans la rivière, je vois un triangle pâle troué de grands yeux sombres, un nez fin, des cheveux frisés. À moins que ce soit un étranger, un colporteur, un pèlerin, avec Blandine on ne sait pas.

Une fois, je me suis allongé sur la paillasse abandonnée de Blandine, mais ça m'a fait triste. Personne n'avait enlevé les pierres de toutes les couleurs qu'elle ramassait dans la rivière. Les plus belles, elle les avait disposées en croix, par terre dans un coin. Les autres, elle en avait fait un petit enclos, elle s'y nichait des jours entiers, elle hurlait comme une bête malade, on entendait ses grognements, les autres attendaient qu'elle se calme, mais le curé, lui, il allait la déloger pour qu'elle mange, se lave et retourne à l'église. Cela fait beau temps qu'il nous a quittés pour le bon Dieu. C'est lui qui m'a raconté.

De temps à autre je vais prier sur la fosse commune où ils sont tous enterrés, *Tu es poussière et tu retourneras en poussière,* et qu'on rouvre pour y mettre des gueux. Et depuis, on attend toujours un autre curé. On nous a oubliés, je crois. L'abbé qui m'emmène, lui, il n'est que de passage dans la région. Il sert un évêque de Paris.

Il s'est arrêté au village pour donner à boire à sa mule, et on lui a raconté pour notre église. Comme je ne répondais toujours rien, l'abbé m'a expliqué que je serais payé, que j'aurais un métier. J'ai opiné de la tête, alors il s'est arrangé avec Melchior qui ne voulait pas y perdre, puis j'ai embrassé Agathe qui pleurait en demandant de ne pas l'oublier. Il s'appelle Pierre, mon nouveau maître.

« Cesse de geindre, Moïse, allez, récite la prière au bon Dieu. »

Je récite le *Notre Père*. On est fourbus, il a fait chaud toute la journée, on est enfin allongés dans l'étable d'une auberge. Il n'y a plus de chambre même à plusieurs, les lits sont tous pris. Je me mets à genoux, lui aussi, et on prie dans l'étable, comme les Rois mages, sans Jésus, ni Marie, ni Joseph.

Le paysage n'est plus le même que chez nous. Il n'y a plus de marais. On est passés par des vallons, des bosquets, une rivière avec des ponts. Après on a continué, puis ça été une plaine et des forêts. On ne s'est jamais perdus, il y a beaucoup de chariots, de chevaux, d'hommes sur les routes. Jamais j'aurais imaginé ça. L'abbé demandait son chemin, juste pour s'assurer qu'il restait dans la bonne direction, mais il savait où il allait, ce n'est pas la première fois qu'il faisait le voyage. Il a donné ses dernières pièces pour qu'on ait du pain et du lard. Il a béni l'aubergiste, qui le lui a demandé.

« Endors-toi, demain nous serons à Vézelay.

– Qu'est-ce que je ferai exactement à Paris ?

– Ils te donneront de quoi manger, et tu travailleras pour eux.

– Ils font quoi ?

– Une belle, une grande église pour la Vierge. »

Comme je n'ai personne au monde que la Sainte Vierge, je trouve ça bien. Tout de même, je risque une autre question :

« Pourquoi vous m'emmenez, moi ?

– Parce que tu sais sans savoir. Et là-bas, tu sauras ce que tu sais. »

Comme il est vite fâché, je n'ai rien dit, mais je n'ai pas compris. Après tout, il a été au séminaire, il lit le latin, il a de gros livres avec plein de dessins, de calculs, dans ses sacoches que porte la mule. Ce n'est pas le cadet d'un seigneur, plutôt un fils d'artisan, il n'aime pas les paysans, ça, je le vois rien qu'à son air dégoûté quand il longe les bicoques sales, ou quand il enjambe les rigoles de purin au milieu des hameaux, mais il a des ordres de monseigneur pour trouver des hommes de main. Les siennes, de mains, sont calleuses, on dirait un maçon, avec un cou de taureau, des épaules larges. Il marche trop vite pour moi. Il n'en a pas emmené d'autres, je ne sais pas pourquoi, il n'a que moi, cette fois-ci. Pourtant ce n'est pas ça qui manque, les hommes de main.

Il s'endort et moi je me lève regarder les étoiles. Je sais qu'il dort, car il lâche un petit sifflement. Ses paupières fripées sont bien closes. Comme ça, il a l'air bon, avec son menton lourd, son cou blanc vers l'encolure de la chemise. Il s'appelle Pierre, *Tu es Pierre, sur cette pierre je construirai mon Église.* J'attends encore un peu pour sortir dans la cour. Bientôt, ce sera la Saint-Jean, et les fagots s'entassent. Les chiens dorment, je m'esquive sans bruit, je vais sur le pré.

Mille étoiles scintillent. J'aime ces nuits claires. Ils danseront dans les champs, peut-être même qu'ils s'aimeront, je les ai vus, moi, dans mon village, s'en aller se cacher et s'unir. En les épiant, je me donnais du plaisir, même si le père Bernard, notre curé, m'a dit qu'il fallait arrêter, que c'était un très gros péché, mais je ne comprends pas que le bon Dieu nous l'interdise, il nous a créés avec ces choses-là, comme les bêtes.

Devant ce ciel étoilé et si pur, je pense à la Vierge de fumée et d'air de mon rêve, je vais m'allonger dans le lit de la terre pour contempler le murmure de la beauté de Dieu. Je demande pardon à la Vierge qui connaît ma faiblesse car quand je me sens si bien, je le fais, c'est plus fort que moi. Peut-être que j'ai un grain de ce côté-là comme Blandine la Folle. Et je me dis que c'est mieux qu'elle soit morte, ils auraient fini par lui faire du mal un jour ou l'autre.

Pour m'éduquer, l'abbé me montre le fronton de l'église dans l'abbaye où l'on s'est reposés. De cette terrasse on voit le jardin à flanc de colline, de larges champs en bas, ça respire la terre fertile, les moissons faciles. La rivière dont j'aperçois les reflets de cristal s'appelle la Cure. Les collines alentour baignent dans une brume bleutée. Mais il ne me laisse pas admirer longtemps la campagne, il m'explique :

« La construction de pierre où l'Église rassemble ses enfants pour rendre gloire à Dieu est la préfiguration charnelle du Temple éternel de la Jérusalem du ciel. »

Et il me parle du Temple de Salomon et de la Jérusalem de notre terre, et de bien d'autres choses que je ne connais pas. Puis il se tait : je regarde le tympan avec au centre le Christ, dans une tunique plissée, les bras ouverts, et ses apôtres, plus petits, à ses pieds ; puis le premier demi-cercle où l'abbé me désigne les Juifs, les Cappadociens, les Arméniens et d'autres étrangers encore. Et ensuite, dans le deuxième demi-cercle, un homme nourrit ses chèvres de pousses d'arbres, la fauchaison, le blé est versé dans une huche, enfin tous les travaux de saison – et le signe du Zodiaque qui leur correspond. Il déchiffre l'inscription latine du Capricorne dans le dernier médaillon : « En ses membres, il est l'image de décembre. » Je suis né sous ce signe, paraît-il.

Sur cette sainte colline, ils vénèrent Marie-Madeleine la pécheresse repentie, qui a été l'apôtre des apôtres puisqu'elle a été le premier témoin du Christ… Blandine était aussi pécheresse qu'elle. Mais on ne lui a pas pardonné et ma folle de mère n'a jamais vu le Christ. Ici, on prie devant les reliques de l'ancienne putain, il y a des pèlerins qui viennent de loin, ils ont l'air aussi fatigué que moi. De là sont parties les croisades. Je ne sais pas trop ce que c'est.

L'église suit la forme d'une croix latine, l'abbé me parle du narthex, de la nef et du chœur, en me les montrant – pour ça il veut que je comprenne bien et j'apprends peu à peu, grâce à lui, le jargon de mon futur métier –, ils sont très étirés, comparés aux deux bras courts du transept (les deux couloirs perpendiculaires à la nef, qu'il me dit), qui est en chantier pour être agrandi. Une lumière inonde la nef grâce aux arcades de côté, puis on voit le chœur tout de blancheur et ruisselant de clarté – je reste bouche bée devant cette merveille.

« Nous voilà passés des ténèbres de l'Ouest à la lumière du soleil levant… le Christ triomphe de la mort… »

J'ai compris qu'ici règne l'équilibre, avec le rythme des travées, la décoration qui magnifie les lignes, je remarque les dessins en forme de palme des arcades, le bandeau de rosaces à mi-hauteur, Pierre m'explique les formerets (les arcs dans l'axe de la voûte recevant sa retombée) et la partie supérieure des chapiteaux (c'est l'abaque). La pierre va du gris cendré au blond doré, nuancée par endroits de vert et de rose. Il me fait voir l'alternance des arcs qui séparent deux voûtes (les doubleaux), les grandes arcades de claveaux (des pierres taillées en coin) clairs et foncés. Avec tous ces mots techniques il m'embrouille un peu, mais c'est beau, ça, il n'a pas besoin de me l'expliquer. Et l'abbé continue : l'implantation de l'église tient compte de la position de la Terre par rapport au Soleil, etc. C'est mon premier cours d'architecture sainte, mais ça, je le comprendrai bien plus tard.

« On est le 24 juin, c'est le jour de la fête de saint Jean-Baptiste, tu le sais, tout de même ? Bon, regarde bien ces taches lumineuses, par terre, tu vois ? Regarde, il va bientôt être midi, et, là, à midi pile, tu verras au milieu exact de la nef, de travée en travée, que les taches forment comme les pierres d'un gué dont le but serait le chœur. »

Et à midi pile, il me dit :

« Vas-y. »

Alors je pose mes pieds sur chaque « pierre » de ce gué immatériel, la lumière me traverse comme si j'étais devenu un vitrail et j'arrive jusqu'à la profusion de clarté du chœur, je me retourne, ébloui et plutôt content, et l'abbé lui aussi est content.

Nous quittons les moines silencieux qui nous ont donné du fromage, du pain, de la soupe. Ils sont calmes, très occupés à leurs champs, leurs fromages, leurs prières, et j'ai l'impression qu'on n'a été chez eux que des ombres, du bruit. C'est l'aube encore fraîche, luisante de rosée. Près de la rivière, la mule se met à boitiller. Elle a un caillou dans son sabot, je sais comment le lui enlever. J'en profite pour demander pourquoi tant d'abbayes sont dans les forêts ou sur de hautes collines, alors il me répond, tout triste :

« À cause des guerres. Et des guerres, il y en a eu beaucoup, tu sais. Des invasions…

– Des hommes à cheval qui ravagent tout, qui brûlent les bicoques, violent au passage et saccagent les terres…

– C'est ça… Alors les moines se sont cachés dans les forêts où ils ont bâti des abbayes derrière d'épaisses murailles pour se protéger, ou ils ont choisi des lieux difficiles d'accès comme celui que nous venons de quitter. »

On racontait beaucoup de choses au village sur les armées qui apportaient la mort. Mais maintenant, c'est la paix, il y a du commerce dans les villes qui s'agrandissent et du monde pour prier dans les églises. Et de l'argent pour construire des cathédrales, et des évêques pour les vouloir.

« Chez nous, c'est pas les guerres qui ont tué, mais l'épidémie, qui a emporté mes frères et sœurs, la femme du Louis, le maçon, puis ensuite ç'a été la fièvre des marais. »

Je demande :

« Pourquoi le bon Dieu permet tant de douleurs en si peu de temps ?

– On a beaucoup péché, Moïse, c'est pourquoi il faut être pieux, prier et penser à son salut. Et Dieu le Père nous accueillera avec ses anges autour de lui. »

On marche encore, et encore. Des jours durant, et la chaleur augmente, et les blés mûrissent, et les villages se succèdent, et l'eau fraîche des puits nous désaltère. On fait de petites étapes, on traverse Auxerre, Troyes puis plus tard Reims. Laon est encore plus au nord, en Picardie.

« Paris, c'est pour après, marche, Moïse. »

Il ne m'a pas dit qu'on irait à Laon d'abord. Ça s'embrouille le soir dans ma tête, c'est comme si je voyageais en même temps sur plusieurs routes, la vraie, caillouteuse, sèche, qui fait gonfler mes pieds et qui m'emmène loin du village, celle des lettres qui dansent sur le parchemin, puis il y a celle de la Bible que je lis sur la pierre sculptée des églises, et peut-être encore une autre, la mienne, qui va, guidée par la voix de la Vierge dans mon oreille. Le soir je m'endors comme un cheval fourbu, la nuit ces routes s'entremêlent, et je me réveille au petit matin aussi éreinté que la veille.

À Laon, nous arrivons vers midi et aussitôt on va à la rencontre des maçons, qui habitent sur la butte près de la cathédrale, dans une auberge. De loin, ses cinq tours dominent, deux qui encadrent la façade à trois portails ornée d'une immense rosace, les trois autres alignées au-dessus du transept, la tour-horloge est à la croisée. Je n'ai rien vu de pareil, jamais.

« Vous êtes là à temps, on part pour Paris demain », dit un homme en donnant l'accolade à l'abbé.

Sec, le cheveu rare et gris, le visage creusé de rides, Michel ressemble à un vieux saint, mais ses longues mains aux ongles cassés ne bénissent pas, elles taillent la pierre, elles bâtissent des cathédrales.

Il nous sert à boire, commande une poularde, des haricots, du fromage frais, une tarte aux cerises.

« On va se joindre à vous, un peu comme les chevaliers des croisades, répond l'abbé en rompant la miche de pain.

– C'est quoi, les croisades ? dis-je en découpant les deux cuisses bien rôties de la poularde.

– Moïse sera un bon apprenti, il ne sait rien de rien, mais tu verras, Michel, il te sera utile. Je t'expliquerai… » dit l'abbé sans me répondre.

Je m'empiffre sans piper mot. Je ne sais rien, je m'en rends compte chaque jour en marchant, en épelant mes lettres, en écoutant l'abbé, en traversant les villes. Notre chevalier à nous est parti en Terre sainte, il y a déjà plusieurs années, mais je ne savais pas qu'ils étaient des milliers à faire ça dans notre pays. Je vivais dans le village, occupé à clouer les sabots des chevaux et à pêcher dans la rivière, à me faufiler dans les marais ou dans l'église pour qu'on ne me trouve pas, et c'était tout.

« Les croisades, c'est quoi ? » que je redemande.

L'abbé prend le temps de me raconter, et quand il est lancé, son gros visage devient plus clair, presque beau. Il se sert plusieurs rasades de vin frais, il utilise selon son habitude beaucoup de mots que je ne comprends pas, il parle autrement que chez nous. Je fais semblant de le suivre dans son prêche pour ne pas l'irriter.

« Les chevaliers vont apporter avec leurs armes le message du Christ à ceux qui ne le connaissent pas, c'est une guerre sainte, et ils vont à Jérusalem récupérer le tombeau du Christ qui est mort pour nous tous et qui est aux mains des infidèles. »

Michel, le maçon, écoute et me fixe tandis que je mange une troisième part de tarte. Il doit se demander à quoi je vais bien pouvoir lui être utile. Son regard m'évalue : trop fluet pour un tel travail. Dans le silence qui suit, je murmure à l'intention de Michel :

« J'ai toujours faim, mais… je suis plus solide que j'en ai l'air… »

Ils s'amusent de ma réaction.

Et l'abbé de raconter comment j'ai rebâti la petite chapelle Sainte-Marie.

Ensuite, sur l'ordre de Michel l'Ancien, des maçons m'ont conduit à « leur » cathédrale, dont Villard de Honnecourt fera, plus tard, des dessins célèbres.

Ils sont fiers des trois nefs, des piliers ancrés, des colonnettes pour soutenir l'arc de voûte et de la pierre qui « chante ». En effet, elle résonne comme un long soupir.

« Cela n'a rien de divin : les colonnettes compriment d'en haut et d'en bas les forces à l'œuvre. »

Ils me montrent des tracés sur des murs. Une des tours a été dessinée, on n'a pas représenté les autres, inutile de prendre trop de place pour ça. « S'il fallait tout dessiner, il nous aurait fallu un parvis entier, et bien plus encore, tu comprends ? » Là-dessus, ils ont superposé d'autres lignes, d'autres dessins, et du coup je ne discerne pas très bien ce qu'ils m'indiquent.

Ils répondent à mes questions avec patience, le doigt sur les croquis, dénouant l'écheveau des lignes, c'est recopié d'après les plans du maître d'œuvre.

Ils me font admirer les animaux réels et les autres, ceux de la mythologie, qu'ils ont sculptés.

« C'est quoi ?

– De très anciennes histoires, avant la venue du Christ, avant la Bible, et on s'en est servi pour donner des noms aux constellations du ciel, tu sais ça ?

– Oui, l'abbé m'a dit que… »

Eux, ils ne sont pas comme l'abbé, tout ce qu'ils m'expliquent est clair. Ils ne s'agacent pas de mes questions. J'ai pu regarder les vitraux à mon aise et retrouver ma Sainte Vierge dans plusieurs d'entre eux, celui avec l'Enfant Jésus sur ses genoux est mon préféré.

Le lendemain, nous voilà partis. En chemin, je parle peu, j'écoute les maçons de Laon. Une cathédrale, ce n'est pas que de la pierre, c'est la maison du Seigneur et on l'oriente vers le lever équinoxial du soleil, par exemple, l'abbé me l'a déjà dit à Vézelay, mais j'avais oublié. Ils ont l'habitude des apprentis, je le sens à leur façon de se moquer de nous, les chiots, comme dit Michel l'Ancien. L'abbé me laisse avec eux, il discute avec un autre abbé de choses très compliquées dont je n'ai jamais entendu parler, où il est question du pape, des évêques, de notre bon roi. On s'arrête pour manger, on s'étale dans l'herbe, on pique un somme, et l'abbé nous réveille, il trépigne et ses bajoues couperosées s'agitent, ça nous fait rire en douce.

« Dis donc, Moïse, qui c'est qui t'a appelé comme ça ? me demande Michel, un jour qu'on se reposait dans un verger, sous un cerisier croulant de cœurs rouge-noir qui nous ont taché les mains et les lèvres.

– C'est le vieux curé de chez nous, le père Bernard. Il m'a trouvé près de la rivière.

– Et celui de la Bible, qu'est-ce que tu en sais ?

– On a trouvé Moïse dans une corbeille sur le Nil, une dame l'a recueilli et élevé comme le fils du roi d'Égypte. »

Pour moi, il a continué l'histoire, et j'ai appris que Moïse était devenu le guide de son peuple, alors esclave en Égypte, et qu'il l'avait ramené libre en terre d'Israël. Le passage de la mer Rouge m'a laissé bouché bée, sa colère contre le Veau d'or aussi.

Il parle posément, lentement. Il ne me lâche pas des yeux pour vérifier si je suis ce qu'il dit.

« Moïse est mort avant d'arriver, mais il a reçu les Dix Commandements sur la montagne sèche et brûlante du Sinaï. »

Puis Michel se tait. Lui, l'ancien croisé, qui a voyagé jusqu'à Constantinople mais n'a pas poursuivi jusqu'à Jérusalem, lui qui a choisi de s'arrêter pour apprendre des musulmans la géométrie et assimiler leur savoir-faire, il se tait. Ce sont les autres qui me l'ont raconté en me recommandant de ne pas lui poser de questions, mes « pourquoi » pourraient l'énerver. Comme Moïse, il n'a pas pu contempler ce qu'il était parti chercher. Pourquoi s'en est-il retourné ? Sans doute chassé par les infidèles, craignant peut-être pour sa vie, lui l'étranger qui avait déposé son glaive pour la massette et la laye. Nul ne sait exactement ce qui s'est passé en terre byzantine.

Michel l'Ancien suçote un noyau de cerise.

« La saveur du fruit laisse la place à une légère amertume, un peu comme la vie. »

Autour de nous, les autres somnolent ou font semblant, l'abbé ronfle la tête sur son sac, les cerisiers croulent de fruits. Plus loin, nos mules dans les herbes hautes et sèches, puis la vaste plaine jaune foncé sous le ciel absolument net.

« Je ne suis que le fils de Blandine », lui dis-je avec une pointe de regret.

Ni prince ni guide, je suis un apprenti, je subis un abbé qui me fouette pour que je sache les lettres, et je trottine avec des inconnus vers une terre que nul ne m'a promise. Alléluia. Comme s'il m'avait entendu penser, il lâche :

« C'est un beau nom, sois fier de le porter et mérite-le. »

Ça me remue ce qu'il a dit, je le regarde fixement, et je pense à mon père, cet inconnu…

Paris, enfin ! Dieu, que c'est très bruyant, il y a plein d'églises, de maisons à encorbellement qui assombrissent les ruelles fétides, le fleuve et une myriade de barques, une petite île sur laquelle le chantier nous attend, nous autres bâtisseurs. Il pleut beaucoup, *c'est un été pourri*, qu'on répète en pataugeant entre les chariots, les équipages de chevaliers, les charrettes. Avant d'arriver – pardonne-moi, mais l'art de raconter m'est peu familier, les mots m'ont manqué dans cette vie-là –, on est allés à Saint-Denis voir la cathédrale de Suger.

« Tu vas voir ce que peut faire un fils de paysan qui aimait la lumière et les pierres précieuses, dit l'abbé.

– Suger était un pauvre, comme toi, insiste Michel.

– Qui est devenu conseiller du roi..., ajoute l'abbé pour me faire savoir que c'est encore lui mon maître.

– Mais ce qu'il voulait, c'est que la gloire de Dieu soit bien visible aux yeux des ignorants comme toi... Alors il a fait rebâtir le chœur, installer des vitraux, construire un déambulatoire et des chapelles annexes, il a commandé des décorations, de beaux reliquaires. C'est lui, le premier qui a dégagé l'entrée et agrandi la nef afin qu'on puisse voir l'élévation de l'Eucharistie pendant la messe. Et comme c'était beau, que la consécration avait été grandiose, d'autres évêques du royaume ont voulu l'imiter. Et celui de Paris aussi, voilà pourquoi nous sommes ici. »

Quand je suis entré, je suis resté muet : la lumière des vitraux incendiait tout l'intérieur et ça m'a saisi le cœur, je suis tombé à genoux. Ma pauvre petite Sainte Vierge de plâtre bleu et or, si elle avait vu ça ! Même à Vézelay, ce n'était pas aussi grand, même à Laon ce n'était pas aussi majestueux.

L'abbé m'a caressé la tête, et je lui ai avoué le rêve que j'avais eu, j'étais comme à confesse. On s'est assis pour causer, il m'a fait répéter, préciser, on aurait dit qu'il se méfiait. Après, il m'a longuement fixé d'un air bizarre. Puis il m'a dit que je devais me conduire en bon chrétien, obéir et prier, bien apprendre mon travail de maçon. Il a beaucoup prié ce soir-là, et j'ai vu dans son visage comme une expression de souffrance. Depuis, il ne s'est plus mis en colère contre moi.

Les bâtisseurs de Laon n'ont rien dit non plus dans la cathédrale de Suger, celle qu'ils viennent de terminer est pourtant belle. Plus haute aussi, avec de grands vitraux et une rosace imposante, ils ont pris leur temps pour tout regarder, et Michel en a attrapé un torticolis à la nuque pour faire des croquis. Ils en ont beaucoup causé le soir.

L'évêque de Paris, Maurice de Sully, avait ordonné la démolition de l'ancienne basilique dédiée à saint Étienne et de la petite église de la Vierge, et notre chantier n'était, pour l'heure, qu'un grand espace tout chamboulé, au bord du fleuve, sur l'île. Selon les plans, des dessins sans cote précise ni plan de coupe ou de surface, – on ignorait ces outils-là –, la cathédrale devrait faire 35 mètres de haut, plus de 130 mètres de long et près de 48 de large. Autant dire plus grande de dix mètres que celle de Laon, qui n'en fait que 24. Les deux tours : 69 mètres de haut avec 368 marches pour grimper au sommet. C'était à qui construirait plus grand, plus haut. Je me demandais si le péché d'orgueil leur serait pardonné à ces disciples de Pierre, le premier bâtisseur de l'Église. Mais on était plongés dans cette grande folie de Dieu.

Le roi Louis VII et le pape Alexandre III ont posé devant nous la première pierre. Jamais je n'avais contemplé un si beau spectacle, avec les armures, les lances, les pierreries, les croix qui scintillaient comme une houle de soleil. Pierre, mon abbé, a siégé à l'arrière de son évêque et de son pape, qu'il semblait connaître, à côté des princes, des chevaliers. Leurs habits brodés, les mirtes scintillantes, la lenteur de la cérémonie m'ont fort intimidé. Que j'étais loin de mon village, de ses masures sombres, du purin qui puait dans les cours remplies de poules, du gros Melchior en tablier de cuir qui me houspillait tout le temps ! La bénédiction nous a mis à genoux, et un souffle divin a parcouru l'échine de la foule, manants aux mains calleuses, nobles aux mains blanches, gentes dames aux mains de soie, unis, humbles devant la grandeur de Dieu et confiants dans la miséricorde de la Vierge. Quand le soleil s'est mis à briller à travers les nuages, comme dans les images du Saint-Esprit, on s'est tous dit que le bon Dieu approuvait, on n'en doutait pas, mais qu'Il nous envoie un signe, c'était encore mieux, car il nous faudrait du courage pour aller au bout de notre entreprise. Moi, l'apprenti maçon, l'enfant septième de Blandine dite la Folle qui servait sainte Marie depuis longtemps, l'émotion m'a pris et je me suis mis à pleurer comme un veau, que je ne savais même plus comment m'arrêter.

Dans mes hoquets, c'était tout mêlé, j'étais petit, ignorant, misérable, mais je me sentais sauvé par la Vierge, par cette cathédrale qu'on allait lui bâtir… Comme si Noé m'avait embarqué sur sa nef, et Noé c'était à la fois le gros Pierre, mon abbé, qui m'avait amené là et Michel l'Ancien qui m'y garderait. En même temps, je renâclais d'être si peu, j'aurais tant voulu être le maître d'œuvre, en pourpoint de velours, avec de hautes chausses de cuir souple !

Dans l'assemblée je le voyais, avec sa tête sérieuse, son air digne. Béni par l'évêque, il doit cheminer sans peine dans la vie que Dieu lui a faite belle. Sûr qu'il n'a jamais connu la faim, les coups, sûr qu'il sait qui est son père, qu'il peut embrasser sa mère, il a un nom, une réputation. Sa tête sérieuse ne pense depuis des mois qu'à ce projet qui sera encore plus beau que les autres cathédrales de chez nous et d'ailleurs. Sûr que c'est un artiste dans son genre, un vrai maître, qui est reçu à la cour, écouté du roi et de son Conseil. Mieux encore que Michel l'Ancien, il domine les questions techniques, les arts, les métiers, et il est capable de défier les forces et les poussées, de les contrôler pour élever bien haut le bâtiment à la gloire de Dieu. Sûr qu'il le sait, il va tous nous éblouir avec sa cathédrale extraordinaire, et je parierais qu'il doit penser qu'il a gagné sa place au Paradis.

Voilà le maître d'œuvre penché à la fenêtre d'une maison non loin du chantier, une demeure bourgeoise, et du haut il scrute le vide du chantier en compagnie d'un homme rude, râblé, vif. Ensuite, ils retournent dans la pièce aux meubles vernissés, suivent les lignes géométriques tracées sur le parchemin. Il explique en peu de mots, l'autre comprend, puis ils vident un gobelet de vin, grignotent un fruit, une belle dame paraît avec des faisans, de la confiture d'airelles.

Après avoir bien mangé, ils tournent autour des plans, griffonnés de détails dans les coins, là où le tracé a laissé un peu de place. De nouveau ils contemplent l'espace au-dehors, la Seine, les maisons à encorbellement d'en face. Ils sont émus, ils voient déjà se dresser la future tour nord avec ses quatre cloches, la tour sud et son énorme bourdon qu'on va fabriquer au cœur de la terre. Ils admirent déjà la grande façade presque carrée. Ils franchissent les portails, suivent la galerie des Rois, montent à l'étage de la grande rosace, et marchent le long de la galerie ajourée juste au-dessus qui reliera entre elles les deux tours, ils vont jusqu'aux toits, ils surplombent les arcs-boutants. De là, ils admirent le ciel griffé par les toits, le Louvre, les quartiers sur la rive gauche qui enserrent celui des escholiers, et leurs regards reviennent au fleuve qu'ils scrutent jusqu'au bout de l'horizon. Ils se fondent dans la lumière du soleil qui inonde la rosace, la plus somptueuse qui ait jamais été faite.

Cette scène que j'imagine en ce premier jour se répétera puisque se succéderont plusieurs maîtres d'œuvre. Je connaîtrai Jean de Chelles, qui fera graver – mais je n'y serai plus – dans le soubassement du transept sud : « *Maître Jean de Chelles a commencé ce travail le 2 des ides du mois de février 1258.* » On finira les croisillons et les chapelles sous Pierre de Montreuil, dont l'épitaphe indiquera qu'il fut « *en son vivant docteur ès pierre* ». On changera de roi aussi, Philippe Auguste, puis Louis IX notre saint roi, si juste et si bon, ça a duré des décennies, ce chantier-là. Le plan, lui, malgré ce défilé de hauts personnages, ne variera pas – la vision de Sully a pris corps et vie dans la pierre, plus durable que la chair périssable, que les honneurs éphémères.

Aussitôt, le chantier de Notre-Dame a débuté. Étant donné les dimensions de l'édifice, je sais bien que je serai mort quand il sera terminé. La cathédrale aura bien sûr la forme d'une croix, laquelle symbolise la Terre, tandis que le plafond voûté par les innombrables arcades en ogives représentera, lui, le Ciel. Les murs si allégés par la lumière de vitraux signifieront le changement spirituel qui nous est demandé.

« Il nous faut transformer la matière en esprit, en foi, nous devons devenir des êtres de lumière, proches de notre Créateur », me dit Michel.

Je comprends, parce que je l'ai senti à Vézelay un certain 24 juin sur le gué immatériel de lumière en plein midi, ça m'avait traversé aussi fort que la voix de la Vierge dans mon rêve, au village.

Aucun d'entre nous ne verra la cathédrale finie, mais ça ne semble chagriner personne, aucun d'entre nous ne deviendra un saint, non plus, c'est presque sûr, mais de participer à si grande œuvre, on se sent meilleurs, devant Dieu on se sait fourmis. Au village, je les observais qui se dandinaient sous leur fardeau sans faiblir jusqu'à la fourmilière, et moi j'étais le géant, comme Dieu lui-même quand il regarde sa Création. On sera ainsi, actifs, occupés, minuscules sous le grand ciel de France.

« Notre chantier de construction n'est pas un simple chantier, c'est un chef-d'œuvre, une sorte de réplique du Temple de Jérusalem », me dit encore Michel l'Ancien. Je croirais entendre le gros abbé, qui a maintenant quitté Paris après m'avoir seriné mille recommandations. Lui, il ne cesse de marcher, c'est Dieu qui le veut.

Dès le lendemain de la bénédiction, donc, on s'y mettait. C'était une petite ville dans la ville, notre chantier, c'était un pays avec ses régions, ou plutôt un grand corps fait des diverses corporations de maçons, de menuisiers, de charpentiers, de sculpteurs, de verriers, de ferronniers avec leurs chefs de chantier et d'équipe. On venait tous d'ailleurs, il y avait des gens de Flandres car les Brugeois connaissent bien la technique des arcs-boutants, nécessaires pour faire tenir notre colosse debout. En tout, quelques dizaines de corporations avec beaucoup de manœuvres.

Nous autres, ceux de Laon, sommes sous la férule de Michel l'Ancien, qui porte un grand crucifix sous sa blouse. On lui obéit parce que c'est lui qui discute les tarifs de nos salaires, c'est lui qui en sait le plus sur le métier – il a fait Laon, mais il a aussi voyagé loin en direction de la Ville sainte, et on respecte son âge. Ensuite, il y a Martin, un lourdaud teigneux qui s'échauffe vite. Les trois frères d'un village près de Laon, ils sont hauts, calmes, avec des visages taillés à la serpe, ils jouent aux dés, aux cartes, mais gare à qui triche avec eux. Ils ne se quittent pas sur le chantier, ne parlent presque pas aux autres. On sait qu'ils sont mariés avec trois sœurs qui les attendent. Simon le sculpteur et d'autres. Mon préféré, c'est un apprenti comme moi, Étienne. Il vient du Poitou, une anguille qui se faufile partout, il court si vite que je ne peux jamais gagner à la course, et il comprend tout plus vite aussi. Lui, il sait lire. On chahute les filles qu'on voit passer, on fait semblant de se battre, mais on peut pas dormir l'un sans l'autre. Des chiots, quoi.

Au début, je ne suis que manœuvre, et Michel m'envoie à la carrière, à quelque cent lieues d'ici, fabriquer les treuils, les roues à marches, je transporte les outils, je travaille à la chaux, et je regarde comme ils extraient et taillent la pierre. Il me confie à un certain Marcel, un grand Picard, qui est sans dents et avec de très longs bras. Michel lui apporte les modèles et les gabarits, ces reproductions en grandeur nature, généralement en bois, des faces à tailler dans les blocs, et des sections plus droites : les nervures, les colonnes, les bandeaux…

Ce jour-là, à la carrière, Michel me donne « mes » outils, qu'il sort d'une lourde besace de cuir, qu'il me laisse aussi. Je crois bien que c'est la sienne, tout éraflée, solide, usée comme lui. Ma joie est si grande que j'en reste muet, figé sur place, entendant encore dans mon oreille la voix mélodieuse de la Vierge qui me dit : « Moïse, mon petit Moïse… »

Michel l'Ancien me secoue :

« Voilà ta massette, hein, elle est bien lourde et carrée… Tiens, prends aussi la massette conique, la boucharde, avec ses pointes, ça, c'est pour dégrossir et émietter une surface… Ici, c'est la gradine, pour dégrossir la surface, tu peux faire des modelés. Elle laisse des surfaces labourées, striées… Et ça, c'est quoi ?

– La laye ?

– Oui, avec la laye, tu finiras une surface plane, en petits coups réguliers pour l'effriter, elle efface des épanelages et fait sortir une forme de génératrice convexe… »

Il m'a donné ensuite des gravelets, les ciseaux, pour la ciselure droite, ce sont des arêtes de pierre géométriquement justes, et aussi le « choc », qui est un ciseau pointu, épais, très dur, la broche qui prépare le terrain des ciseaux, la chasse qui permet de casser, de faire partir les gros éclats au-dessus du trait de la ciselure. Le fil à plomb, il me le remettra plus tard.

Tant je suis troublé que les explications de Michel se bousculent dans ma tête. Mes yeux ont meilleure mémoire : c'est par l'imitation que j'apprends, les outils me sont déjà familiers.

« Le fer est rare, alors prends-en bien soin », dit-il avec gravité.

Jamais je ne m'en suis séparé, et chaque fois que j'ai dû remplacer l'un d'entre eux, c'était comme un ami que je quittais. Un ami qui savait de moi le plus secret de mon corps, de ma fatigue ou de ma force.

On est nombreux à piocher la pierre. C'est rude, je ne suis que manœuvre, je manie sans grande efficacité mes outils, et ça agace le grand Marcel qui me surveille sans trop me malmener, il a beaucoup de respect pour Michel, dont je suis en quelque sorte le « protégé ».

Nous logeons non loin, dans un village où les filles nous fuient tant notre réputation d'engrosseurs fait peur. Mon corps de chat efflanqué se développe, avec des bras noueux, un dos musculeux, je deviens un homme parmi les hommes. Je veux progresser vite car j'ai envie de retourner à Paris. Il n'y a pas que Notre-Dame qui me manque, il y a aussi une fille, c'est la cousine de Guilbert le fossoyeur des Saints-Innocents, une petite bien roulée aux yeux clairs.

Maître Michel vient souvent contrôler notre travail à la carrière. Parfois il taille aussi avec nous, posément, avec une grande économie de gestes. Sous son feutre noir étoilé de fine poussière, ses sourcils se rejoignent sous l'effort, sa mâchoire se serre, son cou se tend. Il ne lève pas la tête, il oublie le vent, le soleil, les heures. Après, quand il examine le bloc taillé, ses sourcils blancs se rejoignent encore, ses mains caressent lentement les surfaces, on dirait qu'il lui parle.

Un soir, dans le lit, à voix basse comme pour lui-même, il a dit :

« Ma passion du métier m'a toujours éloigné des miens… »

« Comme elle t'a fait oublier Jérusalem ? » ça me démange de le questionner, mais je n'ose pas. Michel n'est pas un homme ordinaire, il vit d'un feu intense, secret, qui le pousse à agir comme il le fait. Ce n'est pas la foi, ou alors elle est d'une autre nature que celle de nous autres. Il y a en lui comme une douleur, un rêve inassouvi, un souci d'éternité. Je suis trop jeune pour cette pensée-là, elle viendra au fil des années.

« As-tu des enfants ?
– Tu as l'âge de mon fils aîné…
– Et ta femme ? »

Il ne répond pas, je ne sais pas quoi penser. Elle aurait pu le suivre comme d'autres le font.

La fatigue nous plonge dans le puits noir et profond du sommeil.

Quand il repart de la carrière pour rentrer à Paris, il me donne une tape à l'épaule : « Le métier rentre », et ça veut dire qu'il est satisfait de moi. Chaque fois que je vois s'éloigner sa barque dans la brume, la tristesse me saisit. Mais je n'ai pas le temps de pleurnicher, le travail reprend. J'ai tant à apprendre pour devenir un jour, peut-être, comme lui. Oh, sûr que c'est un rêve, que je n'y parviendrai jamais, mais le chemin qui me transforme compte peut-être autant que le résultat que j'espère, ça aussi je le penserai plus tard dans ma vie.

Après la taille en blocs, je suis revenu au chantier de Notre-Dame. Ils avaient commencé par le chœur, Michel en a dessiné les premiers tracés sur une aire de mortier de chaux, coulée sur une surface plane, qui sera recouverte de bien d'autres au fil du temps, les surfaces disponibles étant rares, je le savais maintenant. Au fur et à mesure que ça s'élevait, j'ai porté sur mon dos la pierre dans des labyrinthes d'escaliers qui n'avaient que la largeur de mon auge de bois. Fourmi bien disciplinée qui obéit, se presse, ne regarde que ses pieds sur les planches de l'escalier, qui frissonne sous la pluie, dans les courants d'air, fourmi heureuse, bien à sa place, accordée à la vie, à l'époque, à l'œuvre en gésine. Je sifflotais, et c'est devenu mon surnom, Moïse le Siffleur. À défaut de me rendre en Terre sainte, je parcourais cet entrelacs de sentes comme un dédale. Le soir, j'avais le dos moulu, les jambes en coton, et le tournis.

Michel me fait remplacer, et auprès de lui j'apprends à bâtir les voûtes sur les gabarits de bois des charpentiers, à calculer la pesée, à alléger le mur, l'arcade. Comme Louis me l'avait un peu montré au village, mais en bien plus compliqué. Ensuite, ce sera la taille d'art, les ciselures, la gravure. Peu à peu, je m'imprègne de la technique, j'ai le coup d'œil, je peux prévoir l'éclat, évaluer la dureté, saisir la couleur, et sentir l'âme de la pierre. Comme le bois, la pierre a sa vie secrète, on dégage sa beauté de l'inutile, du grossier, de l'informe. On s'acharne avec brutalité jusqu'au jour où l'on va avec elle, alors tout change, comme si la texture nous entrait dans la peau, on la sent, on la devine, elle nous comble peu à peu. Ce n'est plus un duel, c'est un corps à corps amoureux, de la joie. Quelle fierté alors, je me sens presque à l'égal de Dieu sortant du néant la Création entière !

Les mains osseuses, poussiéreuses, amoureuses de Michel l'Ancien, je les vois travailler, son œil et sa main calculent plus que son cerveau, il vit en osmose avec la pierre, il vit en elle. Il taille d'instinct, pourrait-on croire, mais c'est sa longue expérience qui le rend si souple, si rusé, si habile. Jamais il ne protège son visage de la poussière, il n'a que son vieux feutre contre les éclats, qui giclent parfois si haut et si fort que mon ami Étienne a failli y perdre un œil.

Martin, en frappant dur, voulait dompter la pierre, définir impeccablement ses arêtes, et il fignolait à coups secs afin de lui arracher la perfection. Épais et court sur pattes, cracheur, buveur, lutinant volontiers, de tempérament, c'est l'opposé de Michel l'Ancien, pourtant ils s'entendent, et ça de longue date. La poussière l'énerve, et quand la pierre se casse mal, il jure contre Dieu lui-même. Il ne parle pas, il aboie comme s'il devait diriger une armée de fantassins, mais son ardeur est sans commune mesure avec nous autres. Il m'a fallu aussi du temps pour admettre que sa rudesse, qui m'a valu quelques méchantes bourrades, cette exigence qui m'impatientait, c'était sa façon à lui d'être irréprochable devant Dieu, sa façon de prier, lui qui ne cesse de pester contre ces ânes bâtés de moines et leurs turpitudes. Et il n'a pas son pareil pour les dalles, sachant ajuster et rectifier d'un fil leurs angles pour qu'elles se joignent parfaitement.

De la chambre que je partage avec Étienne, mon ami l'apprenti, on peut voir les bateaux qui remontent le bois, la pierre qui vient de la carrière, les barques chargées de poissons, de légumes, qui me donnent encore faim, pourtant à l'auberge les rations sont copieuses, ça fait partie du contrat des maçons. Les servantes rient avec nous, une brunette qui n'a pas la langue dans sa poche me plairait bien, mais elle n'a d'yeux que pour Guilbert, le fossoyeur du cimetière des Saints-Innocents, juste à côté. Malgré son triste métier, c'est un gai luron. Mais sa cousine aux yeux clairs, celle qui me manquait tant à la carrière, veille au grain, elle veut me conduire devant le curé et je crois que je vais me laisser faire.

Puis je suis passé à la sculpture – et ça m'a pris la vie entière à voir la forme, à la dessiner, à la mettre en moi pour avoir le bon geste au bon endroit avec juste la force nécessaire pour creuser, ciseler, arrondir, graver, polisser. Un interminable apprentissage des yeux et des mains. Simon devient alors mon maître, il s'amuse et, s'il aime Dieu, il aime autant le plaisir avec les femmes, et n'a aucun respect pour les saintes Écritures. Il sculpte des bêtes bizarres, des fleurs folles, des femmes impudiques. Comparé à Michel l'Ancien, qui serait la rigueur, il est la fantaisie. Ils s'estiment, Simon est peut-être le seul qui sait ce qui s'est passé pour Michel pendant la croisade. Mais il ne dira rien. Du coup, sa gaieté est moins légère. Martin le teigneux, lui, serait la force domptée, et Étienne, qui va gravir les échelons du métier mieux que moi puisqu'il finira maître d'ouvrage, serait l'alchimiste. Qu'ils reposent en paix.

Tout se perd dans ma mémoire. Je me souviens de la routine du travail, tôt levés, tôt couchés. Il y eut les pluies, le vent mauvais de l'hiver qui nous clouait au sol, les soucis d'argent, des chantiers interrompus comme l'abbatiale de Saint-Denis à la mort de Suger, et ce pendant des décennies, il y eut les vols d'outils, les échecs, les bagarres d'après l'auberge, des broutilles, et puis des joies silencieuses, des frémissements du divin, et enfin la lassitude de devoir bâtir si grand, si interminable – malgré notre piété.

Dans l'immense chantier qu'était Paris, la Sorbonne s'est érigée, puis d'autres églises, et Dieu pouvait se réjouir, nous l'aimions et l'honorions. Mais, te l'avouerai-je ? par moments, j'étais comme Moïse regardant au loin la Terre promise. Bien sûr, je serai là pour la consécration du maître-autel, une bien belle cérémonie, mais ça nous aura pris dix ans, bien sûr je verrai la rosace principale, les tours, mais à demi érigées, la mort m'aura pris auparavant. Bien sûr, j'aurai marché dans la nef, sous ses cinq travées couvertes de voûtes à six parties, vu le transept, le déambulatoire et ses chapelles fines, et je me serai appuyé sur les piliers de cinq mètres de diamètre. Pourtant, la grandeur se noie dans le fastidieux pour ceux qui la fabriquent de leurs mains au jour le jour, et son inachèvement me laisse un goût doux-amer, comme le noyau de cerise dans la bouche de Michel l'Ancien.

En l'an de grâce 1218, un incendie
retarda sérieusement notre travail.

Des voleurs montés dans les combles mirent le feu
aux tapisseries avec des chandeliers.
Les flammes détruisirent charpentes et galeries.

C'était une nuit d'hiver, peu avant la Noël. On grelottait, la nuit tombait vite, et on rentrait chez soi pour se réchauffer sans demander son reste. Moi, je m'amusais à sculpter des êtres difformes, des femmes lubriques, des bestiaires, oui, dans les marges on était libres d'inventer nos lubies, et je ne m'en privais pas, comme l'avait fait avant moi le joyeux Simon, le maître sculpteur.

Ça prenait du temps pour grimper, j'arrivais essoufflé là-haut. Dans ma lente ascension, je pensais à l'effort que les montagnes exigent des bergers à la transhumance, des voyageurs qui franchissent les cols pour connaître d'autres cieux. Je n'étais plus le jeune garçon qui sifflotait avec son auge de bois, cette montée au ciel quotidienne me fatiguait, je m'accordais des pauses, je m'agrippais, je rusais pour gravir ce labyrinthe, pour m'élever au-dessus des abîmes. De là-haut je contemplais la ville, ses clochers, son fleuve, ses campagnes, et c'était un plaisir renouvelé car mon angle de vue, jamais total, jamais parfait, jamais le même, variait selon qu'il y avait grand soleil, des nuages opaques ou diaphanes, des brumes épaisses ou gazeuses, des pluies drues ou fines.

Que j'aimais ça, être livré en plein vent, si haut dans l'espace, mais logé dans les plis de la pierre, à la fois refuge et danger ! Ma cathédrale, c'était un vaisseau planté dans le monde, et l'un et l'autre tanguaient sous mes yeux de matelot hissé dans la mâture, en train de scruter l'horizon. Parfois je me figurais tel un coquillage s'accrochant à une roche, battu par les flots et les vents du large. Ma capuche, ma fourrure de lapin me protégeaient comme une carapace – et petit, fragile, je me mettais au travail, à mon labeur, au labour de la pierre.

La journée finie, je ne sentais plus mon dos, mes doigts gourds, mon visage gelé, et il fallait me glisser le long des tourelles, des chemins de ronde, des escaliers, des galeries, comme on redescend vers la vallée, vers la routine de la plaine. Tout aussi pénible, ce chemin inverse du matin, je le parcourais en silence, épuisé, presque grave. Les autres ne parlaient pas non plus, leurs silhouettes se confondaient en un long filet noir, muet, cahotant, qui suintait le long de la géante.

La cathédrale nous renvoyait à nos venelles bruyantes, à nos bicoques enfumées, à notre petitesse. Son échine monumentale s'ébrouait pour rejeter sa colonie d'insectes malfaisants. Son grand corps tailladé n'en pouvait plus, la pierre voulait du repos, le bois du silence, les piliers de la nef réclamaient la prière. Dieu ne nous voulait plus qu'absents.

Ce soir-là, j'étais si fatigué, il avait neigé pendant l'après-midi, que je m'étais arrêté dans un recoin des combles pour me reposer un peu avant de redescendre. C'était à mi-hauteur, je me retrouvais seul, Étienne m'avait quitté, déjà en bas. C'était tiède là-dedans, je me suis assis puis allongé sur un banc, le dos douloureux, et mes paupières se sont abaissées lourdement devant le motif d'une tapisserie qui représentait un paradis de fleurs et d'oiseaux entourant une Vierge à l'Enfant assise sur un trône.

J'ai sombré dans un sommeil profond et sans rêves, c'est l'odeur de brûlé qui m'a réveillé. Les flammes dansaient comme des folles, ça crépitait de partout en haut. Les combles prenaient feu, j'ai entendu des cris, ceux des voleurs qui cherchaient à s'enfuir de la galerie, la fumée me piquait les yeux, j'étais tétanisé. J'ai retourné ma fourrure côté drap, reculé aussi loin que j'ai pu, des planches commençaient à tomber, ce qui m'a affolé. Les tentures brûlaient en torsades noirâtres qui mangeaient les fleurettes et l'ourlet de la robe bleue de la Vierge. Par où m'enfuir ? Essayer de grimper plus haut, sur le toit, rejoindre l'un des escaliers de pierre, mais je ne distinguais plus rien, et le feu m'empêchait de bouger. Malgré moi, je revoyais les charpentiers chantourner tenons et mortaises avec leurs ciseaux, leur travail partait en cendres, et la fumée épaisse et noire me faisait tousser. Je commençais à réciter ma prière à la Vierge car j'allais rôtir comme au supplice. Me pressant contre une paroi de tentures encore épargnées par l'incendie, j'ai senti dans mon dos un crochet. Fébrilement, j'ai arraché le tissu, c'était une porte dissimulée, hélas, fermée, je cognais, cognais. Puis j'ai distingué deux verrous de fer, tirés de mon côté. Je les ai dégagés, la porte s'est ouverte, elle donnait dans un minuscule couloir déjà enfumé, que j'ai pris – il devait mener à un escalier extérieur si mes souvenirs étaient bons.

Non, je m'étais trompé, ce corridor aboutissait à une salle ronde, où s'entassaient des chasubles, des ciboires, des nappes d'autel, des crucifix. J'étais perdu. Le feu gagnait le couloir, faisait tomber les poutres de la galerie, j'entendais les craquements, j'allais mourir asphyxié, assommé ou brûlé.

Je palpais les murs de la salle, il devait bien y avoir une issue. Rien, absolument lisses, comme un coffre. Revenir sur mes pas, c'était mourir à coup sûr. J'ai maudit les architectes, la prudence des curés qui bouclaient ainsi leur trésor. Mon pied a heurté quelque chose de dur, et j'ai aperçu une trappe, que j'ai soulevée, je me suis glissé dans le colimaçon de bois sans savoir où il menait. J'ai descendu d'un cran dans les combles, mais le feu s'était aussi propagé dans cette sous-galerie. Je n'avais fait que me rapprocher du bûcher.

Par l'unique petite fenêtre, je pouvais sauter. Je voyais un attroupement, des silhouettes qui apportaient des seaux, enfin je devinais ces mouvements. J'étais bien trop haut pour avoir une chance de me retrouver vivant sur le pavé. Coincé, j'étais. Moïse sauvé des eaux qui périt par le feu, c'était trop bête, trop bête. Les flammes se rapprochaient, elles léchaient déjà le tapis, là, devant moi, le cœur affolé, cherchant désespérément des yeux une issue, mais il n'y avait rien. J'ai arraché les tentures. Du bon drap des Flandres, bien tissé, difficile à tordre, j'en ai eu des ampoules, mais j'ai réussi à me fabriquer une espèce de corde que j'espérais solide. Je me suis attaché à la ceinture, et j'ai fait un nœud à l'un des piliers de bois encore intact, je transpirais de fatigue tant c'était rêche, puis j'ai jeté la corde dans le vide, j'ai enjambé la fenêtre et j'ai sauté. J'ai failli me fracasser sur les murs. Je me suis balancé comme ça en priant que le feu ne démolisse pas mon pilier trop vite, ne ravage pas ma corde bien trop courte pour me sauver. J'avais le tournis, je pensais m'évanouir de peur. Personne ne regardait vers moi. Je beuglais à perdre haleine : « Au secours, au secours ! » Enfin, quelqu'un m'a aperçu gigotant comme un ver affolé au bout de sa ligne de pêche. On a apporté des échelles, inutiles, trop petites. Quelle perte de temps ! On y voyait à peine malgré les flambeaux qui se massaient. Grelottant de froid, désespéré, étranglé à la taille, j'ai cru ma dernière heure venue quand la corde s'est rompue et que je me suis retrouvé projeté vers le sol à grande, à très grande vitesse. De drôles de visions ont défilé, une pyramide ocre, des fêtes dans un temple au bord de la mer, un jardin au soleil, comme si ces lieux inconnus m'étaient familiers. Le sol se rapprochait, j'allais me fracasser, c'était fini, j'ai fermé les yeux en hurlant de peur.

Michel m'a giflé pour me réveiller, et je l'ai appelé « saint Pierre », persuadé d'être passé dans l'autre monde. La douleur m'a vite fait comprendre que j'appartenais encore à celui-ci. On m'a transporté tout cabossé à l'hôpital, je criais puis je me suis évanoui, j'avais des côtes, les bras et les mains cassés, la jambe gauche à l'équerre.

« Arrête de gémir, t'as eu de la chance, la charrette de paille t'a sauvé, tu aurais dû être totalement écrasé », a dit le médecin qui m'a mis les attelles.

Des voleurs, on a retrouvé trois cadavres calcinés, tenant dans leurs phalanges refermées comme des serres des objets en or. Le quatrième, agonisant de ses brûlures, non loin de là, est mort peu de temps après. Aucun n'appartenait à nos métiers, c'était juste des voleurs. Le désastre nous a atterrés pendant des jours. On a beaucoup prié. *Pardonnez-nous nos offenses*... La suie recouvrait tout, c'était irrespirable. L'évêque a quêté auprès des bourgeois pour renflouer sa cassette afin de reconstruire le toit des galeries, de poser de nouveaux parquets, des tentures...

Ça nous a fait perdre presque dix mois pleins – et moi, j'avais tout perdu : jamais je ne pourrais remonter sur un échafaudage avec ma patte folle, jamais mes mains ne pourraient redevenir adroites comme avant, je souffrais souvent, et aussi j'avais peur. Comment allais-je gagner mon pain ? Même la taille dans les carrières devenait impossible.

C'est à ce moment-là que j'ai été initié à la compagnie secrète dont Michel l'Ancien, Martin le teigneux, Étienne l'alchimiste et Simon le sculpteur étaient membres depuis des années, avec d'autres maçons. Michel m'a dit qu'il m'acceptait pour ma peine.

Lié par mon serment de garder le secret, je ne puis en révéler trop, sache simplement que j'ai passé un rite, celui de l'Apprenti, où l'on m'a fait jouer une sorte de saynète dans un habit spécial. Cette cérémonie s'est déroulée dans la plus grande discrétion et avec solennité dans une maison non loin de Notre-Dame ; mes vieux amis, plutôt compassés, suivaient des règles très précises. Chaque nouveau membre de la compagnie met en scène l'histoire d'Hiram, le constructeur du Temple de Salomon, tué à coups de maillet par trois compagnons qui voulaient lui arracher ses secrets. Ce crime toujours représenté à travers les siècles m'a longtemps tracassé, je ne sais pas pourquoi. Comme si j'avais à me reprocher quelque chose, mais allez savoir quoi, peut-être une femme que j'aurais tuée, ou qui serait morte par ma faute… Pour moi, simple maçon et modeste sculpteur, moi qui ai appris à grand-peine mon alphabet, c'était un peu compliqué. Ils m'enseignèrent ce qu'ils purent, m'ont maintenu à ce grade d'Apprenti jusqu'à ma mort. Mon esprit n'était pas suffisamment développé pour aller plus loin. Dans ces réunions, ils transmettaient le nombre d'or des Égyptiens, des Grecs, ils expliquaient que l'harmonie du monde que les Anciens cherchaient, nous la cherchions aussi dans la perfection de nos cathédrales. Il m'aurait fallu plusieurs vies pour les suivre, beaucoup de temps pour comprendre ces obscurités, ces énigmes devant lesquelles j'étais comme une poule devant un couteau. Je n'ai pas osé leur parler des images qui m'étaient apparues quand je chutais de Notre-Dame. Ils m'avaient appris ce qu'étaient les pyramides, mais c'était pas chrétien de penser que je pouvais les avoir connues. Comment aurais-je pu vivre et mourir plusieurs fois ? Et si c'était le diable qui m'avait fait voir ça ? Nous avons la résurrection, après le

Jugement dernier, et puis c'est tout. J'ai compris que le but de Michel, en m'acceptant ainsi dans sa compagnie, avait été en priorité de m'éviter la misère. En effet, grâce à mes compagnons, j'ai pu retrouver un travail de manœuvre au sol. La boucle était bouclée, un peu rudement, Dieu dans son infinie sagesse voulait cela pour moi, mais la fraternité humaine m'a sauvé, je ne suis pas devenu mendiant.

Dans cette vie, je suis resté un anonyme, un maçon spécialisé qui n'a rien inventé, rien imaginé par lui-même, excepté quelques petites sculptures malicieuses et si perdues dans les hauteurs que personne ne peut les voir, mais j'ai été heureux parce que nous étions nombreux, gais, parce que nous aimions travailler à la gloire de Dieu, parce que nous bâtissions de la belle ouvrage, que Paris nous approuvait, même si certains nous jugeaient trop dépensiers, parce que la foi nous faisait plus grands que nature. Moi, j'avais trouvé un père en Michel l'Ancien, dans les tailleurs presque une famille, la vie m'avait apporté ce que la naissance m'avait refusé, et dans le bâtir comme une vocation.

C'était plus grand que nous, qui le savions tous, et de notre bon roi au porteur d'eau, nos existences en ont été transfigurées. L'ambition, le savoir, la chance m'ont manqué pour devenir maître d'œuvre, mais j'ai bu à cette lumière divine que les mains des hommes ont sculptée dans le verre et la pierre. Et quand il m'est arrivé de voir, sur les vitraux, à la place de la Vierge, le visage inconnu de ma mère, la cathédrale est devenue « ma » vraie maison. Ses bras qui tenaient le petit Jésus m'accueillaient aussi, son cœur miséricordieux irradiait d'amour pour ma pauvre carcasse d'enfant trouvé.

La satisfaction d'avoir accompli du mieux que je pouvais mon travail d'artisan et d'avoir mené une vie digne me suffit, j'en reste aussi reconnaissant que lorsque j'ai pu manier les massettes et les ciseaux pour la première fois, alors que je découvrais un métier et une foi en actes. À cet éblouissement durable se mêlent un parfum obstiné de chèvrefeuille et l'éclat doré de longs cheveux dénoués jusqu'aux reins. Sans doute ai-je été un époux heureux. Était-ce la cousine de Guilbert ? Je ne sais plus. Sa généreuse présence persiste dans mon âme comme une enveloppe protectrice. Dans des bras frais, j'ai dû pouvoir me nicher en paix. Un corps charnu, des gestes calmes, une femme sereine et bonne comme ma Sainte Vierge, toute de paix et de tendresse, je suis sûr de les avoir connus.

Je n'ai plus aucun souvenir des circonstances de ma mort, probablement paisible au terme d'une vie de labeur, et c'est sans importance. Ce qu'il m'a été donné de construire dure à travers le temps, la cathédrale Notre-Dame vit encore, sans cesse réanimée par la piété des pèlerins, et honorée par le respect des curieux du monde entier. Ma joie, malgré l'inachèvement de l'œuvre, demeure.

Ainsi, j'ai appris ce que je savais sans savoir.

« *F* comme fin », aurait pu dire le gros abbé.

Que Dieu le bénisse !

Et pourtant, tu t'en doutes, je n'avais pas appris tout ce que j'aurais dû, je n'ai pas su ce que j'aurais dû, aussi le cycle de mes vies de bâtisseur continua…

Deuxième fugue

Que reste-t-il de ces grottes peintes de bisons, de cerfs, au fond de galeries étroites, où se terraient des tribus, grognant leur peur de l'étranger, écartant loin de leurs feux les ossements blancs pour séparer, bien avant Imhotep, bien avant Sounion, leurs morts de la vie ?

Que reste-t-il des pyramides ensablées, des temples de l'Attique ravagés par le feu étranger ? Que reste-t-il des autels secrets où coulait le sang pour Mithra dans Rome, conquise par les fanatiques du Dieu unique ? Que reste-t-il des villes mises à sac par les Barbares intrépides ? des châteaux ravagés par des chevaliers titubant sous leurs armures ? des mosquées rougies du sang des croisés ? des cités mayas, aztèques ? des cathédrales ?

Épiphanies de la Destruction, sourds naufrages, guerres, perpétuel tropisme vers l'informe, le silence, voilà ce qu'il m'a été donné de contempler dans l'effroi. Était-ce cela ma damnation ?

Bon gré, mal gré, je remonte et descends les couloirs du Temps, scrutant, à travers les siècles, les entailles de son ciseau qui démantèle mon travail, mon œuvre d'Architecte. La moindre stèle se corrode.

Troisième vie

« L'absente de tout bouquet », Mlle de G.

Ce n'est pas sans embarras que je me remémore cette troisième vie. En Orlando, tel était mon prénom italianisé pour séduire, je n'ai eu ni l'envergure d'Imhotep – j'y reviendrai –, ni la rigueur du bâtisseur de Sounion, ni le dévouement de Moïse le maçon de Notre-Dame, et avec ces autres moi je n'ai partagé peut-être qu'une seule chose : le goût pour l'amour. Juges-en plutôt.

Après des heures d'angoisse, le valet de M. de G. plongea dans l'étang et on le vit agiter les bras, à bout de souffle. Il n'était pas midi quand on hissa dans la barque le corps de Mlle de G. à la lumière. Sa robe de dentelle blanche collait sans pudeur à ses formes, ses cheveux dénoués balafraient la cendre bleutée de son visage. Elle faisait penser, ainsi encordée par le valet, à quelque jeune martyre de la Rome persécutrice des chrétiens, ayant préféré la noyade au désaveu de la foi nouvelle. En la ramenant dans la calèche dont les essieux cliquetaient, déchirant mes oreilles d'un vacarme de ferraille, je ne pus réprimer un frisson sous l'ombre des hêtres devenue froide tout à coup. Chaque cahot agitait dans le vide ses pieds nus, et sa tête sans vie roulait sur mes genoux. Son catafalque fut un ciel sans nuages, et sa garde d'honneur les pins tordus par le vent qui enserraient le château. Avant d'arriver au perron, pour lui donner un peu de dignité, je lui fermai les yeux, ôtai quelques herbes boueuses de sa gorge et tentai de réunir en un geste pieux ses mains ensanglantées.

M. de G. se pétrifia en haut du perron, le regard fixé sur sa fille qu'on portait avec grand ménagement. Il se raidit pour ne pas vaciller. Dès qu'elle apercut le cadavre, son épouse s'évanouit sur le marbre en étouffant un cri. On entendit alors les pleurs de la vieille nourrice qui n'y voyait qu'à peine et les lamentations des femmes de cuisine, dans l'ombre du couloir des offices.

Les jours suivants, je m'ennuyai ferme dans le palais des de G. Chuchotements, prières, pas feutrés, mines sombres et gestes précautionneux, le temps s'était alenti, pesant, insupportable. Dans la confusion, nul n'avait remarqué que c'était moi qui avais aiguillé les recherches vers l'étang. Mlle de G. aimait à nager. On supputa un malaise et, pour expliquer ses mains ensanglantées : elle s'était débattue, accrochée à la vie. Personne ne songea à l'impensable, au suicide, sauf moi, qui ne pouvais m'en ouvrir à quiconque. Contrairement à Mme et M. de G., je n'ai pas cru un seul instant à une noyade accidentelle.

Jusqu'à ce matin-là, Mlle de G. passait le clair de ses journées à se promener dans le parc, à broder, à faire un peu de clavecin dans le salon de musique et à étudier la langue italienne avec un vieil érudit, car elle était promise à un baron lombard, lointain cousin de cette noble famille nivernaise. Ce mariage, M. de G. l'avait évoqué pour rénover son parc et son château. Ils devaient être rendus dignes de cette union, prévue à la Saint-Jean suivante, mais celle-ci n'était qu'un prétexte pour masquer son fort désir de paraître. Sa carrière le menait ici, en Provence, et il entendait bien transformer cet avantage en permanent honneur, en éclatante marque de sa grandeur. Il visait la cour royale, une autre charge, une autre destinée. Ce n'était qu'une étape.

Le soir, Mlle de G. assistait au dîner, chantait un air ou deux d'une voix agréable et quelconque, parlait peu aux invités, souriait rarement. Son sérieux étonnait, mais elle avait toujours été une « enfant en mode mineur », répliquait invariablement Mme de G. quand on lui en faisait la remarque. Cette dame se piquait de musique, quoique n'y entendant que fort peu, susurrait de la poésie sans en avoir la moindre prescience, et arrangeait ses atours d'une façon qui prêtait au sarcasme. Je faisais l'aimable car ces fruits blets offrent parfois plus de plaisirs que les jeunes pousses. Et puis c'était mon intérêt de la courtiser, hélas, la bêtise de Mme de G. me laissait de marbre. Te l'ai-je dit ? J'étais beau, scandaleusement beau. De cette beauté un peu négligée qui n'ennoblit pas mais crée immanquablement un halo d'étonnement, suscite désirs troubles et jalousies meurtrières chez les deux sexes.

« Orlando, tu as quelque chose de solaire et de subtilement pervers », m'avait dit Apollonia.

Rhabillée, dans son salon rempli de meubles d'Italie donnant sur une des ailes du Louvre, la jolie Florentine ouvrait les rideaux qui nous protégeaient chaque après-midi des indiscrets. Je venais de lui annoncer que je la voyais pour la dernière fois, elle n'était pas triste, juste vexée que ce fût moi le premier à cesser nos rendez-vous. Grâce à elle, je venais d'obtenir appuis et entrée à la cour du Louvre. Elle m'avait déniaisé quant aux stratégies utiles et enseigné quelques perfides secrets bien utiles, ses sœurs fricotant avec les proches de la reine au gré des intrigues. Mais tout maître doit se quitter.

Comme si la délaisser la rendait plus désirable, je ne cessais d'admirer ses hautes arcades, son cou de cygne qui lui donnait de l'étrangeté, une élégance presque maladive, j'avais aimé ses seins tendus sous la soie, sa peau rousse. Elle souriait en se parfumant à outrance. D'un ton un peu altéré (était-elle triste, en fin de compte ?), elle continua :

« Ne crois pas m'avoir dupée un instant. La régularité de tes traits ne dissimule pas ton âme inconstante, ta bouche trahit tes appétits qui sont, somme toute, pour les connaître, assez brutaux, tes moues charmeuses cachent mal le plus âpre des calculs. Ton si beau regard, si bleu qu'il me fait penser chaque fois au ciel de Florence, et qui émoustille mes rivales, a je ne sais quoi de fourbe, d'inquiet même, comme si tu étais en quête de…

– Brisons-là, veux-tu ?

– Je lis en toi la bassesse, l'ambition, la dureté paisible du criminel… »

Dans le miroir, elle faisait mine de dessiner mon visage, de caresser ma bouche pour amoindrir la sévérité de son jugement, débité maintenant avec une pointe de nostalgie enjouée.

« Tu deviens ennuyeuse, Apollonia. »

Elle soupira et lança un baiser à mon reflet.

« En effet. Nous pouvons bien rester amis sans nous aimer, comme auparavant. Adieu, donc, *caro bello diavolo.* »

Ici, au château de G., ma beauté ne brillait que pour un cercle de naines grassouillettes et de sombres veuves. La petite de G. est juste jolie : un nez racé, un regard effarouché d'écureuil, un front bombé d'enfant têtue, une petite bouche charnue. L'ensemble, pourtant, distillait fraîcheur et santé, sa peau fine ayant préservé les nuances subtiles de l'enfance. Sa nature réservée n'était pas sombre. Ses robes bleu pastel ou blanches seyaient à ses seize ans, à ses manières simples et à son rang. Contrairement à sa mère, elle savait se mettre en valeur. Sa coquetterie se trahissait dans le soin qu'elle prenait à piqueter de perles sa chevelure blond vénitien qu'elle laissait le plus souvent libre. On ne lui connaissait pas de tourment, aucune de ces sautes d'humeur qui affectent parfois les jeunes filles, sa docilité la rendait transparente aux yeux de ses parents, et auprès de son confesseur elle ne devait avoir que bien peu à se faire pardonner.

Une fois cette petite enterrée, la maisonnée endeuillée reprit son rythme, M. de G gouvernait et recevait, l'herbe poussait, les fleurs s'ouvraient une à une. La mort de Mlle de G. m'ennuyait, mais je n'en pouvais rien montrer et me composai une figure affligée. La fortune que j'allais gagner et la renommée qui devait s'ensuivre m'aiguillonnaient. Plein de nouvelles idées, je me plongeai dans mes dessins.

Le jardin que désirait M. de G. devait être étonnant, imposant, à la hauteur de ses nouvelles charges de gouverneur de la région, car la disparition de sa fille, et donc l'absence de mariage, ne le fit pas renoncer à son projet. À mon soulagement se mêlait un obscur ressentiment : la mort subite de Mlle de G. me gâchait la joie d'œuvrer l'esprit tranquille et la satisfaction légitime que j'aurais pu retirer de ce futur jardin d'apparat. J'en voulais à la défunte d'avoir si sottement troublé mon plaisir.

M. de G. avait requis pour agrandir le château et rénover les parties anciennes un autre architecte, fort célèbre, M. de P., après que j'aurais terminé. Et que ses caisses seraient de nouveau remplies par les taxes de fin d'année, détail dont il se garda bien de me souffler mot.

Dans la bibliothèque du rez-de-chaussée, M. de G. se rendit à mes raisons pour transformer son parc. Ici, la nature était luxuriante, il faudrait la dompter, car rivaliser avec elle serait une erreur, un contre-sens, une faute de goût. Plutôt que chercher à l'égaler, il s'agirait de créer un ordonnancement à la fois beau et raisonnable, le long d'un axe principal qui partirait du château jusqu'en contrebas, en multipliant les symétries, les lieux pour jouer de la musique, lire, deviser. On devrait laisser des espaces touffus, plus libres, pour des promenades, bâtir un petit labyrinthe qui serait un divertissement philosophique, sculpter plusieurs fontaines pour offrir des plans d'eau gracieux, et l'étang, nettoyé, comporterait une île que l'on rejoindrait en barque, et où l'on installerait une grande volière, quelques fabriques pour amuser les visiteurs, une tonnelle pour des goûters.

La pinède devrait impitoyablement s'éclaircir, les niveaux du terrain se marquer en terrasses, afin de dégager la vue du château sur le jardin, et M. de G. montrerait sa subtilité en optant pour un agencement agréable plutôt que pour une démonstration trop marquée d'un désir de paraître grand, désir dont il n'avait ni les moyens, ni même l'espace. Bien sûr, je tournais l'argument d'une autre manière, mais il m'entendit fort bien. Vigoureux, renfermé, M. de G. se passionnait d'astronomie et d'alchimie. L'harmonie qu'il supputait en toutes choses allait trouver à se montrer grâce à ses choix judicieux. Mon souci de géométrie lui plut. Cependant il hésitait. Son goût du pouvoir aurait tout de même préféré plus ostentatoire. Il restait silencieux, j'attendais. Il évoqua le calendrier, les questions d'argent, ce qui me signifiait son accord. Je me contentai des avances qu'il m'offrit.

Puis il se tourna vers les fenêtres qui plongeait sur les hêtres, et son ombre murmura :

« Ouvrez, arrachez ce que bon vous semble, plantez, nivelez, faites selon vos plans, n'oubliez pas les herbes médicinales, les exotiques, un peu de fantaisie, la nature n'est jamais avare d'étrangeté... Mais cela doit être prêt assez... rapidement. »

Il ajouta, la tête dans les épaules, après s'être raclé la gorge :

« Songez aussi à ma fille. J'aimerais que son souvenir vous guidât, sire Orlando, malgré mes préoccupations que vous avez bien comprises. Puis-je compter sur vous pour lui ériger, grâce à votre art des essences et par le truchement de ce jardin, une sorte de... »

Comprenant la requête inachevée de ce père dans l'affliction, je faillis me laisser aller à lui conter l'affaire sous son vrai jour. Quelle mouche me piquait subitement ? Je me souvins à temps d'une des maximes d'Apollonia, ma rouée Florentine : « N'avoue jamais, n'explique rien. » Malgré moi, j'eus un sourire. La certitude d'ajouter au deuil un déshonneur inutile et la juste évaluation des conséquences désastreuses pour mon avenir me ramenèrent immédiatement à la raison, je me contentai de répondre :

« Vos désirs sont des ordres, et celui-ci plus que tout autre. Une petite grotte où l'on pourrait se recueillir...

– Mettez-y une statue de sa sainte... », lâcha-t-il d'une voix basse.

Son dos, bien droit, ne bougeait pas. M. de G. me laissa le quitter sans se retourner. J'aurais parié qu'il avait la larme à l'œil, prodige chez un homme qui ne semblait jamais s'émouvoir.

Depuis l'enfance, j'ai préféré le dehors, l'air, les longues marches dans la campagne angevine. M'instruire avait été un enchantement dès qu'on m'avait accordé le loisir de me consacrer aux plantes, aux arbres. Ma famille, sans collectionner les quartiers de noblesse, n'était point pauvre ni inculte. Grâce à elle, et à un peu d'aide du Destin, je pus rencontrer un maître en ces matières botaniques, qui s'attacha à me former, puis à me lancer dans les cours quelques années plus tard. Je lui dois beaucoup, et souvent je pense à ce qu'il ferait s'il vivait encore. Il m'a appris à créer des jardins, à ordonner des lignes, à conserver des creux, à jouer avec la lumière et l'ombre ; à aménager les espèces, les plans d'eau, les parterres de fleurs, les légumes, bref, à dominer l'espace du dehors, jeu et enjeu qui mêlent en un doux souci le bonheur de créer du plaisir et celui de la pensée. Une sorte de syntaxe végétale qui parle aux yeux, à l'âme, au cœur et au corps. En humaniste convaincu, et huguenot en secret, mon maître avait à cœur de renouer le lien entre la nature et l'art, si précieux pour nos modèles grecs et romains, qu'on traduisait et lisait avec bonheur depuis peu. Il dessinait sans cesse, il s'informait, courait les cours italiennes pour voir, copier, apprendre. Sa correspondance, à laquelle il consacrait plusieurs heures par jour, fourmillait de croquis, de longues discussions techniques. Il vénérait par-dessus tout l'Italie, c'est lui qui m'avait fait passer de Roland à Orlando, par goût de la langue de Pétrarque, et il avait pu être invité à voir le jardin de la villa d'Este. Mais il ne tarissait pas non plus d'éloges sur celui de Blois, de Bury, plus modestes mais prestigieux. Quand il mourut, je perdis beaucoup, le sentiment d'être délivré de sa pesante rigueur morale atténua cependant grandement ma peine. Il désapprouvait mon goût excessif des femmes, fussent-elles de puissantes protectrices. « Méfie-toi, pense donc à la *belladonna*, qui guérit ou tue… » Paix à son âme. J'avais assez naturellement hérité de commandes qu'on lui avait faites, ce qui m'avait lancé sans tarder.

Au château de G., le parc avait proliféré sans que l'on s'en soucie, laissant la nature répandre son chaos, car tout n'était plus qu'enchevêtrement de taillis jamais coupés, d'arbres divers, de pinèdes anarchiques, mis à part le médiocre potager, et l'étang en contrebas. Rien ne s'y voyait bien, rien n'y existait, rien n'accrochait. On s'y perdait, ayant facilement le sentiment de se trouver dans la *sylva oscura* de Dante.

Comme mon maître, je commençai par l'utile : le potager. J'eus à convaincre le jardinier en titre de me laisser réorganiser ses plants, d'étoffer ses rangs de fleurs, d'aromates, et de disposer au mieux pour l'œil les divers légumes nécessaires à la table généreuse du château. Lacunaire, sa collection d'herbes médicinales périclitait. Son amour des pâtissons et autres courges était exagéré, je lui en fis arracher. Déplacer en amont du château son royaume dérangeait ses habitudes, mais je voulais que le soleil y fût en plein midi et l'ombre des tourelles gênait. Que j'impose de l'entourer d'une haie assez haute pour le dissimuler aux visiteurs, que j'insiste pour des carrés spécifiques fut prétexte à mauvaises querelles. Il n'entendait rien à la géométrie et à l'esthétique que M. de G. et moi-même voulions instaurer. Il s'accrochait à son passé débonnaire qui se contentait de peu. Il obtempéra quand je le menaçai de tout rapporter à M. de G. Ce jour-là, nous en vînmes presque aux mains tant sa conviction en son savoir-faire relevait de la vanité et de l'ignorance. Les pêchers qu'il accepta en rechignant firent merveille, m'a-t-on dit, au bout que quelques années. J'obtins, toujours en bataillant, qu'il écartât certains végétaux d'autres qui ne se plaisaient guère ensemble, ce qu'il aurait dû savoir.

Les ceps de vigne me donnèrent du tracas, le sol d'ici, sec, semblait rétif à les accueillir, mais contre toute attente la vigne prit, on creusa beaucoup en ôtant les cailloux de superficie pour que les racines prennent le meilleur de la terre, et l'on put manger des raisins sucrés, boire un vin léger et parfumé, orgueil de M. de G.

Pour créer de franches allées, les paver ou les sabler selon l'usage, il fallut abattre des hêtres magnifiques, ceux-là mêmes dont l'ombre m'avait fait frissonner lors du retour du cadavre de Mlle de G. En les voyant peu à peu débiter en troncs, en planches, les copeaux s'amonceler, je pensais que les traces du secret dangereux s'effaçaient. Toutefois, j'en conservai assez pour avoir une double rangée bien droite.

On fit un sort à la pinède qui masquait le château, on scia des pins chétifs et inutiles, on en brûla pour aller plus vite, on arracha des taillis ; je dus sacrifier des eucalyptus de haute stature qui coupaient toute la perspective que j'avais conçue sur les quatre niveaux ; je dus modifier certaines de mes plantations car le terrain changeait, tantôt fauve, sec, rocailleux, tantôt ocre rouge, tantôt brun sombre et gras ; de ces couleurs je tins compte, puisque tout doit concorder au plaisir des yeux. Le parc, ainsi troué, portait plus à la désolation qu'à l'espoir, mais ce fut de courte durée. Jardin il devenait, métamorphose il subissait, beauté il dirait. L'ordre, la symétrie émergeaient, les parterres s'étalaient en carrés réguliers et aboutissaient sur les côtés à des pergolas, à des portiques, disposés sur des colonnes et recouverts de treilles, où l'on pourrait reposer à l'ombre.

Le jardin se composerait au fur et à mesure qu'on le parcourrait, c'était l'idée qui prévalait. Mme de G. bourdonnait autour de moi quand j'entrepris de faire arracher les lauriers-roses auxquels elle tenait tant puisqu'ils avaient été plantés par je ne sais quel parent dont elle chérissait la mémoire. Mais je refaisais tout, y compris le portail d'entrée… Elle s'y résigna car s'opposer à la belle vue qu'on offrait ainsi ne pouvait qu'être une sottise.

Je fis construire des treilles qui longeaient l'axe principal, que l'on pava. Pour le labyrinthe, M. de G., qui aimait ceux des cathédrales des siècles précédents, avait opté pour une forme connue, un cercle rempli de couloirs et d'impasses, et les arbustes de buis taillés à hauteur d'homme favorisaient le jeu de s'égarer. Au centre ne grondait nul Minotaure, mais se déployait une clairière avec un petit temple de musique.

La recherche d'essences rares (des palmiers dattiers, des bambous, divers cactus) me conduisit jusqu'à Marseille pour les y chercher dans les cargaisons de bateaux venant d'Orient ou d'Afrique, via Gênes ou Venise. Les négocier fut ardu et entraîna des dépenses plus importantes que prévu, mais M. de G. ne sembla pas s'en soucier, et je pus les convoyer intactes, car je pris la peine de les accompagner moi-même.

L'île nécessitait des tombereaux de roches qu'on tailla dans les carrières des collines avoisinantes, et qui cheminèrent par les sentiers. La poussière importuna beaucoup car, malgré l'hiver, le temps restait sec. Bien sûr, M. de G. avait lu le *Songe de Polyphile*, mais sans être Cythère, son île devint un lieu plaisant où l'on pouvait déjeuner sous une tonnelle, puis s'égailler dans de petites alvéoles de verdure pour y faire un somme ou méditer. À profusion, les roses embaumaient, mêlant leurs voluptueux pétales blancs, roses, pourpres, jaunes. Cela plut beaucoup à Mme de G.

J'attachai du soin aux trois fontaines. L'eau étant rare, les sources sujettes à se tarir en raison des étés très chauds, il me fallut prévoir un mécanisme d'interruption compliqué, mais qui fonctionna après quelques rectifications. On m'en félicita car c'était une nouveauté dans la région. Pour les sculptures et l'ornementation de ces fontaines, M. de G., qui s'était désintéressé du gros œuvre, changeait d'avis presque chaque jour. Il m'exaspérait : tantôt il voulait du grandiose à la romaine, ce qui ne correspondait pas à leurs dimensions restreintes, tantôt il voulait du grec, du mythologique, ce qui était démodé ou en passe de le devenir, les allégories ennuyaient. Finalement, le compromis fut des nymphes, des feuilles d'acanthe, quelques tritons, et un Neptune assez imposant, que je concédai tant M. de G. se faisait rageur. Par leur exposition plein sud, les jets s'irisaient naturellement des couleurs de l'arc-en-ciel, raffinement qui amusa plus d'une dame.

L'été, l'automne et l'hiver passèrent ainsi. Au printemps, rien n'était prêt, et d'une certaine façon le mariage de Mlle de G. eût été un fiasco s'il avait dû se tenir dans ce chantier encore en friche. Mon séjour n'était plus constant, je m'échappais souvent, ayant donné mes directives au maître d'œuvre et au jardinier, et je remontais à Lyon, puis à Paris où d'autres commandes m'attendaient. Dans les fêtes nombreuses, je me multipliais auprès de dames accortes.

Le souvenir de la mort de Mlle de G. ne me laissa en paix qu'une fois la grotte construite. L'entrée imitait une anfractuosité naturelle dans la roche, recouverte de lierres liserés de blanc, et en les écartant on entrait dans une salle circulaire, peinte sur les côtés en jaune de Naples et bordée d'une frise ocre et crème de papyrus, plantes que la défunte avait choisies pour décorer les murs de sa chambre. On suivait un chemin pavé de coquillages alternés de pierre ponce peinte en bleu (qui rappelaient les couleurs portées par Mlle de G.) pour se recueillir devant un petit autel sur lequel se dressait une sculpture de bois de sa sainte d'une grande simplicité. M. de G. l'avait voulu ainsi. Les parois derrière l'autel imitaient un revêtement rocheux, j'avais renoncé aux stalactites et autres décors marins habituels pour d'évidentes raisons. Ici on chercherait non pas l'énigme des origines ou un quelconque divertissement de mystère et d'effroi, mais le recueillement. De multiples chandelles flambaient si l'on voulait bien les allumer, ce qui était prévu ; et un banc permettait qu'on s'y reposât en songeant à la défunte. Avec une savante dose d'hypocrisie, je déposais quelquefois des lis ou des glaïeuls dans un des nombreux vases de pierre, et ce geste me semblait assez élégant. Mme de G. y venait souvent prier, à l'heure chaude, trouvant là une fraîcheur qu'elle appréciait. M. de G. n'y pénétra qu'une fois, et son visage en fut altéré deux jours durant.

Plus tard, j'appris qu'il l'avait fait transformer en caveau familial pour que lui-même et son épouse y reposassent le moment venu. Ainsi, de bout en bout, je me serai mépris sur les de G. que je pensais indifférents et désunis.

Aucun angle sévère ne heurtait l'œil, malgré la rigoureuse géométrie de structure que j'avais mise en œuvre, d'une terrasse à l'autre, d'une fontaine au labyrinthe. Les couleurs harmonieuses, les parfums mêlés des végétaux que j'avais renoncé à faire tailler géométriquement, comme c'était la mode, donnaient de la douceur à cet ensemble. Cette fluidité me valut quelques reproches de la part des courtisans de M. de G., mais sans conséquences pour l'avenir. En rendant de l'espace à la lumière, en ordonnant les niveaux sans les heurter – allées de parade, parterres, fontaines et labyrinthe, l'île et sa roseraie –, j'avais bel et bien obtenu que le jardin devînt ce divertissement, ce voyage d'agrément et de réflexion qui plaît à mes contemporains, et non ce *locus terribilis* que j'avais craint de devoir élaborer en mémoire de Mlle de G. La grotte suffisait comme sépulture pour une donzelle si sotte.

Beaucoup plus tard, déjà fort avancé en âge, ne pouvant plus exercer mon art, j'entrepris de rédiger un recueil de mes jardins. Et le premier d'entre eux que j'avais réalisés en mon propre nom était celui du château de M. de G. Je l'avais presque oublié, et en consultant mes anciens dessins, je fus surpris. Il différait beaucoup de mes autres jardins. Qu'y avais-je donc essayé ? Cette fluidité au cœur d'une géométrie sévère… Je me souvenais des reproches qu'on m'avait adressés alors. C'est vrai, il y avait je ne sais quoi de doux, de souple, de presque féminin dans ce compromis. À mon insu, j'avais tenté de redessiner les formes d'un corps de femme… L'idée était incongrue, pourtant c'était une évidence pour le vieillard expérimenté que j'étais devenu après tant de jardins réalisés. Bien entendu, c'était peu perceptible pour un œil non exercé. Sa géométrie s'opposait au paysage alentour, certes, mais en apparence seulement : elle s'y mariait aussi en suivant des lignes douces comme celles des collines qui dérobaient la vue des hameaux, des châteaux proches du domaine. Des rondeurs m'avaient inspiré… Celles de Mlle de G. ? Face à la nature puissante, j'avais créé une présence végétale qui répondait au désir de maîtrise du père et au souvenir de sa fille morte.

Cet éclair de compréhension me plongea dans une longue réflexion. Le soir qui venait me rendait quelque peu mélancolique, l'or du couchant sur la Seine flambait de ses derniers feux. J'étais au crépuscule de ma vie, et les femmes avaient déserté ma couche. De ma beauté passée il ne restait pas grand-chose, sinon ce regard bleu, intense, que je savais encore manier pour charmer, et surtout pour ne pas déplaire. Des baisers, des caresses ramassés à foison il ne subsistait qu'un lit froid, à peine confortable pour mon corps sans allant qui me faisait souffrir à chaque geste. Morose, dépité, je restai à observer les reflets du fleuve luisant de la palette dorée et rose, les derniers filaments de lumière dans l'air translucide du printemps, puis ce fut l'obscurité.

Je m'assis à ma table de travail, mais je n'avais pas envie d'écrire. Calé dans mon fauteuil, sans chandelles, je me laissai aller au passe-temps des vieillards, le souvenir. Comme un rêve ancien, confus, décousu, des épaves remontaient des profondeurs diffuses du presque-oubli, je revoyais peu à peu le château sur son pic qui dominait une vallée, le parc épais et une silhouette de jeune fille dans le matin… qui se fit plus précise, plus nette, comme sous l'effet d'un instrument optique grossissant.

À l'époque, je me levais de très bonne heure. Les senteurs de la terre, la rosée qui perle, le ciel lavé, les chants des oiseaux étaient un plaisir brutal, je me sentais l'amant de la Terre à la naissance du jour, ma sève énergique prête à la maîtriser, à la faire mienne. À pied, comme mon maître me l'avait enseigné, je sillonnais en tous sens le parc afin d'en prendre possession et de faire jaillir les idées à ce contact intime. À cheval je parcourais les alentours, cette région du Sud m'était peu familière, autrefois traversée pour me rendre en Italie où l'art des jardins donnait le ton en Europe. Cela remontait à plusieurs années, à un âge où tout m'éblouissait sans discernement. Il me fallait m'imprégner de ses odeurs, de ses couleurs, de ses failles, de ses bizarreries.

C'est ainsi qu'un beau matin, le ciel était vraiment beau et limpide, comme savent les peindre les Italiens, je vis, alors que je m'apprêtais à partir, Mlle de G. assise près de l'étang. Elle délaçait sa robe pour se glisser dans l'eau. Je l'observai à la dérobée puis m'éloignai sans qu'elle me vît. Cette petite Vénus au bain avait réveillé mes sens, son corps blanc ne cessa de hanter mon esprit tout le jour, et le soir au dîner, je la voyais nue.

Le lendemain, elle était de nouveau là, assise, penchée sur un dessin. Elle me salua de la tête. Je ne m'arrêtai pas, me demandant si elle n'avait pas renoncé au bain parce qu'elle m'avait aperçu la veille malgré mon prompt retrait.

Le surlendemain, elle était encore là, ce fut dès lors un rendez-vous tacite près de cet étang. Je l'ai abordée, le contraire eût été ridicule ou impoli ; nous parlâmes bien sûr de mes futurs travaux dans le parc. Elle me laissait pérorer sur Vitruve ou Sebastiano Serlio, inclinant son pâle visage vers les campanules, les jonquilles, les primevères. Ses dessins croquaient les graminées, l'eau morne, le ciel, avec un art léger du fusain, laissant de grands blancs qui rendaient mystérieux ce coin banal. L'aquarelle lui eût mieux convenu, elle promit de s'y essayer. Mlle de G. ne quittait pas son sérieux de nonne, me parlant comme à un précepteur.

Plus tard, elle se dérida. Nous marchions côte à côte en devisant, elle me montra alors sa cabane de jeu dans un pin centenaire qui se déployait à plus de vingt mètres de haut, les nids, les pierres moussues d'un sentier-labyrinthe imaginé par elle, des fourmilières bien connues, les terrains vagues remplis de coquelicots et de bleuets, ou bien les châtaigniers malades, le hêtre qu'elle préférait, enfin les menus souvenirs d'enfance d'une jeune personne solitaire, un peu désœuvrée, laissée en friche comme ce parc. Le commerce gai et cruel avec autrui lui pesait, et en se levant de si bonne heure, elle préservait un peu de liberté, sans domestiques fouineurs ni parentèle pesante. Ce laisser-aller durait peu, elle s'éclipsait en me saluant d'un geste bref, comme contrariée d'avoir fait tant de confidences. Je lisais beaucoup plus crûment ce goût pour la solitude d'un tempérament rêveur… Il lui fallait un amant, et je comptais bien sur mon charme pour lui faire comprendre qu'elle l'avait trouvé.

Dans ce printemps chaud, doux, saturé de parfums, ce parc me semblait tout à coup un Éden avec cette jeunesse si vulnérable, si prête à succomber à l'amour, message que j'entendais quand elle me confiait avoir trouvé en moi un ami, un confident conforme à ses espoirs. Moi, je ne pensais qu'à étreindre ce corps qui m'obsédait.

Elle reprit ses bains, me devançant afin d'être dans l'eau avant que je n'arrive. Cette enfant de la naissance du jour s'ébrouait, espiègle, innocente… et nue, ce que je ne pouvais oublier. Du milieu de l'étang, elle me faisait signe dès qu'elle me voyait m'approcher. Nonobstant son rang, ma prudence et d'autres considérations inutiles qui me dictaient d'aller voir ailleurs, un jour je ne résistai pas à plonger, nu comme Adam. Sans mot dire, rougissante, elle s'était détournée quand elle m'avait vu enlever mon pourpoint. En nageant, elle s'était vite éloignée, presque sur l'autre rive. Je m'empressai de la rejoindre, elle s'esquivait. À ce jeu délicieux, nous passâmes un long moment, comme ces oiseaux qui font mine de se fuir pour mieux s'accoupler, nous éloignant et nous rapprochant tour à tour. Je parvins à lui saisir la main, lui enserrai la taille et l'embrassai. Elle répondit à mon baiser, laissa son ventre contre le mien, un instant tout abandonnée, les yeux fermés. Mes mains voulurent caresser davantage. Brutalement, elle se dégagea. Avec une belle énergie, elle atteignit vite, trop vite, la berge. Sa robe entre les mains, elle s'enfuit sous les bois, hors de ma vue, loin de mes lèvres. Je restai dans l'eau à nager lentement, ressassant le goût de sa bouche, fier de moi, impatient de la conquérir, insoucieux de mon travail. Mon sang bouillait.

Je comptais pousser mon avantage, mais les jours suivants, je l'attendis en vain, regardant les canards sillonner l'étang sans qu'elle parût. Je notai d'y ajouter des cygnes, d'y mettre une île, une roseraie – où je voyais Mlle de G. s'abandonner à moi dans un coin retiré propice à ces jeux. De longs jours s'étirèrent, et devant mes croquis je restais l'œil vague, le trait indécis, les sens occupés d'elle. Jusqu'alors mes conquêtes avaient été faciles, nombreuses, la résistance d'une oie blanche m'amusait, elle m'agaçait en même temps, le jeu devenait piquant.

Avec impatience, j'attendais le son de la cloche qui invitait au dîner et me la rendrait. Pourtant, il m'aurait fallu peu pour obtenir les faveurs d'une appétissante jeune veuve, les de G. ne recevaient pas que des laiderons ou des douairières. Si Apollonia m'avait vu dans cette posture ridicule, elle aurait savouré sa revanche, et moi j'aurais ri avec elle pour dissimuler à quel point je désirais Mlle de G. Au milieu de l'assemblée qui s'égayait sous l'effet des vins et de la chère épicée, la belle fuyait mes regards interrogateurs, évitait de se trouver à mes côtés. Son maintien sérieux, réservé comme à l'ordinaire, me paraissait le comble de la duplicité. Mon œil de rapace observa toutefois qu'elle se raidissait dès que je lui adressais sa parole, et un léger tremblement des lèvres me révéla son combat intérieur. Pieuse, consciente de ses devoirs, Mlle de G. luttait contre le désir, les sens et, qui sait ?, l'amour de moi. Fadaises qui devaient la tourmenter outre mesure, mais qui me firent plaisir. Je finirais bien par l'avoir. On dansa ces soirs-là, mais elle partait se coucher tôt, prétextant une grande fatigue. Jamais fêtes ne me parurent plus stupides et médiocres, bien loin des féeries qu'on pouvait voir ailleurs ; les dames minaudaient, les charades m'agaçaient, le clavecin de Mme de G me vrillait les oreilles et j'avais du mal à contenir mon exaspération.

Puis vint un soir de soie qui rendit tout le monde alangui et comme hébété. La pleine lune rousse annonçait des journées chaudes, et les constellations que me fit observer M. de G. m'irritèrent : Mlle de G. n'était pas plus proche de moi que ces étoiles et je devrais me contenter de l'admirer de loin. Ce constat me contrariait. Quoi, moi dont les femmes ne cessaient de me prouver combien j'étais aimable, je devais faire pénitence devant une donzelle qui ne savait pas ce qu'elle voulait ? Pourquoi avait-il fallu qu'elle soit nue dans l'eau ?

La nuit, me retournant sans cesse sur mon lit, je demeurai éveillé, obsédé du désir violent de l'étreindre et enragé de ne le pouvoir. Rodé aux plaisirs, mon corps piaffait de cette abstinence aussi douloureuse qu'insensée. Il faisait si chaud cette nuit-là. Mlle de G. me devait une explication, un mot. Son ardeur à répondre à mon baiser m'assurait que je ne lui étais pas indifférent. Mais imputer à sa vertu les distances qu'elle avait subitement dressées entre elle et moi était un peu court. Je l'aurais, coûte que coûte. Après avoir échafaudé ma stratégie pour la voir seule, et puisque le sommeil ne venait toujours pas, je pris le parti de peaufiner mes plans que j'avais négligés en pensant à elle.

Tard dans la nuit, j'étais ainsi penché sur mon travail quand un léger bruit me fit tressaillir et ma bougie fut soufflée par le mouvement d'air : Mlle de G. se tenait là, dans une longue chemise blanche qui laissait voir ses formes, sa longue chevelure dorée défaite, me tendant un billet. Sans m'avoir donné le temps de dire un mot, ni de mettre un linge sur ma nudité, elle avait disparu. Ne restait que l'empreinte humide, à peine visible, de ses pieds sur le carrelage.

« Si vous avez quelque égard pour moi, partez. Je vous en supplie. »

Je froissai le billet, puis le jetai. Dieu, qu'elle était agaçante ! Par prudence, je le ramassai, le pliai et le cachai dans la doublure de mon habit d'hiver, que je ne portais plus tant la température était douce. Me défiait-elle de me provoquer ainsi en pleine nuit ? Non, Mlle de G., dans sa naïveté, me faisait savoir qu'elle ne saurait me résister. Un sentiment de triomphe m'envahit, la théorie de mes maîtresses allait compter une proie de plus, et celle-ci aurait un goût de fraise sauvage, j'en étais sûr.

Je ne partis pas, et les yeux de Mlle de G. flambaient de colère. Tel un pisteur, j'appris ses déplacements, ses lieux, ses heures ainsi que ceux de la maisonnée, mon but étant de la voir seul à seule un long moment dans sa chambre, de la convaincre, de la séduire, de la faire mienne. J'y mis une certaine habileté, mon obsession n'avait pas de trêve, et le résultat fut que je m'introduisis dans sa chambre, à l'heure chaude de l'après-dîner, tandis que tout le monde se reposait.

Je posai ma main sur sa bouche qui voulait appeler de l'aide, je lui débitai un charmant couplet, mimant la fièvre et l'égarement, je l'assurai de mon amour, de ma passion dévorante, et la noyai de ces phrases bien tournées qui sont la moitié du chemin qui mène au lit, je la câlinai avec douceur et insistance, tandis qu'elle faisait mine de se débattre, de raisonner, et bien vite ses yeux brillèrent d'intérêt, dirent oui, son corps mollissant au fond du fauteuil alors qu'à genoux je m'empressais de la couvrir de baisers. Elle ne portait qu'une mince chemise, qui fut facile à enlever.

Ce furent des délices, des soupirs, et Mlle de G. se montra pleine d'étonnement à ces jeux de l'amour qu'elle découvrait avec l'emportement d'un sang vif et l'ingénuité appliquée de la jeune amoureuse. Son teint rosi par les caresses, sa nuque, son dos robuste sous l'épaisse crinière flamboyante, sa taille fine, ses seins ronds, ses fesses mutines m'enchantaient. Il y avait bien longtemps que je n'avais goûté pareil plaisir, du premier choix, me disais-je en l'honorant avec vigueur. Mon savoir-faire permit à ce qu'elle parvînt au plaisir et rien ne me fut plus agréable que de renouveler et de varier ce plaisir, l'instruisant des choses diverses qui constituent l'art d'aimer, sachant combien cela lui serait utile pour la suite, ainsi que je le lui expliquai avec gaieté.

Sa réaction fut de pleurer, Mlle de G. avait perdu son innocence avec un homme qui ne songeait pas à l'épouser ! Pis, elle s'était découvert un tempérament qui contredisait son caractère réservé et tout ce qu'elle avait appris et ce qu'on s'était efforcé de lui faire croire. Sa nature profonde obéissait à des instincts qui auraient dû la répugner. Sa déroute ridicule, son air éploré et perplexe furent des plus comiques. Je la quittai sur la pointe des pieds, la maisonnée s'éveillait de la sieste, on entendait déjà les portes claquer. Enfin je revivais, l'obsession de son corps blanc allait s'apaiser, mais cela me prendrait du temps ainsi que je le découvris aussitôt : je la voulais encore et encore comme si je ne l'avais pas eue dans mes bras l'instant d'avant.

Le soir, pâle, délicieuse, alanguie, elle serrait convulsivement ma main sous la table, son visage affichant une mine si enamourée que je dus lui faire signe de se contenir. Je me détournais pour participer à la conversation des gens de robe de la cité voisine sur une affaire qui faisait beaucoup parler dans les environs : un paysan avait engrossé ses filles, qu'il avait bouclées dans un cellier des années durant. Il disait qu'elles étaient mortes, ce que l'entourage avait cru. L'aînée avait pu s'échapper et conter le forfait. On avait libéré la cadette, recueilli les enfants âgés de deux et trois ans, et mis en prison le père incestueux, qui passait en justice. Personne ne doutait du jugement, mais le curieux de l'affaire était l'attitude des filles qui n'osaient pas affronter leur tyran, lequel répétait sans pudeur qu'il les aimait et ne redoutait pas le châtiment de Dieu, citant Loth comme un précédent. Ce cas, longuement commenté, permit à Mlle de G. de se ressaisir, sans que Mme et M. de G. eussent perçu l'émoi visible de leur fille qui, je l'avais noté, ne les intéressait que médiocrement.

Nous nous revîmes une fois encore dans sa chambre, l'après-midi suivant, rite que je voulais instaurer, mais ce ne furent que sanglots, jérémiades, exigences, paroles de contrition, demandes de promesse de mariage, de réparation. Le mot me fit rire.

Mains croisées sur le ventre, elle était assise sur son lit, vêtue de la plus austère façon, voulant me communiquer que son corps était inaccessible, piètre défense qui m'irritait malgré tout.

Je voulus la prendre dans mes bras, elle se recula, me demandant de rester assis dans le fauteuil. Je négociai de rester auprès d'elle, lui tenant « fraternellement » la main. Un oui à peine audible, et je fus près d'elle.

« Ne voyez-vous pas combien votre vertu n'était qu'hypocrisie, combien vous avez peu lutté, combien vos élans démontraient un appétit des sens qui ne devait rien à la morale ? (Elle voulut retirer sa main.) Admettez donc que la nature a ses droits, faites-vous-en une raison, ma belle enfant. (Elle me regardait comme Satan lui-même.) Plutôt que de gémir sur ce récent savoir, ne devriez-vous pas jouir du moment présent, de l'occasion que je représente pour vous, un amant discret, attentif, et fort opportunément de passage ? (Là, elle se recula près du montant du lit.) Songez donc au mariage qui vous attend, qui ne sera probablement qu'une longue suite de contraintes, d'ennuis, de grossesses intempestives. (Elle soupira.) Sauf si, grâce à votre sagesse, vous savez l'agrémentez de quelques loisirs avec des hommes de mon genre. (Regard d'incompréhension, bouche tremblante.) Ne vous fais-je pas cadeau d'une liberté à laquelle votre éducation et vos préjugés vous auraient interdit même de penser ? Et pour quel bénéfice ? Votre salut ? Mais l'Église n'a pas à se mêler de ces élans de la nature que Dieu a créés. Et puis, ce que vous me reprochez, n'est-ce pas à vous-même que vous devriez le reprocher ? » (Là, elle se leva, en colère.)

D'ennuyeuse, Mlle de G. se fit menaçante, puis devant ma « grossièreté », elle se mit à sangloter sur son infortune.

« Que vais-je faire ? Que vais-je dire à mon mari ?

– Venez donc auprès de moi. Asseyez-vous, vous me donnez le tournis à marcher. Vous ne direz rien, mon enfant. Vous ferez semblant que c'est la première fois, et votre mari ne s'apercevra de rien.

– Vous croyez que je puis être aussi fourbe ? Qui pensez-vous donc que je suis ? »

Ses pleurs redoublèrent, puis elle prit une grande inspiration, se moucha avec un bruit détestable qui rabaissait son chagrin.

Contre mon épaule, elle geignait, déjà soumise, je le prévoyais.

« Ainsi toutes vos paroles n'étaient que flagorneries, viles ruses ? Sous votre si belle apparence, seriez-vous donc un monstre ? un suborneur de filles ? un dépravé qui se joue de l'innocence et des purs émois du cœur ? Vous qui vous targuez de l'art des jardins, ne savez-vous point qu'il est des fleurs à ne point couper car elles se meurent aussitôt ? »

L'image sembla la frapper, aussitôt qu'énoncée. Elle parut anéantie, sincèrement étonnée de tant de vilenie de ma part. Son regard triste m'alerta. Irrité par cette obstination, habitué à des natures moins scrupuleuses, je fus bien ennuyé. Serait-elle assez bête pour avouer son dépucelage en confession ? Le prêtre en informerait le gouverneur, le père m'obligerait à convoler, faute de mieux, ou le mari me chercherait en duel. Que tout cela était contrariant. Allait-elle tout compromettre avec M. de G. qui m'avait avancé déjà une forte somme ? Changer de stratégie devenait urgent, je battis retraite devant cette oie blanche qui n'avait ni humour ni sang-froid.

Je la serrai « fraternellement » dans mes bras pour la rassurer. J'usai de mille ruses pour la calmer afin d'éviter qu'elle ne recoure à ces extrêmes. Quand elle voulut bien s'apaiser, elle soupira longuement. J'en profitai pour l'embrasser avec une feinte contrition, lui balbutiant toutes sortes de tendresses qu'elle voulait entendre, et sans réticence, semblant me croire, elle s'abandonna avec une sorte de fièvre où la conscience de sa déchéance devait se mêler à l'incontestable plaisir qu'elle prenait dans mes bras. Ce mélange ne manquait pas de piquant.

« Je suis à toi, pour toujours », haletait-elle en crescendo.

Ensuite, Mlle de G. resta silencieuse, me fixant de ses yeux tristes tandis que je me rhabillais.

La raison lui ferait accepter la situation, mais moi qui voulais filer une charmante aventure sans complications, j'étais mécontent de la tournure qu'elle prenait. « Que cette donzelle et ses remords aillent au diable ! » ai-je pensé en me faufilant dans les corridors pour rejoindre le grand escalier qui menait au salon. Je me promis de manier le froid et le chaud les jours suivants jusqu'à ce qu'elle consente sans récriminations à ce jeu que je voulais sans conséquence. Tout de même, j'étais inquiet, Mlle de G. était délicate, mais son mariage prochain la ferait se taire, à moins qu'elle ne fût vraiment stupide, ce qu'elle n'était pas tout à fait. Seule son inexpérience la rendait mélodramatique, le goût de l'amour et du plaisir lui ferait passer ses velléités de vertu. Son corps blanc ne manquait pas d'attraits, et je comptais bien en jouir davantage.

Le lendemain, on l'avait retrouvée au fond de l'étang.

Dans l'or du couchant, je me sentis encore plus las tout à coup. En pensée, je parcourus le jardin que j'avais dessiné, l'île aux roses, la grotte du souvenir, le château surplombant les parterres, les hêtres arrachés… Un peu abasourdi par ces images devenues si présentes tout à coup, je restai là à contempler comme un étranger les rangées de volumes de ma bibliothèque où s'entassaient mes dessins, mes traités de botanique, mes in-folio. Ce mur de savoir semblait receler subitement des menaces, on me jugeait, j'effleurai pour me rassurer le secrétaire et le tiroir à clé contenant les messages d'amantes, le planisphère… Un frisson glacé me traversa comme ce jour où je l'avais rapportée dans cette charrette bruyante sous les hêtres. Je revis sa peau si blanche, sa main qui se balançait, morte. Mon décor familier devenait lointain, étranger, accusateur, et même les plantes que je soignais sur ma petite terrasse m'intimidaient comme d'étranges créatures.

Le silence s'étendait sur la ville et le fleuve, les maisonnées, les jardins… La servante voulut allumer les chandelles, je la priai de n'en rien faire, elle se retira en me laissant de quoi dîner. Je n'avais pas faim. La page sur ce jardin des de G. ne serait pas écrite.

Assis dans le noir, j'avais fourragé dans ma mémoire comme on tisonne en vain un âtre refroidi. Moi qui avais su créer tant de beauté pour flatter le goût des seigneurs de France et d'Italie, moi qui avais marié les fleurs, illuminé les fontaines, fêté les saisons, dompté la luxuriance de la nature, moi qui avais géométrisé les allées, les bosquets, moi qui avais bâti des pavillons, des murailles de verdure, cru en la perfection des nombres, en l'absolu du nombre d'or si prisé depuis l'Égypte, la Grèce et la France des cathédrales, et qui m'avait conduit à la grâce du mouvement comme à l'austérité de la perspective, bref, moi qui pensais avoir fait œuvre de beauté et d'harmonie, je n'avais été qu'un misérable, un mondain, pis, un obscur assassin.

Le sentiment confus qui avait gâché ma joie de faire le parc des de G. remontait du temps comme un amer poison que j'avais éloigné de mes lèvres et que je devais maintenant boire jusqu'à la dernière goutte.

Tout se fanait subitement, l'idéal de l'Antiquité que j'avais servi n'était qu'un leurre pour masquer mon imposture intime, les beautés que j'avais créées se révélaient être l'endroit lumineux d'un envers monstrueux, la mise en scène soignée d'un désordre sombre, noir, d'un chaos. Les mots acerbes d'Apollonia touchèrent enfin leur cible : sous ma beauté qui m'avait valu tant de faveurs, il y avait bien la noirceur d'un crime, celui de n'avoir pas su aimer.

Les renaissances naturelles, l'éclosion de jardins de prestige bâtis par l'intelligence et le goût dissimulaient le long hiver glacé d'une jeune morte pour qui rien n'avait germé, poussé, fleuri ; sa chair devenue un désert, son squelette blanc étaient mes seules semences, et ses orbites vides mes roses noires. C'était cela mon jardin secret. Stérile, nu, noir, glacé. Comment avais-je pu refuser l'amour qui s'offrait et ses promesses de fécondité ? À l'aune du pouvoir de donner la vie par amour, mes réalisations qui disaient dominer et soumettre la nature aux œuvres de la pensée semblaient dérisoires. Quel gâchis ! Moi qui goûtais chaque instant le privilège de vivre si âgé, je mesurais combien cette mort précoce avait été une cruauté. Et pour quoi ? Par jeu, par goût du plaisir, par ambition… Pas une de mes bonnes fortunes, pas un de mes succès d'architecte de jardins ne justifiait qu'elle mourût. Ce petit tombeau discréditait en entier et ma vie et mon œuvre. Mon œuvre ! Quelle vanité de vouloir se survivre, mes jardins se transformeraient, recouverts par d'autres, flattant des goûts nouveaux, des modes futiles, servant la gloire de pouvoirs éphémères, ou bien seraient détruits par des tempêtes, des guerres, ils disparaîtraient dévorés par la nature qui profite de la négligence humaine. Infortunée Mlle de G. !

Le remords me submergea. Il eût fallu une autre vie pour réparer mon méfait, une seconde chance… C'était trop tard. J'ai eu peur. Qui m'accorderait le pardon ? Seule Mlle de G. le pouvait vraiment, mais le ferait-elle ? Quand je paraîtrais devant saint Pierre, rien ne pourrait sauver mon âme, ni racheter cette faute.

Troisième fugue

Éros perd.

Le monde n'appartient plus à l'Architecte mais à la Mort, au Malin qui le parodie. Il se travestit en moi. Serviteur zélé des bourreaux, il bâtit les Murs, les Bagnes, les Goulags, les Camps, il invente les Asiles, les Prisons, Big Brother, le Spectacle.

Conquérants, prédateurs, visionnaires et spéculateurs, autant de masques de Thanatos.

Son génie souffle : prendre, maîtriser, tuer.

Quatrième vie

Un Indien, une équerre et un compas

Un Indien lacère mon sac de cuir, en exhibe un compas et une équerre qu'il retourne en tous sens. Cherokee, Delaware, Shawnee ? Mon savoir sur leurs tribus, plus que superficiel, ne me serait d'aucune utilité, il m'a assommé et me dévalise. Sur le ciel bleu intense, sa silhouette se découpe immense, étrange, parfaite comme le corps d'un dieu grec. Ses longues tresses sont ceintes d'un turban coloré, ses bras couverts de tatouages. C'est la première fois que je vois un Indien, et malgré ma douleur, je grimace un sourire, car si j'en crois nos préceptes, ce gaillard souple et féroce pourrait être un de mes « Frères »… Rien en théorie ne s'y oppose, mais à cet instant précis, entre ses mains ignorantes et cupides, mes outils maçonniques se réduisent à un peu de ferraille inutile.

Dans ce vallon désert, sous un soleil écrasant, ces symboles brillent, mais leur « lumière » n'est connue que de moi seul. En loge, j'ai appris la tolérance, admis que l'étranger me trouve étrange, que nos croyances peuvent être fort différentes. Plus jeune, ma foi catholique s'était dissipée le jour où j'avais vu un évêque donner son anneau à baiser. En un clin d'œil, j'étais devenu étranger, la cérémonie religieuse m'était apparue comme une mise en scène que le pouvoir de l'Église se donnait pour qu'on y croie. L'ample robe crème du disciple de saint Pierre, son air compassé, la soumission volontaire et empressée des fidèles, le respect apeuré des humbles massés en foule n'étaient que figures obligées d'un théâtre. Cette fois-ci c'est moi l'évêque, et mon Indien ne croit en rien de ce que je crois. Il m'a désarçonné rudement de mon petit théâtre, mon épaule saigne, tailladée, et je fais le mort en espérant qu'il ne m'achève pas.

À l'idée de mourir ici de la main de cet Indien, si loin de chez moi, la panique étreint mon cœur, jamais je n'ai éprouvé une telle peur, mes viscères en sont révulsés. Je ne peux ni crier, ni bouger, ni me défendre, ni implorer grâce.

L'Indien semble seul, mais comme je ne l'ai vu ni entendu approcher, peut-être que d'autres tout aussi invisibles l'accompagnent et se cachent derrière les arbres. Mon affolement grandit, je ne dois pas respirer, je vais mourir ici, égorgé et scalpé, et personne ne saura ce que je suis devenu. Je revois le visage des miens, les coteaux, le manoir, mon Temple. « Disparu, mort probablement, à moins qu'il ne nous ait tout simplement oubliés », diront-ils en hochant la tête quand ils n'auront plus de nouvelles de moi.

Ce que j'ai entendu de rumeurs à propos des Indiens le long de mon chemin, dans les Appalaches, n'a rien de rassurant. Même si le « pays des prairies », le Kentucky, est devenu depuis peu le quinzième État de l'Union, la paix n'est pas encore assurée, les tribus indiennes refusent toujours d'être déplacées au nord du fleuve Ohio. Sans relâche, elles harcèlent les pionniers. Allongé par terre, ne cessant de le surveiller tandis qu'il explore mes effets, je tâche, avec lenteur, de saisir mon couteau de poche. Se battre jusqu'au bout, au moins essayer, mourir en combattant. L'Indien ne s'occupe pas de moi, il me croit mort, seul l'intéresse mon tablier brodé d'or, je le vois le mettre autour de sa taille, le palper, le retirer, le déchirer, puis le jeter par terre avec un grognement d'impatience. Il balance livres et linge, puis trouve les deux dollars cachés au fond de ma sacoche de cuir. Satisfait, il s'en empare et m'abandonne sans un regard. Celui-là, contrairement à ce qu'on m'a dit, connaît la valeur de la monnaie. Et des armes : il emporte mon fusil. À travers mes paupières mi-closes je vois ses mocassins qui se glissent dans les étriers, et la robe fauve de son cheval qui s'en va au trot. Ma jument isabelle les suit, l'ingrate, sans la moindre hésitation.

Je reste longtemps immobile, de crainte qu'il ne revienne vérifier s'il m'a bien tué ou que ses comparses ne soient encore dans les parages. Rien ne bouge, la soif me tenaille, je perds du sang, et j'ai dû m'évanouir car lorsque je me réveille, c'est la nuit, emplie de bruits, et les rocs, les maigres arbrisseaux se fondent dans l'obscurité. Péniblement, je m'assois. Aucun secours possible, le long de la rivière Licking, je n'ai croisé âme qui vive pendant mes trois jours de chevauchée.

La fièvre s'est emparée de moi, je brûle tandis que je panse ma blessure avec une extrême difficulté. Je dois me lever, retourner d'où je viens, quitter au plus vite ce lieu hostile. De ma main valide, je tâte mon crâne, mes cheveux y sont encore. Je ramasse mon équerre, mon compas, ma gourde de bourbon tiède, et je pars en titubant en direction du nord. Lune rousse, cris d'animaux, pierres qui roulent, fracas de feuilles, feux lointains ou imaginaires, fantômes à cheval, la nuit m'effraie, me protège, et j'avance, crispé par la douleur.

Durant cinq ou six nuits, me cachant le jour, dormant sous la roche, mâchant des feuilles dès que la pierre cède à l'herbe remplie de graminées bleues, la *blue grass*, je marche jusqu'à une petite ferme où, à bout de forces, je m'écroule devant un enclos de chevaux qui hennissent et se cabrent sous le ciel très clair.

En proie au délire, je suis apaisé par des mains fraîches ; en proie à la douleur, je suis soulagé par des gestes généreux alors que mon absence dure. Je ne me souviens que d'un murmure de prières autour de moi et du pansement qu'on change et qui me fait crier…

« What is your name ? (Quel est ton nom ?) »

Deux ombres attendent, en contre-jour, assises auprès du lit. L'homme et la femme se ressemblent, teint clair, cheveux blonds, même nez droit, haut front, bouche pincée, tenues sombres, sobres. Ils me diront qu'ils sont des descendants de Suédois, protestants, installés auparavant dans le sud du Delaware.

« Do you understand what I am saying ? (Tu comprends ce que je dis ?) »

Je fais un signe de la tête, je connais l'anglais.

« What is your name ? »

Un grand trou, je cherche à me rappeler mon nom, mais rien ne vient.

« Where am I ? What did happen to me ? (Où suis-je ? Que m'est-il arrivé ?)

– We don't know. We have found you… (Nous ne savons pas. Nous t'avons trouvé…) »

Je n'écoute déjà plus, mon anglais est trop récent pour que je suive ce que l'homme me dit, je suis très fatigué.

« What did happen to you ? (Que vous est-il arrivé ?) »

Je ne sais pas, je ne me souviens pas, je n'arrive pas à me rappeler quoi que ce soit.

« I don't remember… (Je ne me souviens pas…) »

Leurs visages marquent un peu d'étonnement. Moi, ce sont eux qui m'étonnent, qu'est-ce que je fais dans ce lit haut ? Je regarde les lambris, la chambre, mes hôtes, qui sont-ils ?

« Who are you ? (Qui es-tu ?) »

Que répondre ? Je fronce les sourcils sous l'effort, mais rien, absolument rien ne vient.

« Je ne sais pas. I don't know.

– You don't remember ?

– No. »

L'homme et la femme me racontent de nouveau comment ils m'ont trouvé gisant le long de l'enclos. Ils se présentent : Ulf et Astrid Lingren, frère et sœur. Je fais un effort, ils répètent lentement, devant mes sourcils froncés, mon air perdu.

« Maybe you were involved in a figth ? (Peut-être vous êtes-vous battu ?) reprend Ulf.

– I remember nothing. Really. (Je ne me rappelle rien. Absolument rien.) »

La panique doit se lire sur mon visage car Astrid se lève pour me prendre la main dans un geste d'apaisement.

« Don't worry… (Ne vous inquiétez pas…)
– Did anybody injure you ? (Quelqu'un vous a-t-il blessé ?) » dit encore son frère.

Je les regarde, l'esprit vide, cherchant à me souvenir.

« Who is Hiram ? (Qui est Hiram ?) demande Ulf.
– Hiram ?
– When you were ill, you were repeating Hiram, Hiram, Hiram…
– Et qu'est-ce que je disais d'autre ? And what else did I say ?
– You were speaking in French, you said : "Partons, partons, pendant qu'il en est encore temps…" You were afraid…
– J'avais peur ?
– Yes, very afraid. »

Nous restons silencieux. La chambre est petite, toute de bois ciré, avec une table, une fenêtre qui donne sur les collines presque bleues.

« Tu connais la Bible ? demande Astrid.
– Je ne sais pas. »

Et je replonge dans le sommeil.

Plus tard, c'est la nuit, Ulf veille auprès de moi. Il me dit :

« Dans la Bible, il y a Hiram, le roi de Tyr, allié de Salomon ; puis l'artisan fondeur, fils d'une veuve, et aussi le chef de tribu issu d'Ésaü, et enfin le chef des ouvriers du Temple, Adonhiram. »

Il me tend la Bible que je feuillette aux pages cornées par lui… Je lis le chapitre II des Chroniques, et le passage du livre I des Rois.

« Cela ne me rappelle rien, je ne comprends pas. »
À peine ai-je prononcé ces mots que je m'endors.

Plusieurs jours passèrent ainsi entre veille et sommeil. Astrid connaissait des bribes de français, aussi rudimentaire que mon anglais, et nous peinions à nous parler. Comme eux, je dus constater que je ne savais plus qui j'étais, ce qui m'avait amené là, au pied de leurs chevaux, à demi mort, affaibli d'avoir perdu beaucoup de sang.

Par piété, mes hôtes avaient décidé de me garder auprès d'eux. Renvoyer un homme blessé, ignorant qui il est, aurait été indigne et cruel. Je n'avais pas la force d'aller plus loin et, malgré leur accueil et leur bonté, je me sentais étranger à eux. Ils me protégeaient comme un petit enfant, et je pesais sur leur vie.

Dès que je pus tenir debout, commença alors avec les Lingren une vie paisible en apparence, mais très étrange et agitée pour moi. Ma blessure à l'épaule se remettait plus vite que mon esprit. La journée, le sentiment d'un étau, d'un labyrinthe m'étouffait, alors que je vivais dans une petite ferme. Pour moi cette innocente réalité mentait, elle dissimulait des dangers. Sur le qui-vive, j'observais Astrid et Ulf dans leurs moindres gestes, je ruminais leurs paroles, interprétais leur silence. Eux-mêmes m'observaient attentivement, plus avec curiosité qu'avec méfiance. Intérieurement, j'étais abattu, toute dignité, toute estime de moi m'avait abandonné. Je n'étais qu'un misérable. La nuit, la porte de la chambre fermée à clé, je m'endormais à grand-peine, je faisais aussitôt des cauchemars et me réveillais en criant.

Toujours le même rêve : un énorme loup montrait ses crocs et bondissait pour me dévorer. Souvent, c'était une meute. Ils m'entouraient, nombreux, les poils très longs, avec d'étranges dessins sur leur pelage et prêts à m'attaquer.

Ils me baptisèrent Lazare puisqu'ils m'avaient ressuscité avec leurs soins, mais ça me déplaisait, et le plus souvent c'était « French man ». Pour savoir qui j'étais, ce qu'il m'était arrivé, je n'avais pour indices qu'un compas, une équerre aux branches inégales, dans un rapport de trois à quatre, une belle chemise déchirée de coton blanc, des bottes de cuir noir fendillé et une gourde qui aurait pu être celle de n'importe qui. Et ce nom d'Hiram.

Mes mains sans cals, mon corps gras, ma chemise indiquaient que je n'étais pas un miséreux. Ces bottes fendillées plaidaient le contraire. Qui étais-je ? Un de ces trappeurs qui sillonnaient les forêts ? Un pionnier en quête de terres ? Un fuyard lassé du puritanisme policier de la Nouvelle-Angleterre ? Un criminel, qui sait ? Le compas et l'équerre étaient des outils d'architecte, de constructeur, mais quand Astrid et Ulf durent agrandir leur étable, je fus de piètre secours. Soit ma mémoire avait perdu son savoir-faire, soit je n'avais jamais su me servir de ces objets. C'était exaspérant.

Quand j'appréciais une tourte aux champignons, une soupe au potiron, des pommes cuites, quand je me lavais à grande eau dans une bassine au fond du potager, quand je nageais dans la rivière, je redécouvrais des sensations, sans être jamais sûr qu'elles étaient déjà miennes auparavant. Je m'en irritais. Parfois une simple odeur me plongeait dans une tristesse profonde sans raison. Le moindre craquement me vrillait les nerfs, et je sursautais en entendant une porte claquer. Même les chevaux me faisaient peur. Je devais réapprendre à vivre à mon âge, qu'on estimait être autour de la trentaine, en proie à des heurts quasi quotidiens, englué dans un mystère qui ne se laissait pas saisir. Mon anglais s'améliora petit à petit. Je relisais la Bible pour solliciter des réminiscences sur ce nom d'Hiram. En vain.

Au début, trop faible, je ne pus qu'aider Astrid en cuisine. Cela m'amusa, je me pris au jeu, et mes plats devinrent très goûteux. Ensuite, je les assistai dans leurs tâches, nourrir, brosser, emmener galoper les American Saddle bred, faire les saillies, surveiller les mises à bas. Dans le potager, je binais, sarclais. Aux champs, je labourais. Cette vie dure, répétitive m'apaisait, la fatigue physique rendait mes nuits plus calmes. Et avec eux je priais un Dieu qui me semblait familier, mais dont je ne me souvenais pas beaucoup et qui ne m'apportait guère de réconfort.

Par éclairs, des bribes de scènes, des mots entendus de très loin me traversaient. C'était si fugitif, si incompréhensible que j'avais l'impression d'halluciner. Ça surgissait n'importe quand, et je restais interdit, muet, que signifiaient ces images décousues, ces mots énigmatiques ? Était-ce l'ombilic de ma vie ancienne ? Des fantômes hantant un fantôme… Astrid me suggéra de les noter afin de peu à peu reconstituer le puzzle, et elle m'offrit un cahier bleu.

Longue et blonde, forte et sereine, cette femme semblait en harmonie avec tout ce qu'elle faisait. Depuis le veuvage de son frère Ulf, elle l'aidait à la ferme, on aurait pu les croire jumeaux. Seuls au monde, très unis, partageant peut-être un secret, car ils n'aimaient pas mes questions sur le passé, ils travaillaient dur et semblaient apprécier leur solitude. Sur une étagère de coin, un fusain orné d'un ruban noir et d'un bouquet de fleurs séchées représentait la femme d'Ulf, Martha, tenant leur bébé. Mais Ulf ne parlait pas d'eux. Pour s'installer ici, ils avaient parcouru une très longue route depuis le Delaware, mais de cela non plus ils ne voulaient pas parler.

Souvent, en sortant le matin, je me regardais dans le minuscule miroir suspendu près de la porte d'entrée. Chaque fois, mon visage me surprenait. De petits yeux vifs, noisette, un nez presque épaté, des joues couperosées, une bouche épaisse mais petite. Ni beau ni franchement laid. Depuis mon arrivée, j'avais laissé pousser mes cheveux à l'indienne, quelques-uns grisonnaient aux tempes. Un jour, j'entendis cette phrase prononcée d'une voix forte et étrange : « Regarde ton pire ennemi. » La crainte de devenir fou me traversa l'esprit car j'étais seul et au moins sûr d'une chose : ce n'était pas moi qui avais parlé. Quelle était cette voix ? Par le passé, qu'avais-je fait ? En quoi avais-je été mon « pire ennemi » ?

Le soir, après le dîner, je m'asseyais dehors et je traçais sur le sol un grand rectangle avec un bâton. Soigneusement, je rectifiais ses proportions pour qu'il soit, à mes yeux, parfait : pour cela, le grand côté devait être un peu plus du double que le petit. Ce tracé me procurait un sentiment de bien-être. Mais j'ignorais pourquoi. Si Astrid venait s'asseoir auprès de moi, je jetais le bâton et m'en allais marcher, en proie à une colère incompréhensible qui ne se calmait que très lentement.

Dans cette région qui commençait à se peupler, les fermes étaient fort distantes, et je ne vis personne pendant plusieurs mois. Le premier bourg, Dogville, se trouvait au nord, à plusieurs journées de cheval. À l'ouest, au bord de l'Ohio, très loin, Louisville. La ferme se tenait à flanc de coteau et surplombait la rivière Licking, et de là on pouvait voir de loin l'arrivée des explorateurs, le passage des chevaux sauvages ou des bisons. Cela me rassurait, je vivais aux aguets, ayant peur de tout imprévu. Ulf me rassurait, les Indiens avaient admis leur présence, sinon ils les auraient attaqués depuis longtemps. Une fois, il avait été dans un de leurs villages. Les tipis en rond, entourés de palissades, étaient décorés. Il avait acheté des peaux, des couvertures tissées et vendu plusieurs chevaux. Il ne partageait pas le mépris des Blancs à leur égard. Ulf les considérait comme des égaux, qui valaient plus que la racaille assoiffée qui voulait les chasser de la terre de leurs ancêtres.

À la fin de l'été, Ulf et Astrid allèrent à Louisville vendre leurs chevaux. Je les accompagnai. En route, alors que nous traversions un bosquet près de la rivière, je fus pris de nausées. Tremblant de la tête aux pieds, je dus mettre pied à terre, la sueur m'inondait et j'avais les mains glacées. Pourquoi cet endroit banal et paisible me terrorisait-il ? Ulf attendit que je me reprenne, il m'observait et pour m'inciter à remonter à cheval, il dit :

« Peut-être que quelqu'un te reconnaîtra, French man, remonte en selle. »

Louisville s'étalait le long d'une unique rue, l'église, une distillerie, deux tavernes, des commerces, un tribunal en dur, et des baraques miséreuses qui ne me rappelèrent rien. Ulf demandait à chacun de bien me regarder, et « French man » fut le potin sans fin de la journée des commères du comté, habillées de noir, à l'œil de maquignon. Ni le coiffeur, ni le pasteur, ni l'armurier, ni l'hôtelière de la pension des pionniers, ni les autres éleveurs de chevaux ne m'avaient jamais vu. Le goût du bourbon fut si agréable qu'Ulf dut m'attacher sur le cheval au retour.

Puis ce fut l'automne doré et doux où je me réfugiai dans la monotonie des jours et du travail. J'aimais les chevaux, je leur parlais, ils ne me faisaient plus du tout peur, au contraire, leur contact me calmait. Souvent je chevauchais des heures entières dans la contrée vallonnée, immense et belle, avec ses couleurs pourpre, or et rouille, mais je ne m'éloignais pas, craignant les Shawnee. Puis ce fut l'hiver, les feux dans la cheminée, les veillées interminables, ennuyeuses. De Louisville j'avais rapporté quelques journaux périmés, des livres, une Bible. Le temps sans la mémoire s'étire, il devient irrespirable, j'étais désespéré. Cette étrangeté à moi-même allait me rendre fou. L'avenir n'existait pas pour moi, je resterais jusqu'à la mort ce fermier sans mémoire, sans projet, à la merci d'étrangers secourables, et cette pensée me torturait. Injustement, j'en voulais à Ulf et à sa sœur comme s'ils étaient les officiants d'un dieu qui m'aurait condamné à demeurer cloîtré dans une cellule invisible.

À Noël, que nous allions fêter avec le ragoût spécial d'Astrid, la neige avait recouvert les collines et les champs. Comme ce silence sur mon passé, elle dissimulait les accidents du terrain, les roches, les pierres, les sentiers. Le gibier se terrait, les feuilles avaient disparu, la fantasmagorie des arbres me fascinait. La lune immatérielle brillait sur l'étendue glacée, c'était si irréel qu'on eût dit un autre monde. Comme Melchior et ses amis, je cherchais une étoile qui m'indiquerait le bon chemin.

Ce soir-là, Ulf et Astrid relâchèrent leur réserve, ils évoquèrent les Noëls avec leur famille du Delaware, la convivialité de leur petite colonie de pêcheurs et ce jour dramatique où tout avait basculé. Ulf soupira qu'il ne faisait que survivre depuis que Martha était morte.

« C'est étrange pour moi de vivre auprès d'un homme torturé par sa mémoire et d'un autre torturé par l'absence de mémoire », remarqua mélancoliquement Astrid.

Elle se signa aussitôt comme si elle avait parjuré.

Un incendie avait détruit leur vie.

« Une bande venue du Nord... Ils ont tout pris, tué mes parents, Martha aussi, après l'avoir... »

Il n'arriva pas à le dire. Les larmes aux yeux, il reprit :

« Ensuite ils ont mis le feu, et le bébé aussi est mort.

– J'étais loin au-dehors, avec Ulf. On n'a rien pu faire..., poursuivit Astrid.

– Alors nous avons décidé de partir, de recommencer ailleurs... Mais, vois-tu, French man, c'est gravé là. »

Ulf me montrait son front.

« Se venger était impossible, la bande s'était enfuie, et personne ne les avait vus de près.

– Des Indiens ?

– Non, les Hurons n'y sont pour rien... »

Nous sommes restés silencieux, puis Astrid se mit à débarrasser, Ulf se cala dans son fauteuil et ouvrit sa Bible. Que leur dire ? Leur malheur me touchait peu. Je nous voyais de l'extérieur, les verres à demi vidés, moi accoudé sur la table, Astrid debout, Ulf plongé dans ses versets, je voyais les murs de bois, la maison dans la nuit froide, la lune et l'immensité des collines alentour. Trois points sombres autour d'une faible lueur, trois solitaires qui se réfugiaient dans le silence. Nous jouions des rôles, le veuf inconsolable, la sœur dévouée. Moi, c'était l'idiot du village, celui qui ne sait rien.

Des loups hurlèrent la nuit.

Au matin, dans la minuscule cuisine où flottait une délicieuse odeur de beurre, de sirop d'érable et de pain chaud, je fixai, interdit, Astrid, qui portait ce matin-là un épais châle jaune vif et bleu que je ne lui avais jamais vu auparavant.

« Des loups ? Tu as dû rêver… »

Comme je ne disais rien, elle tourna son visage vers moi.

« Tu ne te sens pas bien ?

– Non, non… ce jaune… mimosa ! »

À mon ton étrange, elle s'arrêta, les yeux brillants, la casserole de lait fumant à la main.

« Oui, mon châle est jaune comme du mimosa… »

Et j'ai crié :

« Gautier ! »

Je me suis assis, bouleversé.

Gautier, mon ami, me parle, nous sommes sous un arbre.

« Gautier, c'était un loup… », dis-je en guise d'explication à Astrid, suspendue dans son geste.

Pour la première fois depuis de longs mois, je me souvenais d'un moment entier de mon passé. Astrid a eu un long soupir.

« Joyeux Noël ! » lança Ulf en entrant dans la cuisine.

Depuis l'enfance, Gautier n'a cessé de me filer, de rôder autour de moi, de me harceler en reniflant mes humeurs, ma résistance, traquant mes faiblesses, prêt à m'entraîner dans ses jeux, ses lubies. Sa tête osseuse, ses yeux très clairs, son nez très allongé ainsi que son grand corps maigre m'ont toujours fait penser à un loup.

Je nous revois, un printemps chaud.

« *Robinia pseudoacacia* », dit-il en contemplant l'arbre sous lequel je suis assoupi. Sa voix éraillée, profonde, me fait tressaillir, je ne l'ai pas entendu venir. De ses ongles très longs il gratte l'écorce fendillée du tronc de l'acacia, en attendant que j'ouvre grands les yeux. Ses ongles, des griffes, et moi qui gis à ses pieds, sa proie bientôt déchiquetée.

« Tu veux du poisson séché ? des œufs ? »

Le lait fume dans la tasse, j'avale les épaisses tranches de pain noir, je rebois du lait, je me concentre sur ce début de mémoire. Ulf s'étire, puis se retire sans un mot. Astrid me tend le cahier bleu et me laisse. Je la vois traverser la cour, frissonner, resserrer son châle mimosa sur ses épaules et s'engouffrer dans la remise aux conserves. Un cardinal, qui fait un petit point rouge sur le toit de la remise, chante. La neige commence à fondre sous le soleil pâle.

Comme si je tirais sur un fil, peu à peu je complète la discussion avec Gautier.

Sans bouger, je l'observe sous mon chapeau de paille percé. Je suis un bloc de sueur et de sommeil, je n'ai aucune envie de bouger, d'entendre, de parler. Gautier n'est pas dupe de mon silence.

« Tu viendras ? »

Il veut me faire connaître sa loge de franc-maçonnerie. Des jours qu'il me piste pour me poser la même question. Une faible brise remue les feuilles aux bouts arrondis et les fleurs blanches de l'acacia, deux papillons blanc citronné volettent autour de lui, inconscients de sa manie de les épingler sur des planches de velours nuit.

« Avec cette chaleur !

– D'ici quelques jours, ça ira mieux…

– Tu veux me tuer… »

Il hausse les épaules, marmonne quelque chose que je ne comprends pas, espérant éveiller ma curiosité. Il regarde au loin : plein soleil sur les vignobles, immobilité bruissante et chaude. Son ombre épaissit celle de l'acacia. Un peu haletant d'avoir traversé le champ pour me rejoindre, il se tient aux aguets, un loup en alerte. Rien ne lui échappe, le monde est un grand livre qu'il décline grâce à ses divers savoirs. Pour l'*Encyclopédie* de d'Alembert et Diderot, il collationne et rédige des articles de botanique d'une cursive échevelée. Paris, les salons, il en est, mais rapidement, en coup de vent. Il s'agite. Il s'intéresse à tout, il embrasse la vie avec ardeur. Sa chemise bâille sur un torse à peine charnu, sans poils, qui ruisselle. Il me surplombe, sûr de sa force. Quand, petiots, nous nous battions, il avait le dessus, son énergie à vaincre compensant sa malingre constitution, et chaque fois, fier de m'avoir fait mordre la poussière, il découvrait alors ses dents cassées dans un large sourire sardonique. Et j'y voyais les crocs d'un loup. Pourtant, je n'ai jamais eu peur de lui, sachant ce que cette apparence inquiétante masquait de bonté et d'intelligence.

Il casse un rameau d'acacia et le jette sur moi :

« Tu te souviens de ce que je t'ai dit à propos d'Hiram ? »

Je sursaute. Gautier ne lâchera pas prise, entêté, persévérant, buté. Il m'a prêté des livres, m'a raconté beaucoup de choses que je n'ai guère écoutées. À ce moment précis, j'ai l'esprit occupé par Mlle de Gevrey. Dans le rêve que Gautier a fait fuir, elle me tendait sa bouche fraîche et sucrée comme une fraise.

« Hiram ? »

Avec un soupir, je prends le rameau d'acacia entre les mains et je m'assieds. C'en est bien fini de ma tranquillité.

« Lequel ? Il y en a bien trois au moins d'Hiram… »

Ma ruse n'a que peu d'effets.

« Quatre. Tu as déjà oublié ? »

À l'affût d'une lueur d'intérêt, Gautier me scrute. Non, je ne me souviens de rien. Il reprend :

« Hiram a bâti le Temple de Salomon et baptisé la colonne de droite Boaz et celle de gauche Jakin, relis la Bible, les Chroniques, le livre I des Rois, chapitre VII.

– Alors le tien, c'est celui-là ?

– Le nôtre… c'est une condensation des quatre, c'est le Maître Architecte.

– Et on l'a tué, à coups de règle, d'équerre et de maillet ? c'est bien ça ?

– Trois compagnons l'ont assassiné parce qu'il leur a refusé l'accès à la maîtrise, il n'a pas voulu leur révéler les mots secrets, les attouchements, les signes qui auraient fait d'eux des maîtres.

– Dis plutôt qu'ils l'ont tué pour quelques pièces supplémentaires…

– Et pour avoir une place qu'ils n'avaient pas méritée. Des ignorants, des ambitieux cupides. Ils voulaient accéder à la chambre du milieu, au sanctuaire, comme les maîtres qui obéissaient à Hiram.

– Des impatients… Et l'acacia ?

– Ils ont jeté un rameau d'acacia sur le tertre où ils l'avaient enterré, ce qui a permis à ses neuf compagnons de le retrouver…

– À l'époque du Temple, c'était certainement du mimosa… »

Je m'obstine à répéter pour le contrarier :

« Pas d'acacia, du mimosa… »

Gautier ne perd pas son sérieux, il fait les choses sérieusement, il croit donc sérieusement en ces sornettes. Même la désignation du fameux Temple est confuse, ses amis franc-maçons mêlent le Temple détruit en 586 avant Jésus-Christ par les Babyloniens, reconstruit au retour de captivité par Zorobabel en 538, et celui que les armées romaines de Titus ont rasé en 70. Je ne vais pas le lui redire, il connaît mes objections.

« Du mimosa ? Oui, plus que probable…

– On parle bien de fleur d'or, d'un rameau d'or ? C'était du mimosa…

– Du mimosa, si tu y tiens ! Admettons. Alors, tu te souviens un peu… L'arbre refleurit, c'est-à-dire qu'Hiram ressuscite en chacun de nous lors du rite de la maîtrise.

– Amen ! »

Gautier s'est assis sous l'ombrage à côté de moi, tous deux nous regardons les champs vides, les blés qui lèvent, les vignes sur les coteaux qui festonnent sombrement le ciel pur.

« Je parie que tu penses à la belle Hyacinthe.

– Non, à Anne-France… »

Il pouffe. Soulagé : je le sais amoureux de Hyacinthe, dodue, rose et vicieuse, je lui laisse le champ libre, il en rit de bon cœur. Ses cheveux filasses tressautent sur ses épaules et son dos maigre et musclé. Nous avions juré par le sang d'être frères, ce n'est pas un tendron qui nous divisera.

« Mlle de Gevrey ! Beau gibier, poils soyeux, bonne haleine, taille fine, œil narquois, de la prestance, peu de savoir mais tant de charme, et encore vierge, dit-on, un vrai miracle ! Attention, Jean-Thomas, il faudra que tu l'épouses pour l'avoir… Ou tu mourras sous l'épée du commandeur son père ! ou embastillé comme ce scélérat de marquis de Sade !

– L'épouser ? Pourquoi pas ? Pour elle je me damnerais volontiers. La vie est brève, les plaisirs ce qu'il y a de plus tangible, les femmes, le vin…

– Et ton esprit ? À ce rythme, tu deviendras une outre vide en quelques années… »

Malgré moi, je souris. Gautier est un ami. Il se soucie de mon avenir, de mon esprit. Si sérieux malgré ses frasques qu'il mène tambour battant, entre deux leçons de botanique, un article qu'il dicte, des réunions de loge, des discours au club des Lumières.

« Tu viendras, avant mon départ ?

– Tu pars ? »

Content de m'avoir surpris, alerté, il sourit.

« Eh oui, ça y est, mon père a enfin obtenu la charge de lieutenant dans les armées royales.

– Félicitations ! Allons boire à ce succès ! Cachottier, depuis quand le sais-tu ?

– Ce matin…

– Une belle carrière s'ouvre à toi…

– Les armes, ça tue… Enfin… J'aurais préféré une charge scientifique, mais mon père en mourrait si je n'y allais pas… Et toi ? Tu n'as plus envie d'aller en Amérique ?

– Non. Mon frère aîné m'a consenti le petit manoir… L'exil n'est plus aussi attrayant. »

Nous restons un instant silencieux.

Il plisse des yeux, fait craquer ses doigts, signe qu'il réfléchit.

« Tu vas te marier ?

– Rien ne presse, sauf si la belle Anne-France de Gevrey l'exige. Dès que j'aurai rencontré l'oiseau rare…

– Autant dire le mouton à cinq pattes !

– Et toi ?

– Je ne suis pas pressé non plus… On a bientôt une réunion à l'auberge du Palais des Ducs… J'aimerais que tu viennes… »

Ses yeux me transpercent, sa force ardente me traverse et me séduit comme à l'accoutumée.

La brusque vision de son corps désarticulé dans une ornière poussiéreuse, au milieu d'autres cadavres en uniforme, me glace le sang. Aussitôt, je me décide.

« Allez, c'est oui, et n'en parlons plus. »

Immédiatement, il saute sur ses pieds, court à travers champs en me criant des mots que je n'entends pas. Le loup s'en va marauder ailleurs.

Je referme le cahier bleu, je suis à la fois heureux et insatisfait, le soleil luit haut sur les collines, la neige a fondu dans la cour. J'y ai passé plus d'une heure. Tout cela ne me dit pas ce que je fais ici au beau milieu de l'Amérique, dans le Kentucky.

Dès qu'Astrid revient de la remise, elle me presse de questions.

« Jean-Thomas comment ?

– Je ne sais pas, mais j'ai déjà mon prénom…

– Et l'endroit, c'est où ?

– Près de Dijon ou de Beaune sans doute, mais précisément, je ne sais pas… »

Elle m'embrasse légèrement sur la tête, j'ai un mouvement de recul qui la blesse.

Les Lingren ne connaissent rien de la franc-maçonnerie, dont je ne me souviens pas. Ce n'est qu'un mot. Une partie de moi est revenue, je suis sûr maintenant que le reste suivra. Sur le cahier bleu, j'ai rassemblé ces souvenirs, mais sur un autre, vert celui-là, que je dissimule soigneusement sous une lame de parquet, je les retranscris au complet. C'est étrange, mais je n'ai toujours pas entièrement confiance en Astrid.

Pour être précis, il m'a fallu plusieurs jours pour reconstituer notre dialogue sous l'acacia, comme si je déterrais un monument enfoui sous les gravats, et j'ai tâtonné. En particulier, les noms des jeunes femmes me fuyaient, peut-être parce que les yeux clairs d'Astrid les liraient. Quand je les ai retrouvés, je ne les ai pas écrits dans la version bleue, j'ai omis cette partie du dialogue. Je me méfie aussi d'Ulf et de sa piété bornée.

Malgré mon impatience, aucun autre souvenir ne vint m'assaillir. J'avais émigré, mais pour quelles raisons ? L'appétit de fortune ? un duel ? un chagrin d'amour ? Cette dernière hypothèse me faisait ricaner. Étais-je venu seul ? Qui était ce frère dont je ne revoyais pas le visage ni ne me rappelais le prénom ?

Le rectangle que je dessinais avec mon bâton le soir était très probablement le tracé d'une loge, d'un temple (je ne communiquai pas cette hypothèse à mes hôtes), le compas et l'équerre en ma possession étaient des symboles importants de cette famille d'esprit à laquelle j'appartenais peut-être. Mais que signifiaient-ils ? Je l'avais oublié.

Le mot de « franc-maçonnerie » m'obsédait depuis que je l'avais transcrit. Je le sentais gros de mystère, de révélations. Accroché à la lettre, l'esprit fuyait, je le savais. Le mot que j'écrivis plusieurs fois pour le voir s'ouvrir resta comme un clavier muet, j'avais beau m'échiner à le faire sonner, rien n'en sortait. L'architecte Hiram avait péri assassiné, Gautier et ses pairs le tenaient en haute estime, je n'arrivais pas en tirer davantage.

Pour continuer mon enquête, mieux valait rentrer en France. Le fil était ténu, mais suffisant pour m'y retrouver. La Bourgogne, un territoire qui, sans être petit, n'était pas si vaste que je n'y découvre pas mon fief… et mon patronyme. Et Gautier. Gevrey serait le point de départ. Mon enquête me mènerait vite à moi-même. Quelqu'un me reconnaîtrait, me redonnerait mon passé, mon frère m'accueillerait. Toutefois, j'hésitais. Peut-être avais-je voulu fuir un drame, comme mes hôtes ? ou un grand danger ? Revenir en France était peut-être risqué. L'envie de savoir fut la plus forte et je leur annonçai mon départ.

C'était compter sans Astrid. Prise d'un feu qui lui donnait le vertige et qu'elle cachait, ou croyait cacher, elle ne voulut pas me laisser partir, prétextant mille raisons. Sa sollicitude envers moi, chaque jour plus insistante, s'infléchissait d'une tonalité plus coquette, plus enjouée, ce qui ne m'avait pas échappé, mais j'avais fait mine de ne rien voir. D'une certaine façon, peu lui importait qui j'avais été, si cela devait me séparer d'elle. Elle me lança des regards de supplication. Ulf me conseilla d'attendre que les tuliptrees ouvrent leurs fleurs jaune-vert… la belle saison. C'était la sagesse.

« Veux-tu m'épouser ? »

Je ne réponds pas à sa question idiote. Comment Astrid pourrait-elle se marier avec un homme sans nom ? Qu'avais-je à lui offrir ? Que sait-elle de moi ? Comment peut-elle imaginer une telle union ?

La rivière bruit sur les larges cailloux. L'ombre douce habille nos corps nus, délassés. Astrid se redresse et me regarde de ses grands yeux bleus qui s'attristent. D'un geste qui m'émeut, elle relève ses cheveux en chignon, offrant à mes yeux sa nuque, son dos, ses fesses. Elle enfile une longue tunique blanche sur ce corps puissant fait pour l'amour.

Depuis le printemps, en cachette d'Ulf, nous nous retrouvons près de la rivière, et descendons en canoë jusqu'à être invisibles d'Ulf. Presque malgré moi, j'ai répondu à son désir. Ai-je eu tort ? Ai-je eu raison ? Je l'ignore encore. Sa dévotion ne mettait pas de frein à ses élans qui n'étaient ni péché ni indignité à ses yeux. Éprouver de la joie avec son corps, encore intact, dois-je le préciser, lui semblait naturel. À trente-trois ans, sans grand espoir de rencontrer un homme conforme à ses goûts, elle se consumait depuis longtemps. Ni coquette ni prude, Astrid s'était déshabillée devant moi et m'avait convié à nager. Dans l'eau, je l'avais caressée, sur la rive elle s'était donnée. J'avais l'étrange impression d'avoir déjà vécu cette scène, un peu différemment. Dans mon passé proche ? C'était simple et bon. Mais songer à l'épouser, à rester ici sans même savoir mon nom…

« Peut-être suis-je déjà marié ?

– Tu n'as pas d'alliance… »

Dans l'amour, mes gestes avaient été aisés, alors que je n'ai pas de souvenirs d'autres femmes. L'étreindre, la satisfaire fut facile, agréable. L'habitude, donc. Libertin ? Étais-je autrefois un libertin ?

Pourtant, en effleurant pour la première fois ces épaules laiteuses, ce ventre doux, mes mains avaient hésité, imperceptiblement. Scrupules moraux ? Non, et ce n'était pas non plus sa virginité qui m'intimidait. À Astrid je n'avais rien dit de cette sensation, que je n'avais pas notée non plus dans le cahier bleu.

La nuit qui suivit notre première étreinte, je fis un rêve : une femme blonde comme Astrid, mais qui n'était pas elle, me regardait en pleurant. Était-ce une maîtresse d'autrefois ? mon épouse ?

Au bourg de Dogville, la franc-maçonnerie n'évoquait pas grand-chose. Et même ce pas-grand-chose pouvait causer du tort à Ulf et à Astrid – les gens de Dogville, une quinzaine de familles, me toléraient à peine, ils m'auraient maltraité si j'avais été seul, je le savais, leurs regards mauvais, leur âpreté miséreuse, leur sombre bêtise n'annonçaient que des ennuis, aussi j'ai vite abandonné. Ulf les détestait, des joueurs, des buveurs, des crapules, dont il se méfiait et qu'il tenait à distance avec ses pistolets. Un mur invisible me tenait enfermé dans une énigme qui ne se résoudrait sans doute jamais… Un jour, j'allai à l'église, les prières coulèrent de mes lèvres, mais sans m'apaiser. Seul, à genoux, j'ai distinctement entendu : « Jamais plus tu ne te mettras à genoux. » Dans l'obscurité, j'ai cherché à voir qui aurait pu prononcer ces mots, mais je le savais déjà, il n'y avait personne, c'était comme devant mon miroir l'autre matin. La folie me guettait. Un pauvre homme sans repères pour se diriger, à la merci d'autrui, vulnérable, dont l'esprit vacillait. Il ne me restait qu'à quitter ce vallon perdu, loin de tout, sans informations fiables sur le monde, que le pasteur n'arrivait pas à tenir sous sa férule. C'est ce jour-là que j'ai décidé de repartir en France.

Malgré Astrid, que je n'aimais pas et dont les appétits charnels m'importunaient en définitive, j'ai quitté la ferme au début de l'été. Rester ne me mènerait à rien, et je devais essayer de découvrir qui j'étais. Ulf, qui se doutait des égarements de sa sœur, en fut soulagé et m'aida à préparer mon départ. Il puisa même dans sa cassette trois dollars durement gagnés et me donna son meilleur cheval, un Morgan alezan, des provisions et sa bénédiction.

La panique me prit dès que je n'ai plus eu dans ma ligne d'horizon le bourg et les collines familières. J'étais sur mon cheval, misérable et apeuré dans une plaine fleurie de goldenod, mais vaste comme un monde. Pourtant je devais avancer.

Plus à l'est, je m'enfonçai dans une forêt profonde qui, à flanc des montagnes de Cumberland, m'offrit son obscurité fraîche. L'endroit m'attirait et je m'y arrêtai plusieurs jours.

Dans le silence imparfait, je bivouaquais. Je n'étais pas tranquille, j'avais peur, et auprès du feu, je traçais mon temple sur le sol, espérant par ce geste obsédant faire affluer les images. Hélas, rien ne venait, et je suis resté à fixer les flammes qui crépitaient, l'esprit vide. La nuit m'enveloppait, les forces de la nuit m'accompagnaient, les étoiles scintillaient par milliers, proches à les toucher, me semblait-il. Au petit jour, je suis allé me poster sur le rocher le plus élevé de cette montagne, tout en haut de la forêt. De là je voyais très loin le ciel ouvert et rose sur la canopée, les roches, les plaines lointaines. Les Indiens avaient raison, la Terre est notre Mère à tous, notre berceau précieux, l'homme blanc manquait de sagesse en voulant l'exploiter au lieu de la respecter et de la protéger. Seul, relié à la terre, dans l'harmonie occulte du monde, j'ai senti mon âme s'ouvrir à la beauté.

Dans un état à la fois éveillé et absent, j'ai vu défiler devant mes yeux des images d'autrefois. Une scène en particulier : des hommes se tenaient debout, en grande tenue autour de moi. C'était une loge, avec des flambeaux allumés, des signes du Zodiaque tout autour, un lotus, des colonnes décorées. Un compas, une équerre brillaient sur la poitrine d'un vieil homme. Où ? Quelle loge ? Le vieil homme disait : « Si tu persévères, tu seras purifié, tu sortiras de l'abîme des ténèbres, tu verras la lumière. »

Un aigle tournoyait au-dessus de moi. J'étais lui, ailes déployées, je planais en harmonie avec le vent, je voyais comme lui le monde, je survolais les contrées, les époques, cet aigle était moi, il était aussi mon corps qui cherchait son esprit, sa mémoire. La lumière du jour se fit dense, cruelle, me ramenant à la conscience ordinaire et à mon infortune. L'Aigle disparut. Était-ce un esprit ? Quoi qu'il en fût, j'esquissais une danse en son honneur. Les questions se pressaient dans ma tête, mais je savais que je devais poursuivre ma route, rentrer en France. Comme à Moïse sur la montagne, un signe m'avait été donné : j'étais un franc-maçon, un Initié.

Trois mois plus tard, j'étais arrivé au bord de l'Atlantique.

Pour payer ma traversée, je me suis fait embaucher aux cuisines, mentant sur mes capacités. Sur le petit port, des forcenés aux visages patibulaires, des rustres et des ivrognes cherchaient à embarquer. Le vieux capitaine, désabusé et arrogant, m'a jugé sobre, travailleur et en bonne santé. Son second, un chien méchant, m'a enregistré et j'ai grimpé l'échelle avec mon ballot de miséreux. Il fut étonné que je sache signer mon prénom, je marmonnais en guise d'explication :

« C'est le curé… »

Le chien méchant n'insista pas. Il m'ordonna d'aider au chargement de la cargaison de peaux de castors et des fûts de whisky. On suffoquait dans les cuisines, étroites, crasseuses, mais le peu qu'Astrid m'avait appris pour me distraire en attendant les soins aux chevaux fut utile. Le chef cuisinier s'est contenté de me houspiller quand je commettais des bévues. Les repas étaient monotones, ce ne fut pas difficile d'apprendre. Je n'ai pas soufflé mot de mon étrange état, je glanais des renseignements sur la France, préparant des réponses plausibles aux rares questions qu'on pourrait me poser. Les marins n'étaient pas causants, les officiers nous ignoraient. Avec les trois cuisiniers, je jouais aux cartes, et je leur donnais ma ration d'alcool. Tandis qu'ils buvaient, je restais dehors, en plein vent.

En voguant vers la France, nous eûmes la mer forte. Le rafiot craquait, mais j'étais heureux. En flux brusques et nombreux, les images du passé revenaient. Sans doute les odeurs du bateau, la houle méchante favorisaient-elles ces réminiscences. Depuis la ferme, les rêves de loup avaient disparu. À bord, je rêvais de loge maçonnique, de mon manoir en Bourgogne, de la Révolution, de têtes tranchées par la guillotine, et je criais la nuit. Mes collègues, de fieffés gredins, me bourraient les côtes de coups de poing pour me faire cesser.

Avec Bérénice, mon épouse, la femme blonde qui pleurait dans mon rêve, c'était elle, et je l'aimais, et notre fille Diane âgée de huit ans, gracile comme une princesse de la Renaissance, nous avions embarqué à Bordeaux, sous une fausse identité, fuyant la Révolution, et accosté après une difficile traversée, fort mal en point, à New York. Le scorbut les avait terrassées à quelques heures d'intervalle, dans un misérable hôtel près des quais. De là j'avais longé la côte, la Pennsylvanie, traversé la Virginie, toujours vers l'ouest en emportant au fil de l'Ohio le peu qui me restait, sans me résoudre à vendre mon compas, mon équerre et mon tablier maçonniques, seuls souvenirs de la France.

À rebours, sans logique, par brusques assauts, je refaisais le chemin de ma vie.

Après cette conversation sous l'acacia, quelque temps avant le départ aux armées de Gautier, j'avais été initié, sous son parrainage. Ses yeux bleu très pâle luisaient de contentement, son cœur vibrait sous son équerre de maître. Moi le mécréant, le sceptique, j'avais été ému par cette cérémonie qui avait marqué une date dans ma vie assez terne malgré mes bonnes fortunes, Hyacinthe et autres demoiselles Anne-France de Gevrey. Contrairement à Gautier, je ne me passionnais pas pour les sciences, ni pour les belles causes, et le goût de l'aventure ne faisait que m'effleurer par brusques impulsions vite refroidies. Mais Gautier s'était avisé que j'avais besoin de briser ma solitude de cadet, de me confronter au siècle par un biais moins âpre que les clubs, l'engagement dans les armes ou les stratégies ruineuses de courtisan à Versailles. Mon manque d'ambition, dans le fond, tenait plus à la conscience aiguë de ma modeste condition qu'à la veulerie.

Je revis mon initiation, mes nouveaux Frères en grande tenue, tenant leurs épées enflammées pour me menacer de mort si je les trahissais, et ces mêmes épées levées prêtes à me défendre si j'étais en danger – la vision sur le rocher que m'avait donnée l'Aigle prenait tout son sens maintenant.

J'étais flatté de me compter parmi nombre de philosophes et de savants tels Montesquieu, Lalande, Laplace ou Condorcet. Mon entrée au Temple m'avait mis en contact avec les œuvres de ces grands esprits qui enrichirent considérablement le mien, aiguisant ma réflexion sur l'époque grosse de changements. Ainsi, presque sans le savoir, je m'étais mis à « polir la pierre brute », selon notre jargon hérité de la maçonnerie opérative des cathédrales, et mon ignorance passée m'apparaissait pour ce qu'elle était : un obscurantisme, un danger, une faute de goût.

À Dijon, nous avions adhéré, quoique modérément, au principe de l'égalité, rares étaient les roturiers qui nous accompagnaient. Nous n'avions pas non plus ouvert de loges d'adoption pour les femmes – à qui l'Art royal avait été jusqu'alors interdit – comme à Paris, où la princesse de Lamballe était devenue Grande Maîtresse de la maçonnerie d'adoption. Cette nouveauté exaltait Bérénice, ma tendre épouse, qui voulait suivre cet exemple. Quand sa longue chevelure blonde se répandait jusqu'au bas des reins et qu'elle m'ouvrait les bras, j'étais prêt à croire ce qu'elle voulait… Dans ce doux lien, j'avais le sentiment de toujours l'avoir connue, comme si nous nous retrouvions dans cette vie après nous être aimés dans diverses époques, sous d'autres cieux, Égypte, Chine, Grèce… Sa mort en terre d'Amérique me ravageait, j'en venais à regretter mon amnésie qui m'avait épargné un temps ce chagrin lancinant. Je pleurais seul, dans les cordages à l'arrière du rafiot.

Assez rapidement, j'étais passé compagnon, et enfin j'avais « saisi le rameau d'acacia », symbole pour mes Frères et moi de la vie indestructible, chacun devenant un autre Hiram lors de son accession à la maîtrise. Voilà sans doute pourquoi j'avais déliré sur ce nom d'Hiram après mon attaque de l'Indien pendant laquelle j'avais cru mourir, mais dont je voulais ressusciter. Les méandres de l'esprit sont mystérieux.

Comme Gautier me l'avait dit, le symbole et les rituels nous permettent de nous métamorphoser – « de mourir et de renaître », dans son jargon un peu grandiloquent – pour accroître notre connaissance du monde.

Je dis que ma mémoire était revenue, mais ce n'est pas tout à fait exact. Il y eut comme des couches successives, lesquelles émergèrent peu à peu de la neige qui les avait recouvertes. L'épisode de l'Indien me mit dans un état de prostration durant plusieurs journées où j'eus envie de me jeter à l'eau, d'en finir avec cette peur atroce qui me paniquait sans motif. Mais j'étais franc-maçon, et cette certitude me retint, elle me sauva.

Les souvenirs d'enfance, sans intérêt, jaillirent facilement, mais ceux de la vie adulte furent plus lents à se reconstituer, et parfois c'était un pan entier qui brusquement se mettait en place, précis, complet, évident. À mon arrivée au Havre, j'étais guéri.

Tandis que je parcourais une France en proie à la Révolution et à la Terreur, certaines phrases du rituel de maître résonnèrent dans ma tête. Dans une auberge bondée, alors que ronflaient autour de moi des sans-culottes et leur marmaille, je me suis souvenu parfaitement d'un texte du rituel. Il était devant moi, comme une page écrite que je lisais :

TROIS FOIS PUISSANT MAÎTRE : « Vénérable Frère Johaben, je suis Adoniram, de l'Ordre des Architectes.

« Quand l'homme a quitté ses cavernes, s'est rapproché de la mer et des grands fleuves, il a commencé à bâtir des cités en pierre et des bateaux en bois. Notre savoir vient du pays de Misraïm [Égypte] où, il y a très longtemps, vivait un savant architecte du nom d'Imhotep. Il savait même lire dans la voûte céleste. Hiram lui-même est allé en Mirsaïm apprendre les mathématiques et l'art du trait dans les Maisons de vie.

« L'architecte se doit de diriger les travaux, il doit savoir commander avec fermeté, mais avec justice et sagesse. C'est pourquoi il doit sans cesse réfléchir afin de bien coordonner tous les travaux des Intendants. Il doit montrer l'exemple même au péril de sa vie.

« Réfléchir, c'est se donner la chance de bien gouverner les travaux.

« Réfléchir, c'est une discipline qui gêne tous les pouvoirs établis, car la pensée mène à la liberté, même si tu es enchaîné. [...]

« Réfléchir te permet d'être l'architecte de ton propre Temple. »

Ces mots de Vignola, je les avais faits miens, je m'en gargarisais à l'époque de mon passage au grade de maître du Rite écossais.

Tel Hiram ressuscité en chacun de nous, tel Osiris réuni et remembré par l'amour de sa sœur Isis, j'avais accédé grâce à ce rite à une connaissance plus grande que ma propre finitude ; et notre idéal de fraternité et de perfectionnement de soi était gage d'éternité.

Gautier, inépuisable, m'avait fait savoir qu'Hiram était une reprise de la légende de l'oiseau-phénix, porteur d'immortalité, qu'on retrouve dans diverses Traditions. Je le revois dans mon manoir, un des premiers soirs qui suivit mon installation. Après un dîner de gibier bien arrosé de bourgogne, il avait évoqué avec une certaine jubilation l'oiseau Benu vénéré à Héliopolis, l'oiseau Milcham des anciens Hébreux qui, refusant le fruit défendu porteur de mort tendu par Ève, est récompensé par l'immortalité, ou encore, en lointaine Chine, l'oiseau de cinabre, Feng-huang, qui maintient en lui le yin et le yang, et aussi l'oiseau-serpent Quetzalcoatl de l'ancien Mexique, ou, beaucoup plus proche de nous, le pélican qui lie la *caritas* (charité) et la résurrection, la charité étant la condition de la survie de l'âme. Là-dessus il avait enserré la taille d'une jeune beauté et pris une bouteille de vin pour leur nuit. Je les avais entendus rire longtemps.

Où était mon ami si savant, si amoureux des plaisirs ? Où combattait Gautier ? Vivait-il encore ?

Je n'arrivais pas à dormir, et je regardais les faciès abrupts des sans-culottes qui ronflaient. S'ils avaient su qui j'étais, au lieu de partager leur paillasse avec moi, ils m'auraient conduit à la mort sans sourciller. De très légers nuages gris obscurcirent la pleine lune. Avais-je eu raison de rentrer ? Les ronflements finirent par cesser. On aurait dit des géants blêmes, ensevelis sous les plis de leurs manteaux, visages de cendres, yeux clos, sombres rêves.

Quoi qu'il en fût, après cette cérémonie, et fort de ces connaissances, je ne craignais plus la mort, je me flattais – puisque ma piété connaissait de sérieuses éclipses depuis que j'avais perçu l'évêque et ses fidèles comme des acteurs de théâtre –, je me flattais donc d'avoir troqué contre des préceptes chrétiens fluctuants une solide morale et un au-delà symbolique aussi rassurant que le Paradis, sinon plus.

Du moins le pensais-je jusqu'à ce que je perde Bérénice et notre petite Diane, et que je sois assommé et laissé pour mort par un Indien dans un creux de nature silencieuse en terre américaine… Soumis à ces épreuves, je m'étais découvert endeuillé, pusillanime et vulnérable : la mort m'avait fait très peur et j'avais marché, blessé, pour tenter de survivre. J'en savais un peu plus long sur moi-même maintenant.

Au petit jour, je quittai cette auberge. Le passé s'imposait à moi et avec volupté je me souvenais de ma métamorphose.

Sans regret, au fur et à mesure que j'adhérais à l'idéal de la franc-maçonnerie, j'avais renoncé au libertinage, à la pulpeuse Anne-France qui avait d'ailleurs préféré convolé avec un marquis nantais. Pour m'assagir, et calmer ce tempérament libertin qui me gênait maintenant, j'avais consenti à épouser Bérénice, selon le vœu de nos deux familles. Ce qui n'était que convention était devenu un tendre et profond accord, grâce à sa droiture innée, sa générosité intelligente et sa docilité à mon bon plaisir. Me rappeler la mort de ma mère ouvrit les écluses du chagrin, celle de mon père m'attrista moins, le deuil était plus ancien.

À cheval, évitant les villes, passant les gués, payant les taxes de chaque région, je m'en fus jusque chez moi. J'étais peu dans le présent, j'arpentais chaque pli de mon passé, heureux de me rappeler que, dans mon domaine, j'avais assoupli les règlements, allégé des taxes et encouragé les initiatives de mes gens à mieux organiser leur vie. Notre curé m'avait secondé, lui aussi était franc-maçon. Œuvrer à la rénovation humaine par le travail et la vertu, projet qui m'aurait fait rire quelques années plus tôt, était devenu un enjeu de ma vie, mon initiation avait changé ma vision des choses. Je n'étais pas mécontent de qui j'avais été.

Mais cela avait pris son temps, et l'acacia sous lequel nous nous tenions avec Gautier avait refleuri plusieurs fois. Puis la Révolution avait étendu sa saignée sur notre royaume. Mon modeste Temple risquait lui aussi d'être détruit… Ces heures heureuses se sont évaporées, et au fur et à mesure que je me rapproche de la Bourgogne, le ci-devant Jean-Thomas de Gevrey, cuisinier de bateau, est souvent arrêté et questionné. Je réponds que je n'ai fait que cuisiner, que je n'ai rien vu ou presque des terres nouvelles, que je m'en retourne auprès des miens. Ma mine fatiguée et mon air bête font le reste.

Mon manoir est là, intact et vide. Je n'ose en croire mes yeux qui viennent d'assister à tant de dévastations sur notre bonne terre de France. Il est très tôt, la nuit emplit la terre, je suis seul en attendant la lumière du jour. Pas de vieux chien fidèle, ni de nourrice qui me baigne les pieds et reconnaît ma cicatrice, tout est désert. Où sont-ils donc tous ?

Sous mes yeux s'étend le jardin bien rectiligne, bordé d'allées de gravier. Au loin, les acacias qui dominent les labours, les vignes, puis le village d'Aloxe-Corton, le pont et les routes qui mènent aux foires, à Beaune, à Dijon, à Paris. Comme le mousse sur sa hune, je scrute cet horizon familier. Le trop grand silence m'inquiète, sont-ils morts ? Ont-ils quitté le navire après notre départ ? À l'époque, je n'étais pas peu fier de ce petit domaine que m'avait abandonné mon aîné, mais qu'il est étroit en comparaison des espaces américains… !

Qu'est devenu mon frère, parti pour Coblence grossir les rangs de la contre-révolution ? Je n'ai pas osé aller au château familial de crainte d'être arrêté.

Du fond d'un étage descend un vieux serviteur, Alphonse. Il hésite à me reconnaître, le couteau à la main.

« C'est moi, Alphonse… Range ton couteau… »

Il porte la cocarde sur un de mes habits et me toise du haut de l'escalier.

« Pourquoi êtes-vous revenu ? Vous ne savez donc pas qu'on guillotine les émigrés ?

– Je sais tout cela… Pourquoi serais-je coupable d'être noble et propriétaire d'un petit domaine appartenant à ma famille depuis plusieurs siècles ?

– Cela suffit en ces temps pour voir son manoir brûlé et la tête des siens au bout d'une pique.

– Je vais me cacher… »

Alphonse secoue la tête, méfiant.

« On vous a vu ?

– À cette heure, en tenue de cuisinier, personne ne m'a vu ni même reconnu… »

Il descend lentement, range son couteau dans sa poche, et l'émotion fait trembler son menton :

« Vous portez la barbe, monsieur Jean-Thomas, vous avez forci… Mais où sont madame et Mlle Diane ?

– Mortes en Amérique, toutes les deux.

– Oh, quel malheur !

– Et ici ?
– Ici, ils ont pris beaucoup de vos meubles…
– Le Temple ?
– Ils n'y ont pas touché… »

En hâte, je traverse les pièces du rez-de-chaussée tandis que le jour se lève. Elles sont chamboulées, des fauteuils renversés, les portraits de mes ancêtres décrochés, des tentures arrachées. Les objets précieux ont disparu. Qu'importe. Revoir mon Temple. Ma clé est restée dans le vase de Sèvres intact par je ne sais quel miracle, et j'ouvre avec émotion la porte dite de l'occident.

« Pourquoi l'ont-ils épargné ?

– Ils n'ont pas eu le temps… C'était une sacrée pagaille, ce jour-là…, marmotte Alphonse.

– C'est moi qu'ils voulaient ?

– Les plus excités, oui, mais les autres, c'était l'argenterie… »

La longue pièce est plongée dans l'obscurité, j'entrouvre un des volets, quoique Alphonse me crie de n'en rien faire.

Il s'est passé presque deux ans depuis mon départ. Je me revois ici même en train de contempler la loge avant de partir pour l'Amérique. Aucun de mes Frères ne pouvait m'aider dans ce projet. Depuis le printemps, le pays s'enflammait, le 14 juillet et la prise de la Bastille avaient enfiévré Paris, et la nuit du 4 août, en abolisant les privilèges, signait notre mort à tous, nous autres nobles et nobliaux. Cela m'avait décidé à fuir.

Sur un des sièges gît intacte ma *Constitution* d'Anderson. Ses principes stipulent que les francs-maçons ne doivent pas troubler l'ordre établi, d'ailleurs ils ont prêté serment au royaume. Moi non plus je n'avais rien contre Louis XVI et sa cour, que, bien trop pauvre, je n'ai jamais fréquentée, et même si nos idées de progrès allaient dans le sens de la liberté en cours, je ne voulais pas voir transformer notre loge en société de pensée, en assemblée révolutionnaire, je ne voulais pas nous voir nous déchirer au lieu de nous unir, nous plonger dans l'action politique au lieu de nous consacrer à notre quête spirituelle, qui est l'essentiel de notre travail maçonnique.

Émigrer comme beaucoup de nobles à Coblence me rebutait ; même si je désapprouvais la Révolution, je ne voulais pas être son ennemi car elle défendait un idéal auquel j'étais sensible. Partir pour l'Amérique, comme je le souhaitais du vivant de mon père, alors que je me savais promis à la pauvreté du cadet, me paraissait une aventure à tenter. La Fayette brillait comme un phare à la cour, on admirait sa bravoure au service de George Washington, son intrépidité à parcourir les mers, les terres lointaines. Bérénice me pressait de partir. Nous étions jeunes encore.

Un chat noir et blanc se faufile à mes pieds. Au-dehors, quelques merles ont commencé à chanter, alors que la lumière ne filtre pas encore. Les arbres nus et noirs se découpent sur le ciel gris, le chat s'étire et se lèche les pattes. Il m'abandonne nonchalamment, silencieusement. Les cloches de l'église du village sonnent. Tout semble comme auparavant, même moi, à cette même place, ai-je vraiment bougé ? Ai-je rêvé ce voyage en Amérique, ai-je été ce « French man » qui ne savait plus son nom ?

Quelques mois avant mon départ, nous ressentions l'envie d'un endroit plus discret que cette arrière-salle du cabaret derrière le Palais des Ducs qui nous hébergeait au vu et au su de tous, et je m'étais offert d'en trouver un. C'était pour moi une fierté, un orgueil secret, d'abriter ce Temple dans ma demeure.

J'avais élu, au rez-de-chaussée, à l'arrière du bâtiment, un grand salon que j'avais transformé en loge. Personne ne pouvait y entrer sans moi. Un lieu réservé, comme l'était autrefois la cella du temple grec. Gautier, toujours savant, m'avait rappelé l'étymologie :

« Temple, ça vient de *tmnos*, de la racine *tem*, qui évoque une coupure. Le temple est une séparation qui redouble cette séparation par la cella, interdite aux fidèles, où trônait la statue du dieu honoré…

– Ou comme chez les Hébreux avec le saint des saints, où seul le grand prêtre pénétrait le jour de l'Expiation, avais-je ajouté.

– Ou, plus proches, si familières, nos nefs des cathédrales gothiques, avec le chœur séparé où officie le prêtre devant l'autel dédié à Dieu, au Christ fait homme… »

Conformément à nos usages, la pièce se devait d'avoir les dimensions du rectangle d'or, c'est-à-dire que le rapport de 1 x 2,68 fût respecté. C'est celui de la section dorée, cela date d'Euclide ou de Pythagore, les maçons des cathédrales connaissaient, et sûrement aussi les Égyptiens… Mon aménagement s'en rapprochait, mais je m'étais promis qu'il serait exact si jamais je réussissais à revenir.

Deux colonnes symétriques flanquent la porte du temple, Jakin et Boaz. L'une est celle des Apprentis, l'autre celle des Compagnons. Par tradition, elle sont creuses, on y dépose les « métaux », c'est-à-dire autrefois les outils et la paye des ouvriers, ou par métaphore les passions humaines…

Je suis très ému, tout ce bel ensemble m'est familier dans ses moindres détails, je l'ai moi-même décoré… Les chapiteaux de ces deux colonnes portent des entrelacs représentant le lien entre toutes choses. Que ce soit en sanscrit, en arabe, en hébreu, Jakin et Boaz contiennent dans leurs lettres, dit-on, des symboles de fécondité.

En face, à l'orient, il y a un encadrement de porte, dont le jour est obturé. Derrière cette porte qu'on ne peut ouvrir, c'est l'inconnu, l'orient éternel.

Je traverse la pièce, l'axe du temple qui rejoint occident et orient, symbolisant la ligne sacrée, la route qui conduit à la connaissance de la Lumière. Cette route, je l'avais faite tout autrement, à cheval, en parcourant tour à tour la France et l'Amérique, aller et retour. Mais l'orient éternel, la mort, n'a pas voulu de moi, et la seule chose tangible que j'ai apprise, c'est que je suis un maçon ordinaire qui aspire à vivre le plus longtemps possible.

Au plafond, une voûte azur, parsemée d'étoiles innombrables – comme le ciel scintillant des nuits d'été. J'en avais admiré la beauté réelle sur un rocher surplombant un vaste territoire… Douze colonnes la supportent, leurs chapiteaux sont surmontés d'une fleur de lotus. Symbole du soleil, immaculé sur les eaux troubles, le lotus s'ouvre le matin, se referme le soir ; c'est la renaissance solaire, humaine, c'est la Vie dans son fond éternel et sans cesse renouvelé.

Entre les colonnes, j'avais peint les douze signes du Zodiaque. Le Bélier à l'orient, la Balance à l'occident, la

Vierge, le Lion, le Cancer, les Gémeaux, le Taureau sur la paroi nord, les Poissons, le Verseau, le Capricorne, le Sagittaire, le Scorpion sur la paroi sud. Cela m'avait pris des mois, et j'en étais arrivé à la conclusion que nous sommes des microcosmes, des microsystèmes de l'Univers…

En regardant vers l'orient, à droite une figuration du Soleil, symbole de lumière créatrice, à gauche la Lune, lumière voilée, reine de la Nuit. Que de fois en Amérique je l'ai contemplée lorsque j'étais réveillé par ces innombrables cauchemars de loups affamés qui m'effrayaient tant !

Comme il se doit, le sol est pavé d'un damier noir et blanc. Selon les interprétations, ce damier signifie que le bien et le mal sont inhérents à l'existence terrestre, ou bien il dit l'union du corps et de l'esprit, l'union de tous les maçons du globe, ou le combat de Michel et de Satan, des Dieux et des Titans, de la Lumière et des Ténèbres, du jour et de la nuit, de la liberté et du despotisme…

Au cœur de l'étoile flamboyante, à cinq branches, du pentagramme étoilé, le G, celui de la géométrie, le gamma grec en forme d'équerre.

Tout est là, dans son ordre immuable, avec ses symboles millénaires. Enfin, je peux me reposer, j'ai retrouvé mon lieu. « *Ordo ab chao* », notre devise proclame la nécessité d'un ordre qui doit surgir du chaos. Que ce soit des convulsions de l'Histoire, des tourmentes personnelles, nous devons nous apaiser et œuvrer pour l'ordre, le bien.

C'était tout cela que j'avais perdu et que je recherchais en faisant ce tracé sur le sol, en Amérique, un simple tracé à la craie pouvant signifier le lieu de la loge, du Temple. Quelque chose en moi n'avait pas oublié ce pouvoir du signe qui faisait exister le Temple, et je le dessinais sans que mes yeux ou mon esprit comprennent la signification de mon geste.

Je m'assois à l'orient.

Malgré le contentement d'être là, de nouveau en possession de moi-même, un malaise diffus me traverse. Je revois l'Indien tourner dans ses mains compas et équerre, s'affubler de mon tablier de maçon… puis les jeter. Dans son esprit, cela ne signifiait rien, et soudain mes convictions m'étaient apparues comme de simples constructions mentales, pompeuses, puériles, presque comiques en définitive. La vraie blessure qu'il m'avait infligée n'était pas celle à l'épaule ni même mon amnésie… C'était ce doute. Il est plus profond que je ne l'aurais pensé, il me tenaille maintenant. Avais-je cru en des mirages ? Mon Temple relève-t-il de la Vérité ou de l'Illusion ? Ai-je fait tant de chemin pour me désavouer ? Ne me suis-je pas trompé du tout au tout ? Étais-je bête ? Avais-je participé à une mascarade, à un théâtre un peu grandiloquent ? Étais-je un comédien ? Que signifiait au juste mon implication maçonnique ? Ici et maintenant ?

Les places vides de mes compagnons.

Le vénérable, le premier et le deuxième surveillant, l'orateur, le secrétaire, nos « cinq Lumières » – le grand expert, le maître des cérémonies, l'hospitalier, qui aide les malades, le trésorier et le couvreur, qui avertit la loge si un danger menace. Leurs noms, leur histoire, leur initiation. Des hommes de la noblesse, des avocats, un médecin, un prêtre. Une loge, c'est une fraternité en actes.

L'absence a parfois la rudesse d'un coup de poing qui assomme.

Sans eux les symboles s'étiolent, sans eux vais-je être capable, ici, de renaître encore une fois, autrement, alors que je n'y suis pas parvenu sur le Nouveau Continent ? L'idée d'avoir voulu faire fortune me paraît dérisoire, et je pars d'un fou rire qui fait surgir mon vieux serviteur.

« Il n'y a pas de quoi rire… »

Alphonse bougonne, il ferme d'autorité les volets que j'ai entrouverts.

« Vous ne savez pas ce qui se passe ici…

– Tu me raconteras ça… Laisse-moi…

– Voulez-vous que j'allume les chandeliers ?

– Tous les neuf, s'il te plaît… »

Les flammes tremblotent dans la pénombre. Mais ce n'est plus la nuit sans mémoire…

« Sagesse, Force, Beauté », ainsi nous commencions à travailler.

Avant mon départ, lors de la dernière réunion de loge, nous avions initié Joseph de P., le nouvel Apprenti. Nous avions fait fête, bien sûr, à notre nouveau Frère. Nous étions neuf, comme les maîtres qui s'en allèrent quérir le cadavre d'Hiram…

Neuf, c'est l'un des mots sacrés du grand maître de toutes les loges, le triple ternaire, c'est aussi la germination, la spirale qui monte, les neufs flambeaux dans la « chambre du milieu », les neuf carrés du plan du tracé de la loge. Neuf est le nombre de la vie, de la régénération. Ce récit que je t'écris, mon enfant, comporte *neuf* vies, ce n'est sans doute pas un hasard…

Et tant d'autres symboles qui s'enchaînent dans ma tête soudain agile, la neuvième lettre de l'alphabet hébraïque,

Teth, préside à la naissance des hommes et signifie « prudence », la neuvième *Sephirah*, *Yesod*, veut dire « stabilité, fécondation, génération, pierre angulaire », et ainsi de suite. Non, je ne suis pas devenu incrédule, ce savoir me tient, me soutient, il m'a fondé. Je n'ai plus de doutes maintenant. Il m'a aidé à supporter la grande douleur d'avoir perdu Bérénice et je n'ai pas plongé dans l'Océan pour la rejoindre dans la mort où je croyais la voir comme une sirène, sa lourde chevelure blonde flottant au gré des vagues…

L'Indien peut s'en aller sur son cheval fauve, il n'emporte que deux dollars, il ne m'entraîne pas dans son monde inconnu où ce que je crois serait vide de sens. Si l'étrange étranger m'a ébranlé, il ne m'a pas détruit. Au contraire, il m'a permis de faire un retour critique sur celui que j'étais, sur mes convictions. La mort proche m'a appris combien je tenais à la vie, mais à une vie faite de connaissances, de renaissances.

Je dépose mes deux outils, le compas et l'équerre, sur la table où je retrouve le maillet. Au cordon de maître, l'équerre et ses branches inégales signifie la volonté d'aller dans le sens des statuts de l'ordre maçonnique et, de manière générale, vers le Bien. L'équerre se rapporte à la matière, elle ordonne et rectifie… Que l'action de l'homme s'exerce sur la matière, sur lui-même ou dans la société, dompter le chaos ne va pas de soi.

Le compas, lui, désigne l'esprit et semble actif. L'écartement de ses branches peut figurer les divers modes de raisonnements, larges ou précis, et toujours clairs. Il symbolise l'ouverture de l'esprit, la compréhension et l'étendue de la connaissance. La première figure que peut tracer un compas est le cercle avec un point en son centre. Le compas combine l'infini du cercle et le début de toute chose figuré par le point… Cet antique savoir, que connaissaient les Chinois et bien d'autres civilisations, avait disparu de mon esprit.

Pendant les mois d'oubli chez les Lingren, j'avais souvent regardé l'équerre et le compas sans pouvoir les relier à leur symbolisme. Avec soin, je les nettoie, ils ont tant voyagé qu'ils sont éraflés, rayés, cicatrices prosaïques de mon égarement, de ma « mort ». Sans signification, vides, les voici usés, striés par le Temps, mais de nouveau en plénitude, grâce à mon regard et à ma compréhension.

La haute silhouette de l'Indien s'efface, celle d'Astrid Lingren passe, je ne m'y attarde pas, mes envies de suicide dans l'Océan pour rejoindre Bérénice et notre petite Diane se sont définitivement dissipées, je suis vivant, bien vivant, c'est-à-dire conscient. Les neuf flammes dansent dans le Temple, tout peut recommencer, l'esprit ne meurt pas, il s'agit de continuer…

Alphonse frappe et entre sans que je l'y aie invité.

« Il faut partir, monsieur. C'est trop dangereux de rester ici.

– Non, j'ai fait un long voyage. Ici, je suis chez moi, je reste. »

Les loges avaient été mises depuis peu en sommeil. Les Frères s'étaient dispersés entre les camps, certains proches de la Révolution, la majorité en retrait et pour la monarchie, quelques-uns en exil dans la Contre-Révolution. Au-dehors, l'Histoire continuait. Alphonse, tiraillé entre son affection envers moi et ses nouvelles convictions républicaines, voulut s'en aller pour ne pas avoir à me dénoncer. C'était dangereux pour lui comme pour moi, et je le laissai partir. Une de ses nièces, sourde-muette, m'apportait de nuit volaille, légumes, farine, œufs et lard. Nous échangions par gestes quelques politesses, vite épuisées, et contrairement à l'opinion commune, j'étais convaincu de son intelligence. Son regard mobile, ses sourires, ses menues attentions le démontraient. Quoi qu'il en fût, c'était un choix judicieux, on ne lui prêtait aucune attention, elle allait et venait à toute heure sans être inquiétée. L'eût-on trouvée avec son panier rempli qu'on l'eût cru folle encore un peu plus qu'à l'ordinaire.

Je savais cuisiner, j'appris le reste, et ces travaux dévolus aux femmes furent source de réflexion. L'« intérieur » est un espace concret autant que mental… Je vivais volets clos. Seul compagnon, le chat noir et blanc suivait mes faits et gestes, et son amicale présence, quelque peu distante, fut un réconfort. Personne ne songea à brûler le manoir ou à me traquer chez moi, je ne fus pas inquiété grâce à Alphonse qui avait répandu la rumeur de ma mort en Amérique, et on l'avait cru. Au sortir de la Révolution, je me rendis compte combien j'avais été chanceux d'avoir survécu.

Alors, renouant avec mes débuts, car je ressentais l'impérieux besoin de reprendre mon initiation de façon plus approfondie, je me suis rendu dans le Cabinet de réflexion, le lieu où l'on emmène le futur initié. Les phrases qui m'avaient tant troublé en Amérique, « Regarde ton pire ennemi », « Jamais plus tu ne te mettras à genoux », résonnaient maintenant pour mon édification. J'y ai contemplé les objets du rituel : le crâne, le sablier, la cruche d'eau, le pain de pénitence, le coq, le sel et l'acronyme latin VITRIOL (« Visite l'intérieur de la terre et en la rectifiant tu découvriras la pierre occulte »), autrement dit l'ensevelissement de la « mort » peut permettre de découvrir, par le travail spéculatif, la pierre secrète, la pierre d'angle qui maintient debout tout l'édifice.

Ces objets enseignent au nouvel initié à être sans passion, détaché des biens de ce monde, tel un défunt abandonné dans la nuit inéluctable de la mort… en espérant la lumière. Depuis mon retour secret, pris dans un temps circulaire, dans une révolution au sens premier du terme, je redevenais ce nouvel initié. À la porte du Temple, dénudé, seul, abandonné de tous, mais aspirant à la connaissance, j'ai donc de nouveau frappé.

Bien sûr, j'étais isolé, mais la fraternité passée me soutenait. Malgré lui, l'Indien m'avait permis d'entreprendre le vrai voyage initiatique – en fait multiple – puisqu'il m'avait plongé dans les ténèbres, me dépossédant de tout, me laissant pour mort. En recouvrant ma mémoire et mon identité, je lui devais aussi cette redécouverte de mon savoir antérieur qui était ma pierre angulaire, mais c'était une renaissance, je devenais vraiment un autre dans l'élan de ce recommencement.

Calme alors que tout bougeait, silencieux alors que tout n'était que cris et hurlements, serein alors que l'époque n'était que convulsions et fureur, je me suis attelé à l'étude.

Mesures, outils, symboles, la minutie du rituel – j'ai donc réappris. Combien avais-je été superficiel autrefois, même si j'avais été sincère ! Si Gautier avait été là, nous aurions pu enfin parler la même langue. Plus qu'un passeur, il avait été un maître. Son physique inquiétant cachait une âme si généreuse... Qu'il m'a manqué en ces temps d'étude et de réflexion ! Tandis que je dormais, il veillait sur moi la nuit, m'insufflant la patience de rester cloîtré et caché, et l'envie de progresser dans ce voyage immobile. Que mes Frères me manquaient ! Mais je les attendais en me perfectionnant, je bâtissais pour eux et pour moi notre future vie maçonnique.

Grâce à cela, je supportais moins mal ma solitude et l'absence de Bérénice et de ma fille qui, certains soirs, se faisait poignante.

Par degrés de connaissance, par paliers de conscience, mon savoir maçonnique s'est étendu, complexifié. Et mon savoir tout court, car ma bibliothèque comptait de nombreux volumes que je n'avais pas le temps de lire, disais-je auparavant pour masquer ma paresse. Ce serait trop long et trop compliqué d'entrer dans le détail de ce travail sur soi et sur la franc-maçonnerie. Et puis je suis tenu au secret, qui n'est que pudeur pour préserver la joie des futurs initiés.

Sache seulement que cette pérégrination dans les signes ou les nombres souvent mystérieux n'a pas toujours été très logique. Parfois j'errais. J'allais dans l'inconnu, à la limite du temporel et de l'intemporel : la mesure qui fonde notre savoir échappe au Temps, et, renouant avec les traditions passées, les sagesses anciennes, ce ne fut pas sans vertige que j'approchai l'énigme du Grand Architecte de l'Univers.

De cette méditation j'ai retiré le sentiment de permanence de l'esprit humain : infinie est sa quête pour ordonner le monde et créer du sens par les symboles, qu'on pénètre lentement avec l'intellect et qui se laissent apprivoiser par le cœur… La variété des « temples » ne doit ni nous inquiéter ni nous égarer, l'esprit désire habiter le monde.

Le petit Temple que j'avais retrouvé dans ma demeure m'avait rendu à la tâche d'édifier mon temple intérieur, que je polissais et construisais patiemment, et les deux ne firent plus qu'un lorsque, après la Révolution, je pus accueillir dans la joie de nouveaux Frères avec qui partager cet idéal au grand jour, nous étions enfin rendus à la légalité.

Gautier s'en était allé à l'orient éternel, en combattant à Valmy aux côtés de Masséna, et ma peine fut indélébile, je lui devais les premiers pas, je lui devais la vie de l'esprit. Joseph de P., notre dernier initié, revint, tout préfet qu'il était devenu. Et d'autres, connus et inconnus, nous rejoignirent. De nouveau nous fûmes neuf, puis dix, douze, et de nouveau les neuf chandeliers brûlèrent, de nouveau les batteries retentirent, et les mots secrets s'échangèrent, les travaux se succédèrent, les initiations reprirent. La loge se remit à vivre dans un monde qui, en quelques années, reprit des allures familières avec l'Empire et ses guerres jusqu'en Russie.

Une amie de Bérénice me conduisit à l'église et me donna plusieurs enfants. Après la disparition de mon frère, mort d'une gravelle dans son lit, nous sommes allés habiter le château familial qui n'avait pas trop souffert de la Révolution. Plusieurs fois j'ai écrit à Ulf et Astrid Lingren.

Ils n'ont pas répondu, mais comment savoir si mes missives leur sont jamais parvenues ? M'en voulait-elle de l'avoir abandonnée ?

S'il est une seule raison d'être du symbole et des rituels, « c'est de nous permettre de mourir à la mort autant de fois que cela sera nécessaire », dit un sage, et mes tribulations outre-Atlantique furent sans doute nécessaires pour que je pénètre véritablement le sens de cette maxime. Souvent il m'est arrivé de regarder le ciel en cherchant des yeux l'Aigle de Cumberland… Que mon travail d'« architecte » de soi et du monde ait été sans monument tangible importe peu, l'architecture dans cette quatrième vie, tu l'as compris, n'a été qu'une métaphore…

Mais là encore, l'essentiel m'a échappé, et ce beau travail intérieur n'a pas suffi à me délier du devoir de bâtir…

Quatrième fugue

Mais, mot après mot, comme pierre après pierre, le sens s'enfuit, l'énigme dure, la parole se multiplie, et je reviens à la vie encore, et encore.

Aigle nocturne, funeste prédateur, sombre narrateur, je crie de mon gosier inarticulé le peu que je sais, m'entends-tu ?

Je plane au-dessus des ruines, à la recherche d'un lieu idéal, d'une permanence dans la pierre, la foi, la conquête.

Je froisse de mes ailes le plan de cités jamais construites, je dessine dans le ciel un bonheur de vivre ensemble, une utopie, pour toi, mon enfant.

Passage, métamorphose, signe futile, prêt à m'évanouir dans la fumée ou dans la brume,

Je suis cette plume d'oiseau, gracile, qui tournoie jusqu'à toi.

Le texte s'étend, se dissémine.

Par lui je traverse ce que je sais pour aller vers ce que je ne sais pas.

Cinquième vie

Djoser pour toujours

Qui souffre d'amnésie peut guérir, je venais de l'expérimenter. La mémoire suit des méandres surprenants, qui obéissent à une logique d'association reliant les images en grappe, les mots par chaîne… sans se soucier de l'ordre de la raison ou de la succession du temps.

En récitant l'hommage rendu à Imhotep par les Maîtres francs-maçons, en revoyant lotus, signes du Zodiaque, soleil et entrelacs des colonnes du Temple, non seulement un de mes moi s'est retrouvé, mais pour ma propre mémoire de transcripteur, ce fut aussi le déclic : le désert qui se déployait, au tout début de ce long récit, sous mes yeux d'Imhotep, en train de méditer sur la tombe à construire pour Djoser, a réapparu.

J'y suis de nouveau. Je songe à la lignée de mes ancêtres et à mon père l'architecte.

Mon père… Un matin chaud, nous allions à pied rendre visite au-delà des murs à des parents qui habitaient près d'un cours d'eau, rendu impétueux par les crues du Nil. L'eau écumante tombe en cascade, furieuse, sur les roches, le vide entre les planches me fait peur, je reste sur la rive. La haute silhouette de mon père, ceinturée d'un pagne blanc, s'est avancée sur le pont. Son corps maigre mais si élégant fend l'air, et ses longs bras qui me portent au lit le soir se balancent. Je l'appelle. Il ne m'entend pas. À mi-chemin, il rebrousse chemin, me prend la main avec fermeté et m'entraîne. Il n'a rien dit, il est là, avec moi, pour affronter le danger. Sans crainte maintenant, je franchis le pont à ses côtés, et nous atteignons la rive. D'un geste rapide il caresse ma tête, puis me lâche la main. Ainsi vit mon père en moi.

Plusieurs fois la Mort a frappé notre demeure. Ma mère, à la grâce frémissante d'antilope, a été mise dans un sarcophage, avec le bébé mal formé qu'elle venait de mettre au monde, quand ni mon frère ni moi ne savions tenir le calame. Plus tard, la variole, la vermine intestinale ont emporté deux serviteurs de notre maison. Puis, un jour radieux, mon jumeau, nous n'avions pas dix ans, a disparu noyé lors d'une crue du Nil. Que faisait Ouneg, seul, sur les rives, alors que nous nous quittions si peu ? N'a-t-il pas vu combien la pluie avait été forte, les eaux vite montées ? Que lui est-il vraiment arrivé ? Mon père n'a jamais su répondre, et j'ai beau fouiller ma mémoire, jamais je n'ai pu reconstruire ce moment-là de cette journée-là.

Seul un grain de peau, sous la fesse droite, pouvait nous distinguer, et Ouneg m'en peignait un, si nécessaire. Notre mère, puis les servantes qui la remplacèrent, nous habillaient de pagnes d'une couleur différente, que nous intervertissions, si fiers de duper ce petit monde. Ouneg me dominait par sa force et sa ruse ; toujours prêt à des joutes désordonnées, rieuses, il me poursuivait dans mes refuges pour me défier. Plus rêveur, je préférais les jeux calmes, les dés, le dessin. À la pêche, immobile et silencieux dans l'eau, la main tendue, j'attrapais le poisson qui se tordait en soubresauts luisants. Quel triomphe alors de voir mon frère se borner à des ricochets, penaud et vexé que sa force soit inutile ! Dans notre langue secrète, nous nous racontions toute sorte d'histoires. Pendant les siestes de la saison chaude, il chantonnait des airs, j'y mettais des mots farfelus, qui nous faisaient pouffer. Chaque soir, nous nous endormions dans des lits séparés, et le matin on nous trouvait dans les bras l'un de l'autre. Parfois, longuement, étrangers au monde des dissemblables, nous nous fixions, fascinés par cette bizarrerie de la nature. Sans parler, nous savions tout de l'autre.

Son ombre, gracile, n'a cessé d'errer autour de moi. Même maintenant, après tant d'années, il m'arrive encore de lui parler en secret, et je porte sur les vivants un regard d'absent, son regard est dans mon regard.

Le soleil décline doucement, et les ombres sur les dunes s'étirent et se mêlent, je reste assis à contempler au loin Memphis, ses toits, son enceinte.

Après la mort d'Ouneg, j'ai fréquenté seul la Maison de Vie. Là, j'ai tout d'abord appris à écouter la plainte, à palper les corps, à lire les signes, à soulager avec l'inévitable pavot, et à guérir parfois. Je me suis instruit des potions, des inhalations à base de miel, de cire des ruches, de l'usage du sel et du cuivre, du foie et du sang pour maîtriser notre pharmacopée, et j'ai récité les incantations rituelles – hélas, j'ai constaté qu'elles étaient fort limitées dans la lutte contre les esprits malfaisants de Seth qui se glissent par les oreilles et le nez et infectent les corps en suivant les vaisseaux, tel le Nil irriguant notre contrée. Quand mes patients ne pouvaient pas payer, je me contentais d'un fruit, d'un pain. Ensuite, ce fut l'étude de l'astrologie, la poésie et l'architecture. Content de cette orientation, mon père la favorisa, il m'emmena à Héliopolis, sur l'île d'Éléphantine, à Thèbes, dans chaque ville où il bâtissait, soucieux de compléter mon savoir livresque par l'expérience des chantiers.

Quand je fus prêt, je suis entré à la cour de Pharaon, où la gloire de mon père me précédait. Aux aguets, la cour réduite aux plus proches se tenait debout, sur les marches, en m'observant. Je me suis incliné, agenouillé, puis j'ai levé les yeux vers Pharaon, assis sur son trône. De ce colosse sévère, impressionnant dans ses atours royaux, émanaient magnanimité et pondération. C'était la première fois qu'il m'apparaissait ainsi dans sa dignité souveraine, avec sa barbiche postiche, coiffé du *pschent*, la double couronne blanche et rouge de Haute et Basse-Égypte, arborant au front l'*ureaus* d'or, symbole du cobra prêt à combattre, et tenant le spectre-crochet, le chasse-mouches, les deux insignes d'Osiris, le dieu des Morts. Sa volonté constamment tendue pour préserver l'harmonie universelle dont il était en charge imposait le respect, et sa sagesse lui valait l'amour de son peuple.

Parmi les dignitaires qui arboraient colliers d'apparat et coiffes hautes, mon père m'avait signalé les appuis et les ennemis, me conseillant la prudence si Pharaon me parlait.

Djoser m'examinait d'un œil pénétrant.

« Relève-toi. Ton père m'a fait l'éloge de ton intelligence. Voyons, jeune homme, ce que tu penses du chantier de Memphis. »

Je pariai sur son ouverture d'esprit, tant de fois louée par mon père, pour répondre franchement.

« Notre cité, Pharaon, a besoin d'espace pour accueillir les nouveaux arrivants, et je ne vois rien dans ce plan pour y remédier. Il faudrait ouvrir des rues, augmenter les étages, laisser des jardins, renforcer par endroits la digue. Les palais qu'on construit, s'ils servent ta gloire, ne soulagent pas le peuple, qui s'entasse, et on a du mal à circuler pour aller au marché, ce qui nuit à notre commerce… »

Mon père réprima un geste de colère et me lança un regard d'aigle. Avais-je perdu la tête pour me faire aussitôt un ennemi, et quel ennemi ! Senhakt, un des cousins royaux ! Mais j'avais raison et, sûr de mon fait, je le défiais, bien droit, le cœur battant.

Pharaon eut un sourire amusé, et se tourna vers l'architecte en charge du chantier.

« Alors, qu'en dis-tu, cousin ? »

Senhakt, une grenouille boursouflée d'orgueil, luisait de sueur et de colère. Il répondit d'une voix âpre :

« Djoser, dois-je te répéter ce que je t'ai déjà longuement expliqué ? N'as-tu pas donné ton accord…

– Oui, mais alors tu n'avais pas de… rival ! »

Manifestement, ce mot amusait Djoser. Il me scruta encore et ajouta :

« As-tu des propositions ?

– Bien sûr. »

Je n'en avais aucune de prête, mais peu de temps suffirait pour les mettre au point. Avec mon père, nous avions plusieurs fois critiqué ce plan prétentieux sans égards pour le quotidien des habitants, et imaginé des solutions. Senhakt ne pensait qu'aux nobles, à la cour, alors que la ville devait s'étendre selon une vision globale et de longue perspective.

« L'affaire est réglée, reviens avec tes plans et j'examinerai les nouveaux aménagements qu'ils proposent. »

Une faible rumeur parcourut les rangs des amis de Senhakt, que Pharaon ignora.

En hâte, j'ai tracé chez nous sur le papyrus un plan de réaménagement de notre ville. Jeune, peu averti des cabales, de l'envie qui domine les courtisans, je l'ai donc présenté très librement quelques jours plus tard, sachant que Pharaon avait le souci de son peuple. Son cousin Senhakt n'était pas sans talent, mais son goût pour l'ostentatoire le faisait penser de travers, tel était le jugement sans nuances qui a dû transparaître dans mes propos... Parce que Djoser parut très intéressé, Senhakt se montra conciliant. Autour de Pharaon régnait une vénération qui confinait à la veulerie, soigneusement entretenue par le goût du lucre de son cousin et de sa clique. Si mon père se détachait de cet esprit, il avait dû renoncer à le combattre ouvertement.

Ménageant la vanité de son cousin, Pharaon ne promit rien. Ses questions avaient montré son intérêt. Pourtant, en quittant le palais après l'audience royale, je n'étais pas sûr d'avoir convaincu Djoser.

Aussitôt après, une inexplicable faiblesse m'alita une semaine durant. Pour me soigner, j'avalai à doses massives une décoction de céleri du Nord, mélangée à un rhizome de souchet comestible, au fruit entaillé du sycomore, avec des figues, de l'épeautre et du miel, et j'attendis, confiant, que la vigueur me revienne.

Alerté par des menaces qui se proféraient à mon encontre dans l'entourage de Senhakt, et qu'il me cachait pour ne pas m'inquiéter, mon père mena son enquête auprès des magiciens capables de me nuire. Il ne croyait pas en une maladie et soupçonnait une intervention malfaisante. Si on lacérait le papyrus sur lequel était écrit le nom du concurrent, en prononçant des formules appropriées, on attaquait son corps, sa vitalité, et l'on pouvait l'affaiblir, le faire périr. C'était interdit, mais cela se pratiquait. Ceux qu'il consulta nièrent, bien sûr. Mais le hasard le servit. En colère contre son maître, et désireuse d'en découdre, une des servantes d'un devin courut derrière mon père dans la rue et lui révéla le complot.

En y mettant le prix, mon père obtint du magicien bien embarrassé la contre-magie. Senhakt n'avait pas été très généreux, une chance pour moi, mon nom écrit en lettres rouges fut rétabli, et des vœux de santé prononcés à mon chevet tandis que je dormais. Les imprécations firent leur effet, au réveil je me sentis guéri. En me voyant manger et recouvrer mon allant, mon père m'éclaira sur la nature de ma faiblesse : un sortilège.

Devait-il en informer Djoser ? Devais-je aller porter plainte devant un juge ? Nous convînmes d'user de la servante qui, pour se faire dédommager de son maître, en appela à la justice de Pharaon et donna les détails de mon affaire.

Le magicien fut condamné à payer une lourde amende, mais Senhakt, son commanditaire, qu'il n'avait pas trahi, ne fut pas inquiété. Djoser ne fut pas dupe et, pour châtier son cousin, il l'éloigna de son Conseil sous le prétexte honorifique d'aller officier à Thèbes. Aussitôt que mon rival fut parti, notre roi me confia les travaux de Memphis. Si jeune que je fusse, j'avais obtenu la disgrâce temporaire de Senhakt et repris le chantier de la ville, ce qui rendit ses amis circonspects, et moi désormais plus méfiant.

Je priai mon père de superviser ma nouvelle tâche, mais il refusa.

« Il est temps pour toi d'agir seul. N'oublie pas, nos croyances n'ont de poids que si elles deviennent monuments. »

Je consacrai donc deux années de labeur intense à transformer Memphis, après quoi Pharaon m'envoya sur les chantiers d'Héliopolis construire un palais, cette fois sous la direction de mon père, dont le tempérament gai, le caractère impulsif, entreprenant, s'accordait à cette architecture tournée vers la vie. Cet homme qui aimait la joie des débuts, les villes en chantier, les bâtiments de fête, les temples, les maisons se plaisait à me répéter :

« Imhotep, souviens-toi de ce que je te dis. Il y a dans le bâtir une pensée active, une extériorisation de l'ordre immémorial, un signe des pouvoirs qui assurent nos existences. »

Je m'ébroue, je dois agir plutôt que songer au passé.

La fournaise du désert décroît, ma méditation m'égare au lieu de me fournir une réponse à la demande de Djoser.

Les connaissances qui m'ont été transmises se révèlent aujourd'hui insuffisantes pour célébrer Pharaon. Les tombeaux royaux n'intéressaient guère mon père, il songeait peu à la mort qu'il fallait préparer, aux corps à embaumer, à la puissance de l'esprit qui ne meurt pas. De fait, la royauté, que l'on sait immortelle comme les dieux, n'a pas eu les tombes qu'elle devrait avoir. Comme si mes prédécesseurs avaient négligé l'écrin de l'âme qui migrait, comme s'ils n'avaient pas pensé l'espace de cette métamorphose. Je serai donc le premier à la traduire en une construction complexe, faite de chambres, de labyrinthe, de chapelles... Mais la main ferme de mon père n'est plus là pour m'aider à franchir le pont. Il ne peut me conduire au-delà de nos mastabas friables, qui périclitent en monceaux informes le long du désert. Seul, cette fois, je dois trouver la solution. Il est temps d'aller travailler et j'éperonne mon cheval pour rentrer à Memphis.

Antef, ma femme, m'accueille en silence. Sa beauté se fragilise imperceptiblement, mais sa silhouette ferme m'inspire toujours du désir. Elle me tend de l'eau, des dattes. Nous restons ainsi en silence, elle sait combien mon esprit est préoccupé de Djoser.

« Tu l'aimes plus que moi... », m'avait-elle dit dès les premiers jours de notre mariage.

J'avais nié ce que sa clairvoyance avait deviné, avant que je ne l'aie compris moi-même : l'intimité que j'ai acquise auprès de Djoser m'a, dans le secret de mon cœur, consolé de la perte de mon jumeau Ouneg. Sa protection, qui m'a élevé au rang de deuxième personnage du royaume, a aussi et surtout fait refleurir un peu de ce lien si particulier que j'avais, enfant, avec mon frère. Pourtant, il n'y a pas de ressemblance physique entre nous, même si Ouneg, un jour, aurait pu développer la carrure de Pharaon, et l'innocence n'y est pas non plus, mais j'entends Pharaon sans qu'il parle, je perçois ses mouvements intimes, ses affinités secrètes, sa façon de raisonner, et lui, il me sait gré de ne pas avoir à tout expliquer et de garder une parole aussi nette que le jour où je lui fus présenté devant sa cour.

En mangeant mes dattes, je ne me lasse pas de scruter le visage d'Antef, ses grands yeux vifs, sa bouche prompte à sourire, son front studieux. Sa vaillance morale, son énergie rieuse, malgré la stérilité qui l'attriste en secret, en font aussi une amie. La première fois que je l'ai rencontrée, elle se tenait assise, dans une des cours du palais. L'ombrage jouait sur ses traits et sur sa tunique si légère qu'on devinait tout son corps. Son charme venait de l'intérieur, d'elle irradiait un amour de la vie communicatif. Animée, passionnée, elle parlait d'un poème que je connaissais bien. Scribe à la cour, poétesse en secret, elle tranchait sur les beautés sottes et oisives qui se transforment vite en épouses acariâtres. Son interlocuteur ayant battu retraite, nous avons continué à bavarder, nous étonnant comme tous les amoureux des coïncidences qui tissaient nos vies autour de Pharaon. Car nous fûmes amoureux dès cet instant. Sa gorge à peine voilée me troublait violemment et j'avais envie d'y poser mes lèvres. Quelques lunes plus tard, je lui ai proposé de m'épouser.

« J'allais te le demander ! »

Nous avons tant ri. Le mariage ne nous a pas usés, et si la fougue des corps s'est apaisée, l'accord des âmes s'est raffiné, musicalisé... jusqu'à ce que le service de Djoser m'accapare.

Depuis ce banquet mémorable où Pharaon m'a désigné comme l'architecte de sa tombe, les jours ont succédé aux jours, le travail au travail, les rites aux rites. Sans relâche Djoser siège, conseille, juge jusqu'à ce que les premiers signes de fatigue apparaissent. Sous sa dictée claire, rapide, ses scribes ne cessent de tracer les hiéroglyphes sur les papyrus, sur les rouleaux de cuir. Encre noire qui conjure le Néfaste, encre rouge qui appelle le Faste. Malgré ses yeux caves, Pharaon reçoit ses chanceliers, supervise ses trésoriers, inspire ses généraux, surveille ses magistrats et dirige ses prêtres. Au crépuscule, alarmée de sa pâleur, de sa maigreur, son épouse, Salet, se fait légère, silencieuse, elle manie l'éventail de plumes d'autruche autour de ce géant qui s'étiole. Le géant se nourrit de dattes, de lait, la douleur ne le lâche pas, l'épuise, mais l'esprit domine encore ce corps qui s'amenuise. Le médecin en moi s'alarme, l'architecte, lui, doit se presser.

Le complexe funéraire s'élabore lentement dans mon esprit, spacieux, impressionnant. Pharaon exige de la grandeur. Impatient, il s'enquiert de mes réflexions, ouvre ses coffres pour y puiser des joyaux, me les donne à pleines mains, puis me congédie.

Ce souci a envahi ma maisonnée, je transporte avec moi l'image de Pharaon las et crispé.

Mon épouse patiente, espérant que je lui dise ce qui me préoccupe. Comme je me tais, elle se retire.

Notre jeune servante dessert en silence. Je fixe, sans la voir, la table nue, la grande pièce presque vide, les coussins. Parviendrai-je à faire de son tombeau l'œuvre qu'il attend ? Saurai-je lui bâtir cette tombe ? Le corps d'Ouneg, mon frère, n'a connu que les eaux du Nil pour l'ensevelir. À cette pensée, la peine que le temps a atténuée se réveille, brutale, m'interdisant de travailler au projet pour Djoser. Ma piété envers les dieux et ma loyauté envers Pharaon sont mises à l'épreuve.

J'ai besoin du contact de mon épouse. Mon corps est lisse, entièrement épilé, parfumé. Je m'allonge auprès d'elle. L'arc lunaire luit derrière de vaporeux nuages et, dans la chambre, la fumée d'un cône parfumé danse devant la fenêtre ouverte. Je me penche vers elle. Son regard allongé au khôl brille, son désir suscite le mien. Elle sent le lait d'amandes. Ombre et pâle lueur sur sa peau nue, qui vibre sous mes caresses. Sans hâte, en silence, je la prends. Son souffle s'étrangle, sa gorge rougit, j'entends son cri rauque et sourd de plaisir. Ma semence n'a pas jailli. Il en est ainsi depuis que j'ai commencé la sépulture de Pharaon. La mort à célébrer retient ma jouissance. Mon épouse se détourne et s'endort.

Je me relève, me retire dans l'atelier, où je travaille jusqu'au matin. Bientôt les crues vont engloutir la terre, qui resurgira et refleurira, généreuse. Ainsi, de Noun, l'Eau primordiale, a surgi Atoum, l'Esprit créateur. Mes dessins sont des esquisses qui se durcissent tandis que le soleil monte à l'horizon. Je me recouche, mon épouse m'agrippe. Même endormie, elle ne cesse de m'attirer vers elle, vers le plaisir qui intensifie la vie, pour m'écarter de la mort qui m'obsède. Un coq s'égosille non loin, imbécile qui déchire la perfection de l'aube. Les figuiers me paraissent plus bleutés qu'à l'accoutumée, le point du jour plus sourd. Au loin, invisibles, les chantiers de Saqqarah attendent. Combien de matins encore avant que Pharaon ne s'envole au ciel ?

Des nomades asiatiques se sont infiltrés dans le Delta pour trouver l'eau, la pâture, les ombrages dans notre royaume. Ayant avalé les plateaux d'Asie, ils ont déferlé sur la Phénicie, traversé le Sinaï. Leur race est inconnue, féroce, affamée. Leurs turbans, leurs harnachements violemment colorés sèment la peur dès qu'ils surgissent à l'horizon. Sous la pluie luisante de leurs lances, les cités, les villages sont réduits à des ruines fumantes. En nuées secrètes, leurs hordes avancent de nuit, sans répit. On dit qu'ils sacrifient le sang humain à une divinité qui les aiguillonne, et leur sourd galop dans l'obscurité annonce le malheur. Le Conseil et Djoser expédient en urgence les soldats sur le Delta.

À bride abattue, les combats remuent des nuages de poussière, et le sang macule le sable, les champs. Aguerris par les batailles, animés d'une volonté de vaincre qui les rend téméraires, les nomades résistent. Le fils de Djoser, colosse comme lui mais sans raison ni piété, y trouve à exercer son ardente impétuosité. Avec difficulté, malgré le nombre des soldats qui joue en sa faveur, il repousse les assaillants.

Ses messages se succèdent : les nomades ont changé de tactique, ils évitent le combat frontal, reviennent se nicher dans les fourrés du Delta, bondissent en petits groupes qui harcèlent et désorganisent les nôtres. « Grand Djoser, la faim leur fait oublier la peur, mais leurs pertes sont grandes. »

Le fils de Pharaon encercle leurs repaires un à un. Il s'acharne sur ce gibier des marais. « Il n'en restera pas un seul pour survivre. Je t'assure que je reviendrai une fois cette vermine anéantie. Je multiplie les battues, je les débusque et les tue moi-même avec mon sabre. Leurs cadavres dérivent dans les eaux rougies et s'enlisent peu à peu sous l'œil des hérons. Le sang m'enivre autant que la victoire. »

Djoser écoute les messagers et, dans son regard, je lis son horreur des massacres qu'il est contraint d'ordonner pour sauvegarder le royaume, je lis sa déception envers ce fils qui se complaît dans la cruauté. Ce triomphe indispensable révulse son goût de la paix. La dissemblance des tempéraments, l'inégalité des intelligences, l'opposition des sensibilités attisent entre eux la discorde, et seul le souci de transmettre sa charge retient le dieu-roi sur le chemin de la rupture. Toutefois, le père dans le souverain s'inquiète : pour mater cet irresponsable et l'élever à la dignité de son rang, le temps seul ne suffira pas.

Chez moi, mon épouse reçoit des marins qui reviennent d'une île lointaine, ils décrivent le palais rouge et or où Minos règne. Séduits par la beauté de ses cèdres et de ses temples, ils ne tarissent pas d'éloges sur Byblos – où le cadavre d'Osiris fut retrouvé par sa sœur-épouse Isis qui voulait lui rendre les derniers rites. Ils boivent de la bière, m'impatientent, j'ai moi aussi à honorer un dieu, encore vivant, et, à travers lui, un jumeau disparu sans rites ni sépulture, je me lève pour abréger leur visite.

L'atelier où je trame mes plans de Saqqarah m'attend.

Alors que je quitte la pièce, mon épouse s'élance derrière moi et me suit jusque dans la cour :

« Quand cesseras-tu de m'ignorer ? »

Sa jalousie envers Djoser ne fait que croître, et son front se plisse d'un amer tumulte. Je la délaisse de plus en plus, notre harmonie va se briser, je le sais, pourtant je n'ai pas de mots pour la rassurer et je l'écarte. Elle me retient d'un murmure.

« Quand il sera parti, serai-je, moi, encore là ? »

Ses yeux sont pleins de larmes.

« Pourquoi faut-il que tu préfères la mort ? »

Je suis saisi, mais je m'en vais.

Cette nuit, un garde du palais me demande de venir auprès de Pharaon qui souffre. Dérangée dans son sommeil, mon épouse persifle :

« Cours, mon ami ! Cours vers ton maître ! »

Antef méprise mon empressement envers Djoser qu'elle prend pour de la servilité.

Elle se lève d'un bond, arpente la pièce, à demi nue, sans se soucier du garde qui rougit. Malgré sa mauvaise humeur, malgré les ans, Antef reste séduisante – son corps haut et ferme dégage un tonus qu'il m'arrive de lui envier, son voile de nuit ne cache rien de ses petits seins ronds et durs comme des pêches, ses jambes très longues, sa taille encore fine, ses attaches graciles.

« N'a-t-il pas d'autre médecin ? »

De toute sa vitalité, elle me défie, bien plantée sur le sol, en guerrière de la vie. Je ne réponds rien.

Son incompréhension me blesse, nous devenons des étrangers qui se heurtent. Elle se détourne quand je veux l'embrasser, sachant pertinemment qu'elle me contrarie… Vais-je la perdre elle aussi ?

La nuit est claire sur Memphis endormie, le palais désert.

Sous mes doigts, les muscles de Pharaon se détendent. Je pétris avec mes pouces la chair tendue par l'effort, la concentration à régner, la volonté de survivre. L'onguent pénètre sa peau, mon massage l'apaise, sa nuque, son dos s'assouplissent, mais sa poitrine se soulève avec excès. Son cœur bat encore trop rapidement. Cette fièvre insidieuse ne le quitte plus.

« Je suis prêt. Et toi ?

– Dormez. »

Je me retire tandis que son esclave recouvre son corps d'une étoffe de coton lavande.

Que j'aurai estimé cet homme-dieu aux yeux clos !

Non loin de l'atelier où je travaille, mon épouse prépare parfums, huiles et encens. Pour me plaire, elle n'a cessé d'apprendre les plantes et nos remèdes. Notre silence, studieux, est léger.

Je savoure ce moment de paix entre nous.

Mon plan se forme pour Saqqarah. Il sera grandiose.

Assis par terre, je dépose mon calame, m'étire. La mort est une lourdeur sur ma nuque. Djoser est prêt, et moi, suis-je prêt à mourir ? J'ai souvent vu, calme ou affreuse, la mort qui fait cesser le souffle. Sur ce moment simple bute la pensée. Le mystère reste entier, et il ne m'attire pas. La mort m'éprouve quand elle me prive de ceux que j'aime, mais je ne la crains pas pour moi. Si je vis en sage, elle sera délivrance. Car j'abhorre ce qui la précède, le lent ennui d'une vie sans œuvre, la plainte du corps souffreteux, la vulnérabilité de l'esprit qui s'égare, l'attente. Grâce aux dieux, que je vénère en loyauté, j'irai à la pesée des âmes sans crainte et l'Avaleur n'aura pas ma dépouille. Mon labeur, s'il persiste comme par le passé, en m'évitant les langueurs de l'oisiveté, m'épargnera la tristesse de l'insignifiance.

Il fait chaud, le souffle tiède du vent agite les feuilles des figuiers. Je ne suis pas immortel, sauf si Pharaon en décide autrement. L'ai-je suffisamment servi pour qu'il m'accorde ce privilège des rois ? Le *baï*, le *ka*, l'*ash*, le *chout*, éléments spirituels réunis après ma mort, assureront la vie immortelle de mon âme. Me désignera-t-il ? Pourrai-je alors le rejoindre, accéder au royaume de l'Au-delà, et le suivre dans sa course solaire auprès du dieu Rê ?

Mes nuits sont agitées depuis que Saqqarah s'invente, je rêve souvent de déserts de pierres, gris, éternels et vides, où j'avance seul, minéral et friable, tel le sol que je foule, tandis que Rê m'aveugle de sa puissance. Et j'ai froid malgré tout. Au réveil, je frissonne de l'étreinte brutale qui a emporté dans les eaux du Nil Ouneg, luttant de toutes ses forces, les bras tendus vers le dieu Soleil qui n'a plus jamais réchauffé son corps mince. Depuis sa mort, je ne suis qu'à moitié vivant, une partie de moi s'est figée, glacée. Djoser va-t-il emporter l'autre moitié ?

Mes jours s'accélèrent. Je lutte contre l'épuisement. L'élaboration de la pyramide déclenche l'envie, la médisance, je suis entouré d'ennemis qui m'épient. Avant même de le voir, ils récusent mon projet, qu'ils supputent grandiose, somptuaire, et s'attachent à compromettre la gloire qui serait mienne à tout jamais. La vieille garde du Conseil, hostile par principe à toute nouveauté, le groupe de Senhakt, qui ne m'a jamais pardonné mes débuts ni la suite de ma carrière, favorisée par Djoser, et trois grands prêtres qui craignent un affaiblissement de leurs privilèges s'allient pour me discréditer, pour éliminer dans l'esprit de Djoser cette priorité.

« Rien ne presse, Pharaon, longue vie à toi. »

Ils rêvent de m'exiler loin de la cour. Moi, le grand prêtre du temple de Rê d'Héliopolis et le « premier après le roi » ! Un temps, je les ai considérés comme des fléaux impossibles à éviter, mais qui ne m'empêchaient pas d'avancer. Cependant, leur influence néfaste, leurs critiques incessantes rendent les choses difficiles. Pharaon semble perdre confiance en moi, il s'interroge sur mon orgueil, il prête une oreille complaisante à des conseillers qui se plaignent de cette nécropole dispendieuse, et entend le clergé qui désapprouve mon crédit auprès de lui. Sa maladie le rend vulnérable aux flatteries, et tout ce qui peut le distraire de la fin annoncée est bienvenu.

Sur le point d'achever mes plans, une nuit, je suis pris de nausées. Par réflexe je me suis fait vomir tant que j'ai pu supporter cette révulsion de tout le corps, et je suis bien près de mourir. Pour me purger, Antef me prépare tout ce que je connais de bouillons, de tisanes, de laxatifs, et je me nettoie le sang, le foie par les plantes habituelles. Voyant des taches violettes apparaître, je comprends ; c'est de l'aconit. On a essayé de m'empoisonner lors de mon dernier repas à la cour. En un éclair me revient le geste maladroit d'un serviteur, renversant et brisant, aussitôt mon verre rempli, la petite cruche de bière…

Le corps encore faible, je somnole à cause du pavot qui apaise mes entrailles, et je rêve à demi éveillé. De proie attaquée par le poison, je deviens le chasseur qui dévore ses ennemis et, telle la déesse Hathor obéissant à la colère de Rê contre les humains dont il était si mécontent, j'enivre Senhakt et ses collaborateurs pour les avaler un par un. Cette fantaisie lave mon esprit de la peur.

Djoser peut-il imaginer que son tombeau aurait pu être l'occasion du mien, peut-il deviner que son cousin me haïsse de tant l'aimer, c'est improbable. Je garderai le silence, puisque je n'ai que des soupçons. Remis sur pied, je me rends au palais avec mes plans.

« Ce sera au bord du plateau à l'ouest de Memphis, une grande pyramide, deux temples, des chambres funéraires… J'ai recouvert le tumulus des tombeaux de tes ancêtres sous un premier degré, intégré le tombeau de Memphis, le cénotaphe d'Abydos. Ta résidence d'éternité où sera honoré ton corps embaumé sera une vaste cité des morts… »

Il m'écoute, j'ai rencontré ses vœux de grandeur, d'immortalité. Je continue, j'entre dans des détails qui, je le sais, le passionnent.

« Moi-même je fabriquerai des vases de pierre… Les stèles en calcaire seront hautes d'un mètre et demi… Je ferai sculpter des statues, j'y graverai “Horus Neterikhet”, ton nom d'Horus, dans le serekh, le cartouche de ton titre royal… Le dieu Horus à tête de faucon sera peint en or et en bleu… À droite de l'inscription titulaire, il y aura le nœud d'Isis, à gauche, un pilier Djed, qui symbolise, comme nous le savons, la résurrection.»

Sans discuter, il accepte, selon les dépenses que j'ai chiffrées – un budget imposant.

Le revirement de Djoser met en rage mes opposants qui s'inclinent devant moi à la cour, ulcérés. Il est trop tard pour me détruire et, dans mes songes, leur maudite cohorte n'apparaît plus.

Les travaux peuvent commencer. J'innoverai avec la pierre, avec la masse, et la complexité du site, le labyrinthe des chambres souterraines. Il y aura un mur d'enceinte de dix mètres de haut, scandé de quatorze portes, fausses, sauf une.

À l'intérieur de cette enceinte, de nombreux bâtiments ; le tumulus recouvrant les chambres funéraires du roi et des membres de sa famille deviendra une pyramide de pierres blanches à six degrés inégaux, haute de soixante-deux mètres, sur une base de cent vingt-cinq par cent neuf mètres. Les blocs seront emboîtés et posés sur un lit de pierres inclinées vers l'intérieur, donnant une grande stabilité à l'ensemble. De cet escalier de pierre, Djoser s'envolera vers la lumière.

Des réserves à provisions et de mobiliers seront dissimulées dans des chambres sous la pyramide et dans des magasins situés au-dessus du sol tout au long du côté ouest.

Le tombeau sud sera un mastaba, dont la chapelle associée comportera des murs extérieurs ornés d'une frise de cobras. Le portail d'entrée mènera à une allée bordée de quarante colonnes fasciculées, engagées dans les murs afin de former des niches pour abriter des statues de rois, comme celle que je prévois : Djoser marchant sur les neuf arcs, symbole de sa victoire sur les ennemis. Cette allée conduira à une vaste cour qui s'étendra entre la pyramide et la tombe sud.

La cour du jubilé ou Hed-Seb sera flanquée à l'est et à l'ouest d'une rangée de chapelles pour les divinités des différents nomes venus assister aux cérémonies. Chaque chapelle aura une alcôve qui abritera la statue de la divinité.

Les maisons du sud et du nord se dresseront dans les cours voisines ; elles figureront les palais de Djoser, roi de Basse et de Haute-Égypte.

Je dirige des centaines d'ouvriers. Les chefs de chantier hochent la tête, les papyrus s'enroulent et se déroulent sous leurs cals, ils suivent ma pensée, la soupèsent, l'intègrent lentement puis lancent leurs ordres comme on hèle en mer. La température s'élève, le soleil brûle, il faut souvent s'arrêter, et les maîtres d'œuvre ont parfois du mal à se faire obéir. Rétive à la taille, au transport, à l'empilement, la pierre résiste. Une épidémie abat une multitude d'esclaves. Beaucoup meurent. Certains se révoltent pour plus de grain, de vin, de miel. Pharaon leur accorde ce qu'ils exigent.

La pensée de la maladie de Pharaon ne me quitte pas, contracte et noue mon corps, les soucis du chantier règnent sur mon esprit jusqu'au jour où, subitement, ils sont relégués au second plan.

Une phrase d'Antef a suffi :

« Je suis enceinte. »

Sur le lit, nue, sa chevelure dénouée, elle s'appuie sur un coude et me regarde.

Elle sourit, rose de timidité.

« Es-tu sûre ?

– Depuis tant d'années que mon ventre restait stérile, j'avais fini par ne plus l'espérer, mais oui, tu peux me croire, le sang n'est pas revenu depuis trois lunes. »

Son visage avait légèrement gonflé, je l'avais noté, mettant cela sur le compte de l'embonpoint dû à l'âge, sans comprendre.

« Alors, j'ai bien fait de ne pas prendre une autre épouse, comme tu le voulais, un temps...

– Si tu l'avais fait, je n'aurais jamais pu... continuer. »

Elle s'étend, soupire, dolente, aguichante. Ce fleurissement de la vie dans ces entrailles la comble, elle n'a plus peur du puissant attrait qu'exerce Djoser, la vie triomphe par elle.

Nous sourions maintenant de ces attentes déçues, de ces doutes, du lent chagrin que nous avons traversé de ne pas avoir d'enfant.

« Que tu es belle... »

Le désir flambe, je me sens rajeuni, plus fort, je l'étreins pour parfaire l'enfant qui vient. L'amour déborde nos corps, nous sommes les deux principes complémentaires accordés, flottant sur un fleuve de vie, large, puissant, brillant d'éclats solaires, qui nous mène au-delà de nous-mêmes. Cet enfant à naître, et l'homme-dieu qui s'en va, la grande roue de la Vie me rassure.

Pour les sarcophages, je me rends chez les menuisiers. Le bois de Phénicie attend mes ordres. Les peintres attendent mes ordres. Pharaon exige une peau claire pour les personnages représentés à l'intérieur. Il aime les femmes cueillant des fleurs, le lotus fragile, les roseaux. Les sculpteurs œuvrent à de monumentales statues. J'ai fait venir des artistes d'Héliopolis, dont l'excellence convient à Pharaon.

Atoum-Rê, coiffé de la double couronne, porte un pagne jaune, un large collier, des bracelets sur le haut des bras et aux poignets. Son torse est couvert d'étoffes vertes. Dans l'empire des Morts, il chemine chaque nuit, puis revient au jour nous prodiguer sa lumière. Devenir un homme-dieu, grâce à Djoser, et suivre Atoum-Rê à tout jamais.

Les yeux en amande de notre jeune servante sont remplis de larmes. Dans son cœur, le regret des jeux libres, de son prénom murmuré le soir avant qu'elle s'endorme. Elle chantonne pour elle-même, assise par terre, dans la cour remplie de soleil, en faisant jouer entre ses doigts le pendentif d'améthyste. La pierre provient des mines de son pays perdu. Elle n'avait que cinq ans lorsqu'elle fut ramenée avec ses sœurs dans le butin de guerre.

Quand je l'appelle, elle se lève d'un bond, essuie ses larmes et m'apporte l'eau fraîche dans mon atelier. Sa tunique de lin fin laisse voir ses longues jambes, ses seins ronds. Sa peau est d'un noir profond et luisant. Avec grâce elle verse l'eau. Depuis peu, elle est femme. Ses yeux s'agrandissent quand son amant l'amène au plaisir. Malgré moi, je compare sa jeunesse intacte au corps souffrant de mon roi, et sans un regret je la sacrifierais pour qu'il vive, mais cette cruauté est inutile.

L'effroi, qu'il masque sous l'avidité du savoir, tient Pharaon éveillé, sous la lune, à s'instruire. Puis, enveloppé d'un tissu bleu, le souverain très puissant déambule lentement sur les terrasses. Contemple-t-il les astres ainsi que nous le faisions auparavant ? Pense-t-il à Rê dont il partagera la course nocturne ? à Osiris, dont il est aussi le fils ? Songe-t-il aux plaisirs ? Regarde-t-il en direction de son tombeau ? A-t-il des regrets ? Il se tait. Son esclave de Nubie, accroupi dans l'ombre, joue de la harpe jusqu'à ce que le sommeil le terrasse.

Le mal qui l'atteint nous est inconnu. Mon savoir bute, inutile, contre ce qui l'emporte. Aucun devin ne peut soulager les souffrances qui émacient ses traits, décharnent ses bras, affaissent sa puissante ossature.

Souvent, il m'appelle la nuit pour des massages, mais c'est de ma compagnie qu'il a besoin. Dans sa couche, il s'abandonne, il soupire et gémit faiblement sous mes doigts.

« Combien de temps encore devrai-je souffrir ainsi ? »

Je ne sais que répondre. Je range l'onguent. Un serviteur m'apporte de quoi me laver les mains.

« Tu es solide, la maladie peut…

– Combien ? »

Son cœur est sans peur. Ses yeux exigent une parole vraie, malgré l'humaine angoisse de la fin.

« Peut-être quelques lunes…

– Combien ?

– Pas plus de cinq…

– La pyramide sera prête ?

– Oui.

– Le temps que ta femme mette au monde… »

Il recouvre sa poitrine, semble perdu dans ses pensées et murmure :

« Si tu satisfais mes vœux, je te ferai immortel. »

Pharaon s'affaiblit. Affaissé au fond du trône, d'une maigreur cadavérique, le blanc de l'œil visible, ce mort en puissance assiste, malgré mon interdiction, aux longues cérémonies des temples. Djoser déclinant, la succession occupe tous les esprits. Depuis la guerre du Delta, revenu ivre du sang versé, son fils se montre emporté, imprévoyant, léger, si léger. Sa cervelle ne s'occupe que de plaisirs, ce qui n'avait guère d'importance tant que Djoser régnait. Mais les chanceliers s'inquiètent.

« Entre ses mains, une telle puissance ! »

« Dans sa tête, une telle démesure ! »

« Il est irrespectueux des divinités. Insoucieux de l'équilibre du monde, de la déesse Mâat ! »

« Qui assurera le retour du Soleil ? de la crue du Grand Nil ? Quelle justice sociale ? Quelle vérité morale ? »

Le Conseil bruit de ces craintes, que Pharaon n'apaise pas. Il entend, sait, mais ne tranche pas. On dirait que la vie se concentre dans les plis de son front marqué par la volonté de durer.

« Tant que mon corps est là, ma présence est. »

Chaque acte public de Pharaon abrège sa vie. Son crâne apparaît sous sa chevelure, le nez s'effile, les joues se creusent. Il respire avec peine sous le lourd collier à multiples rangs d'or, de lapis-lazuli, de cornaline, de turquoise et de feldspath vert. La double couronne officielle lui pèse. Salet, son épouse, s'éloigne pour pleurer en secret. Son intelligence qui a su détourner bien des orages ne peut rien contre la mort.

Le fils de Pharaon s'enivre loin du palais pour oublier l'inéluctable.

Les tombeaux sont peints de couleurs vives, les chambres funéraires recouvertes d'un émail bleu qui rappelle la mer émergeant de la nuit. J'y reste souvent seul, mais je ne médite plus si longuement sur cette porte invisible qui nous sépare du royaume des Morts. Mon épouse m'attend, je me hâte vers elle, qui s'inquiète de la grosseur de son ventre. Aurait-elle en son sein des jumeaux ? Quelle douce pensée…

« Attendons avant de nous réjouir », dit-elle avec sagesse.

Pharaon visite Saqqarah. Sur le parapet, il contemple le désert, puis se tourne vers l'escalier de pierre des six mastabas empilés. La vue le saisit. Par là il rejoindra Rê. J'ai réservé la pierre pour les parties les plus exposées : l'escalier, les herses infranchissables, les galeries conduisant à la chambre funéraire.

Il sourit et m'étreint fraternellement.

Il délaisse le parapet et le chemin de ronde, revient en bas. Son souffle court, ses joues pâles, la sueur qui inonde son visage indiquent le progrès du mal, mais son regard reste serein, sans peur. Il scrute encore une fois les Maisons du Sud et du Nord, l'allée de l'entrée, les colonnes, les chapelles de la cour de la Heb-Sed où se déroulera son jubilé. Mais c'est la haute pyramide de plus de soixante mètres qui le satisfait.

Il demande qu'on l'emmène à l'intérieur pour voir ses deux tombeaux, où sont peints le papyrus, la paille, les palmiers. Il veut qu'on ajoute quelques scènes gracieuses de la vie quotidienne de son peuple, dans les champs, à la chasse, à la pêche, sur les bateaux. Il choisit ses vases, ses bijoux.

« Que les prêtres distribuent largement les offrandes au peuple. »

Sa voix tremble de fatigue, le scribe note, note, note.

« Imhotep, tu es immortel », déclare-t-il à mon intention en se recouchant sur sa litière.

Il gémit à peine, mâchoires serrées, tendu dans un effort de dignité.

« Tout ce qui sort de ta bouche se réalise sur-le-champ ! » dis-je en m'inclinant.

Le scribe note.

Sur notre table s'amoncellent melon jaune, pastèque rosâtre, laitue et pois chiches, concombres en tranches, lentilles aux oignons, poissons grillés. J'avale un peu de bière. Ma main repousse chaque plat, mes yeux se détournent.

Au lit, Antef attend que ma vigueur se réveille, mais je reste auprès d'elle, le sexe inerte, l'esprit vide. Son ventre me trouble. Transmettre la vie, c'est aussi transmettre son opposé, son double, la mort.

Je marche sur la terrasse en pensant à Pharaon. Il gît maintenant au creux de sa couche, son souffle est saccadé, il gémit, la harpe ne cesse de jouer. Il hante mes rêves, mes pensées, le moindre de mes gestes.

Je pose ma tête contre l'épaule de ma bien-aimée et m'endors comme un enfant.

Sur l'ordre de Pharaon, je bâtis mon propre tombeau auprès du sien. Par décret, je suis devenu l'« ami », le « frère » de Djoser, l'honneur me comble. Frères dans la vie et dans la mort… Frère ! Que ce mot a de résonances en moi ! Djoser sait-il combien il touche mon âme, en son repli douloureux, combien il me console d'Ouneg, mon jumeau ?

« Nous resterons proches pour l'éternité », a-t-il ajouté.

Mon tombeau… Son silence n'a rien d'effrayant. Les dieux nous attendent pour leur vie heureuse dans les champs de Ioulé. Suis-je vraiment immortel ? Une impatience me saisit de connaître le secret. Et de toutes les œuvres que j'ai construites, que restera-t-il ? Dans dix, cent, mille ans ? Le temps est un maître impitoyable qui retient peu.

La pyramide de Saqqarah s'achève.

Cette énorme masse finie, fermée, contiendra un pur esprit voyageur. Ici, Djoser refera sans cesse le parcours de l'obscurité à la lumière. Cette immobilité pesante est le départ de son voyage aérien sans fin, et j'aime ce contraste.

Mon nom et mes titres sont gravés au pied de la statue de Djoser.

Pharaon est assis, coiffé d'un némnès minéral, empli d'une force calme qui défie la folie du monde. Dès qu'il sera mort, j'ouvrirai avec une herminette ses yeux et sa bouche de pierre afin qu'il continue à parler et à voir dans le royaume souterrain. Son âme, son *ka*, traversera les murs, les fausses portes, les simulacres et s'en ira suivre Rê dans sa course du jour.

Le papyrus, la pierre. Inscrire, construire.

Les offrandes, les rites. Honorer, se remémorer.

Le regard, la parole. Le regard touche le monde. La parole l'engendre.

Et l'amour des femmes qui continue et protège la vie.

Malgré ce que je sais, malgré l'agonie royale, par moments, j'éprouve une plénitude sans motif, la joie d'être vivant. Mes yeux suivent le vol des hérons, des cigognes noires, des colverts, des faucons, des cormorans, des cailles, des milans, des busards, des flamants roses, des huppes… Ces brefs éventails froissent l'air au-dessus du fleuve, se replient dans les arbres.

Mes yeux scrutent les formes des femmes et des hommes nus travaillant aux champs, pêchant sur le Nil. Je happe les rires, les vœux de bonheur, les accords de harpe derrière la tenture fine, le bruit sur la dalle tiède des talons d'un enfant qui court après un papillon. Tout me réjouit, le parfum des jasmins le soir, la bière fraîche, la torpeur de mon épouse qui s'alourdit, et je me perds dans ses murmures sous les étoiles.

Un lotus épanoui, frais, repose sur l'eau trouble du Nil, il resplendit, et son cœur n'est que pureté, blancheur.

Ce sont de courts moments, intenses.

Parfois je souhaite être un autre, enraciné dans les lointaines contrées au-delà des montagnes de l'Est. Sans Pharaon à aimer et à servir, sans Pharaon dont l'absence me déchirera le cœur. Avec d'autres dieux pour me guider. Là, je n'ai ni titres, ni savoir, ni pouvoir, je vis au rythme du ciel, cheveux au vent, accordé au temps de la terre. Là, je n'ai d'autre souci que de soigner mes oliviers, mes chevaux. Mon épouse se tient auprès de moi, claire présence qui dénoue les peurs, les ambitions illusoires. Je suis délié de la nécessité de bâtir qui m'accable, de cet arrachement au temps et à la terre, de ce besoin d'éternité. Ma paix est douce, ma grâce légère dans cette rêverie que parfois je prends pour l'écho de vies antérieures ou futures…

Pharaon se meurt dans d'atroces souffrances. Chaque geste lui arrache un gémissement, il refuse de manger, il crie et c'est insupportable. L'ancien colosse, plus faible qu'un enfant, n'a que la peau sur les os – tendons saillants, orbites creuses, le squelette est presque là ! Son épouse m'implore à genoux de le soulager, mais je ne puis qu'administrer quelques drogues inutiles. Le pavot allège à peine ses douleurs.

Bientôt, je réciterai pour lui les paroles sacrées.

Dans les papyrus des Anciennes Dynasties, il est dit que le sage sait se taire, que le juge protège le faible, que le prêtre renouvelle les offrandes aux dieux. À cette aune, Pharaon fut un sage, un souverain soucieux de paix, un dévot scrupuleux et un homme rempli de bienveillance.

Instruit par le destin d'Osiris, il n'a cessé d'apaiser les querelles, d'améliorer le sort de son peuple. Seule la victoire d'Horus, son fils, contre Seth, le meurtrier d'Osiris, avait su pacifier le royaume des Deux Pays, et Djoser n'a pris les armes que pour le défendre, sans envie de conquête.

L'envie de Seth contre Osiris, l'envie, force obscure qui a déchiré les royaumes, où se love-t-elle maintenant ? Dans le cœur irréfléchi du fils de Pharaon ? Dans ce Conseil qui dénombre les signes de l'agonie du roi et complote pour organiser la succession ? Pharaon ne s'est pas prononcé et les rivalités s'exacerbent. Où se tapit l'envie dans mon propre cœur ?

Dans mes plans, l'espace ne se laisse pas enfermer par mes lignes, pourtant aigues comme une lame de couteau sur la craie molle. Je déplore que tout ordonnancement, fût-il le plus beau, découvre toujours son envers, ses failles, ses laideurs secrètes, me livrant une guerre intime que je veux gagner. Je déplore aussi l'infatigable course du temps qui use, corrode et abolit tout. Mais, grâce à la pierre, Saqqarah domine pour des générations le désert de sa masse altière.

La délicatesse du lotus sur le marais : que j'aimerais flotter ainsi, immaculé sur la fange, frais, lisse et brillant sur les eaux du Temps ! Oui, j'aimerais que Saqqarah résiste à la dislocation des siècles à venir, que cette pyramide garde intacte la mémoire de mon « ami et frère », Djoser.

L'embaumement de Pharaon a commencé, présidé par Anubis, le Chacal noir, « celui qui ouvre les voies éternelles » et garde le coffre des viscères.

On a extrait le cerveau par les narines grâce au fer et aux drogues instillées, puis les embaumeurs ont retiré les intestins après une incision sur le ventre, ils ont versé le vin de palmier dattier, puis les aromates, la myrrhe et la cannelle, que j'ai broyés moi-même, ont été déversés pour le purifier. Son corps salé et recouvert de natron a ensuite reposé pendant soixante-dix jours. Lavée, assouplie par des baumes, enveloppée d'étroites bandelettes de lin maintenues par la gomme, sa dépouille est enfin prête pour la chambre funéraire.

Pour lui, j'ai psalmodié ceci :

« Viens dans les temples ; tu es vivant une deuxième fois, à perpétuité ; tu es jeune une deuxième fois ; tu es jeune une deuxième fois pour l'éternité.

« Tu es phénix, forme du soleil, pour voir ton nomen en toute terre, ton âme au ciel, ton corps dans la région inférieure… »

On a ensuite déposé le masque d'or sur son visage, l'or, la chair des dieux.

C'est une outre vide qu'on a glissée dans le premier cercueil de bois. Il y en a deux autres encore, puis le sarcophage de pierre. C'est fini.

Où es-tu, mon ami, mon roi ?

En son honneur, nous avons alors chanté, pleuré, prié :

« J'ai dit la vérité, j'ai agi selon la Règle ; j'ai donné du pain à l'affamé ; j'ai donné à boire à celui qui avait soif, j'ai donné des vêtements à celui qui était nu ; j'ai fait passer le fleuve à celui qui n'avait pas de barque ; j'ai donné une sépulture à celui qui n'a pas de fils, j'ai sauvé le faible de celui qui était plus fort que lui ; j'ai respecté mon père, j'ai été tendre pour ma mère… » Après avoir emmené sa dépouille sur un bateau pour gagner la rive ouest du Nil, celle des morts, le cortège funèbre s'est ébranlé en direction de la pyramide. Pleureuses, prêtres, dignitaires ont suivi le catafalque tiré par une paire de bœufs.

Le long de la procession, les ouvriers de Saqqarah se sont agenouillés, leur labeur était magnifié par la mort de Pharaon, et certains en souriaient de fierté malgré le deuil, et le peuple pleurait malgré les offrandes.

Quand tout fut accompli, je suis revenu chez moi.

Un autre règne commençait pour le royaume. J'étais las, déjà vieux, et si seul sans Djoser. La naissance de nos jumeaux ne m'a pas autant consolé que je le prévoyais, l'ombre d'Ouneg se mêlait trop à ce recommencement. Mais j'aimais voir Antef penchée vers eux, enveloppante et douce comme leur berceau-hamac, et j'ai dessiné cet instant confiant où, repus, les jumeaux, s'endormaient contre elle.

Avec ce bonheur, ma femme a encore embelli. Nous les avons vus inventer leurs jeux, se chamailler dans leur langage secret et dormir ensemble malgré notre interdiction. Nous les avons vus partir de la maison, jeunes encore, revenir, repartir et revenir comme notre dieu Rê qui anime toute vie. Il y a peu, Antef s'est piquée en soignant ses roses et, fiévreuse, elle a perdu connaissance. Je l'ai enterrée.

Retiré de la cour, dans la solitude de la maison, tandis que les lampes à huile se consument, j'écris contre le temps ces quelques pensées qui lui résistent. Dans mes « Maximes », je tente de ressaisir le fruit d'une vie. Entre le soin des corps, les troubles de l'âme, les mystères magiques, la solidité des pierres, j'ai noué mon destin en accord avec les dieux. Djoser m'a obligé à me dépasser. Chacune de mes heures aura été dédiée au savoir, à la connaissance, au labeur. L'homme, fût-il simple tailleur de pierres, n'a de quiétude que dans la satisfaction du devoir rempli. Mais l'énigme de bien vivre et de mourir reste entière.

Je décris ce que j'ai fait. Les palais, les temples, les digues, et Saqqarah. Moi, Imhotep, je récite à moi-même les préceptes qui m'ont guidé et les inventions auxquelles j'ai travaillé. Le doute s'insinue ! Ne me suis-je pas trop consacré à la seule dévotion de l'Au-delà, des dieux, et des rois morts, comme me le reprochait Antef ? Une seule vie ne suffit pas à celui qui veut la perfection, l'avenir comme le passé m'attirent si fort, parfois j'échafaude l'hypothèse que j'ai déjà vécu ou que je vivrai encore… Empreintes de nostalgie, ces sottises de vieillard proche du tombeau me dérangent, le sentiment que quelque chose a manqué dans mon destin devient lancinant.

J'écris, mes paroles disent mon monde. Ce qu'il fut.

Ma main se fatigue, mes signes vacillent de droite à gauche, de gauche à droite, de haut en bas. Je déplie mes jambes avec un soupir, j'écarte ma tablette. L'encre est-elle moins périssable que la chair, que la pierre ?

Qu'aurait réalisé mon jumeau Ouneg si le temps de vivre lui avait été donné ? Aurions-nous été complices ou rivaux ? Aurait-il été anobli comme « frère » et « ami » de Pharaon ? Aura-t-il eu, à travers mes yeux, un peu de joie à contempler la vie ? Lui qui n'est pas un dieu, l'ai-je définitivement perdu ? Dans notre langue secrète, je lui adresse ces questions, et son ombre, légère, se fait plus proche, je lui tends les bras, Ouneg m'écoute, il est là…

« Maître, maître, le soleil va se lever, prenez un peu de repos, enfin, je vous apporte de quoi vous… »

Auprès d'une tablette à peine écrite, dans l'encre répandue, gît mon vieux corps replié.

De Saqqarah, quelques ruines recouvertes de sable auront peut-être subsisté. Ou bien le temps aura effacé nos traces, oublié l'oubli.

Djoser pour toujours

Il semble que mon nom ait survécu, que certains Égyptiens m'honorèrent bien des siècles plus tard tel un dieu, je me plais à le croire, mais je n'en suis pas sûr. On dit aussi qu'en Grèce je fus célèbre.

Cinquième fugue

Suis-je un Architecte qui se rêve éternel ? Ou une conscience impersonnelle qui se faufile d'un corps à l'autre pour chercher en s'incarnant le nombre d'or de la vie ? Suis-je coupable ? Quelle est cette malédiction qui m'oblige à recommencer ?

Hanté par l'espace, prisonnier du temps, je ne peux pas encore me dépêtrer ni de l'un ni de l'autre.

Souvent, j'entends « le sabot de fer du songe » : à un train d'enfer, des chevaux noirs luisant d'écume m'entraînent dans la nuit cosmique. En apesanteur, je roule sans fin vers les commencements obscurs. En bas, je reconnais un long ruban qui sertit les crêtes d'un vaste territoire, la muraille de Chine.

Je suis cet effroi qui s'agrippe à des rênes déchaînées.

Je me réveille. Il est tôt. Au-dehors, le silence imparfait des rues, le pépiement des oiseaux, le grand vent d'une marée d'équinoxe…

Moi qui transcris, ne suis-je pas rêve de moi-même ? Et ce texte, ni document ni testament, ce récit que je te confie, n'est-il pas voué lui aussi à s'évanouir comme un songe ?

II

Sixième vie

Le « château » de ma mère qui a tué mon père

« Cherchez la femme… »

Avec la figure retrouvée d'Imhotep, un tour de la spirale avait été accompli. Pourtant, même si j'avais le sentiment d'avoir approché les origines de ma conscience d'architecte – et quelques-uns de ses avatars –, je savais que l'enquête, ou la quête, n'était pas terminée.

Ni la mort, ni les dieux, ni la sagesse n'étaient la réponse.

De loin, ça ressemblait à un château fort de forme hexagonale, avec de hauts murs d'enceinte, des tours à chaque coin et des chemins de ronde. Dès que j'approchais, ma gorge se nouait et mes pieds devenaient lourds. Charles me poussait vers le pavillon d'entrée que je scrutais avec appréhension. Pourtant, ce monde clos, compliqué, parcouru de couloirs, de grillages, de passerelles et de jardins cachés allait lentement expulser de ses entrailles ma mère pour une heure de parloir.

Le greffier fronçait ses énormes sourcils blancs en consultant son registre avec lenteur, et son visage raviné avouait la lassitude d'être posté aux confins de deux mondes. Il me connaissait depuis ma naissance, mais devait suivre la procédure. La Roquette avait été mon berceau de pierre et de fer, j'étais né là, j'y avais passé presque deux ans, un innocent au milieu des coupables, aussi fragile et incongru que l'herbe entre des pavés.

Ce curieux berceau avait bien failli être mon tombeau. Voyant que j'étais cyanosé, la sage-femme avait déclaré forfait, mais Jeanne, la codétenue de Maman, non, ça l'avait mise en colère, elle m'avait giflé à plusieurs reprises pour faire circuler le sang, et je m'étais époumoné.

« Appelle-le René, ton marmot, il revient de loin... »

Mes oreilles de nouveau-né s'étaient éveillées à la rumeur des cliquetis, des grognements, des éclats de colère, des coups sourds, des pleurs, des cris étouffés. Là, contre la peau de ma mère, mes narines avaient respiré l'odeur de soupe aigre, les relents de l'eau jetée sur la pierre, l'âcreté des latrines. En tétant son sein, j'avais avalé son désespoir. Mes premiers pas, je les avais faits en cellule, de la fenêtre à la porte haute, verrouillée. Mes yeux encore gris n'avaient eu pour horizon que des murs, des barreaux, et le triste indispensable – le lit étroit, la grande cuvette ébréchée.

Sur le lit, il y avait Maman et Jeanne. Une drôlesse, violente, rusée. Avant la prison, elle vendait la marée de Dieppe ou de Fécamp de bon matin aux Halles. « Une tigresse », disait Maman qui affectionnait les comparaisons animalières. Une fois au réfectoire, j'avais dix-huit mois peut-être, elle s'était battue, elle avait traîné la matrone par les cheveux dans la traverse, elle l'avait giflée, bourrée de coups de poing, sans que personne ne bouge.

« Ordure, tu vas lui rendre son bout de pain ! » criait-elle. Elle avait eu le dessus, comme toujours. C'est cela qui m'avait frappé, tout-petit, qu'elle puisse, elle si osseuse, si maigre, avoir raison d'une femme bien charpentée et vigoureuse. Rossée, la figure rouge pivoine, la matrone s'était coulée en fond de salle, sans broncher. Jeanne entendait faire respecter sa loi, et si trafics et combines allaient bon train grâce à un habile système de troc qu'elle contrôlait, son code moral ne supportait pas qu'on prive une détenue de nourriture.

En cellule, Maman se coltinait sa part de couture et de vannerie pour lui épargner le cachot, ce qu'elle faisait plus par gentillesse que par peur, car elle ne la craignait pas, si dure, si ordurière fût-elle, la Tigresse avait sauvé son petit René de la mort. Le meurtre qu'elle-même avait commis en imposait à Jeanne qui la traitait bien. La plupart du temps, les surveillantes fermaient les yeux sur les trafics de Jeanne qui maintenait le calme entre les clans des détenues, ce qui les arrangeait. Sauf quand elle allait étrangler pour de bon une furie qui voulait la détrôner, alors les matonnes se précipitaient à plusieurs sur elle, la battaient, lui ligotaient les mains, et de la direction tombait la sanction : un mois d'isolement.

Dès que j'avais pu marcher, les sœurs Marie-Joseph-de-la-Miséricorde m'avaient arraché à Maman et à Jeanne. Leurs mains, leurs visages et leurs voiles blancs avaient tournoyé autour de moi en une farandole rance, dans l'enceinte de la forteresse, après le premier chemin de ronde. Le monde s'était peu agrandi, de jeunes prisonnières parfois gaies j'étais passé au silence des moniales rêches et roides, enfermées elles aussi, mais volontairement, dans des cellules. Je ne les amusais pas, elles remplissaient leur devoir, je n'ai ressenti aucune affection de leur part. Sans la chaleur des bras de Maman, je pleurais, inconsolable ; sans la Tigresse qui me faisait faire des pirouettes, je m'ennuyais. De quoi étais-je coupable pour avoir été si vite banni du paradis ?

En attendant sur un banc parmi d'autres visiteurs chargés de linge, de victuailles, qui parlaient fort, je m'absorbais dans la contemplation de mes sabots, le cœur battant, l'esprit un peu confus. Il y avait des mères, des pères, j'étais le seul enfant et je ne comprenais qu'une chose : Maman devait rester recluse dans cette forteresse pour un motif que personne ne voulait me dire. En se signant, les sœurs du collège me répétaient qu'elle avait grandement péché, ce qui m'impressionnait, mais ne m'éclairait en rien. Chez Charles, on disait que c'était un grand malheur qu'on me raconterait quand j'aurais pris de l'âge. Pas une fois je n'ai osé demander à Maman ce qu'elle avait fait. Pendant longtemps, quand je l'attendais sur ce banc, je n'ai regardé que le bout de mes sabots. Je refusais de voir ce qui la retenait prisonnière. C'était ma princesse enchaînée, ma reine outragée, mon infante délaissée dans un carcan de pierre où, je le savais, son cœur battait pour moi.

Ensuite, juste cela : ses baisers. Soudain, j'étais enveloppé, cajolé, caressé, étouffé presque par une présence ronde, chaleureuse, familière. Puis ma mère se reculait, passait une main sur son visage, souriait :

« Suis-je bête, mon enfant, je vais te faire peur… Comment vont-ils ? Charles est-il gentil avec toi ? et sa femme ? Raconte… »

Je racontais. Avide de détails sur la rue, les artisans, ma mère oubliait où nous étions, une pièce nue, sans barreaux, sans grillage, et moi, je ne voyais que ses yeux et son visage. J'oubliais moi aussi la surveillante qui espionnait derrière la porte vitrée, les bavardages, les pleurs parfois qui montaient du parloir commun. En m'écoutant, Maman ne se lassait pas de me regarder, comme si ses yeux voulaient me capter tout entier. Parfois elle souriait, et je guettais ce sourire. Elle regardait mes dessins, mes cahiers, les menus objets que j'avais fabriqués sous l'œil de Charles l'ébéniste, elle les admirait en les tournant entre ses mains, un peu pensive.

Son extrême jeunesse supportait sans en être ternie la longue blouse anthracite de pénitente. Aucune dentelle, pas de bijoux, sans doute les lui aurait-on volés, ou c'était interdit. Une vieille tante la fournissait en linge et son cousin Charles lui offrait à chaque parloir des friandises. Sa magnifique chevelure blonde était soigneusement nouée par un ruban au bas de la nuque. À ma demande, elle acceptait de l'ôter pour que je caresse ses cheveux qui descendaient jusqu'aux reins.

Elle ne se plaignait pas de la vie qu'elle menait. Avant le « drame », comme elle disait, elle vivait dans un bel hôtel particulier de Passy que ses parents, des négociants en épices de la rue Saint-Honoré, avaient fait construire, fortune faite. Ils l'avaient vue partir, menottes aux mains, monter dans un fourgon. Honteux, après avoir abaissé les rideaux de dentelles des portes-fenêtres, dès que ce fourgon eut franchi la grille du parc, un matin brumeux de novembre, ils l'avaient rayée de leur vie, doublant sa condamnation d'une peine plus lourde encore.

Quand il me fallait la quitter, Maman restait assise, bien droite, attendant que la porte se referme sur moi, et me faisait un petit signe de la main comme si nous vivions là une situation quotidienne. On aurait dit une sœur aînée, joueuse, mimant avec sérieux la maman absente.

Je repartais du parloir en marchant, puis en courant je m'enfuyais le long du couloir et dévalais l'escalier du pavillon d'entrée, imaginant Maman marcher le long d'autres couloirs, passer par le bâtiment central du réfectoire et de la chapelle. Elle franchissait des grillages à chaque corridor, petite attente, clés, ouverture, puis elle gravissait les escaliers dont elle comptait les marches en silence, et après une ultime passerelle d'une tour à un corps de bâtiment, elle était conduite devant une de ces portes numérotées qui rythmaient les innombrables couloirs, longs, uniformes et vides. Sa cellule se trouvait en périphérie, loin du réfectoire et de la chapelle, bien loin du pavillon d'entrée. Je suivais mon Eurydice dans les replis de ce labyrinthe qui n'en était plus un – nous avions inventé ce jeu entre nous, je pensais à elle, et elle à moi, chacun dans le détail de l'itinéraire de l'autre, que nous nous étions dessiné. Mais je ne lui ai jamais avoué combien j'étais soulagé de marcher au-dehors, de respirer l'air libre, de courir vers Charles qui m'attendait au café, en buvant du vin épais comme le sang et en réinventant le monde. Quel plaisir alors de flâner dans les rues où je pouvais regarder le maréchal-ferrant à son enclume, le forgeron à son labeur, croiser les porteurs d'eau ou les marchands de légumes ! Quel amusement de voir Charles s'énerver derrière les attelages qui embouteillaient le passage, ou de surprendre les regards gourmands d'enfants accompagnés de leur mère devant les boulangeries... ! Quel bonheur d'être loin de la prison !

Nous rentrions à l'atelier de l'ébéniste, rue du Faubourg Saint-Antoine. M'avoir placé chez Charles, qui conjuguait un goût pour l'émeute – en 1834, il était rue Transnonain –, et un anticléricalisme notoire à de fortes convictions républicaines aux antipodes du souci de respectabilité de mes grands-parents, aspirant à la haute bourgeoisie, avait été une bonne décision malgré des apparences quelque peu paradoxales. Sans doute Maman avait-elle pensé que ce cousin éloigné me donnerait un peu de l'amour secret qu'il éprouvait pour elle. Elle avait vu juste. Ce tendre sentiment mis à part, je ne sais pas ce qui l'avait poussé, lui, à m'accepter. L'appât d'un petit gain, l'envie de réparer une injustice, le désir de faire de moi un antibourgeois pour contrarier la parentèle ? Son cœur était bon sous des manières bourrues, un peu théâtrales, et je ne pouvais pas tomber mieux, tout compte fait. Et il ne manquait pas de perspicacité. Avec ses enfants, il m'avait envoyé suivre l'instruction primaire, grâce au comité local d'instruction de son arrondissement. Ensuite, il m'avait placé dans un établissement rempli d'enfants comme moi, dont les parents avaient « grandement péché », suivant l'expression des sœurs, et de bâtards dont les familles ne voulaient rien savoir. À qui devais-je cette aubaine d'étudier ? À la sagacité de Charles qui avait convaincu mes grands-parents de payer les frais en leur montrant mes beaux résultats de l'école ? À cette vieille tante qui veillait discrètement sur Maman et donc sur moi ? Je ne l'ai jamais vraiment su.

Ce qui aurait dû être une chance ne le fut qu'à demi. Mes yeux s'ouvrirent au monde, aux autres, et ce fut un désastre. Combien de fois ai-je regretté de ne pas être resté apprenti chez mon « père », j'appelais Charles ainsi car cela lui faisait plaisir, même si en moi-même je le vivais comme un oncle, subtilités du cœur enfantin qui lui échappaient ! Combien de fois, dans ce collège froid et dur, ai-je désiré me retrouver dans l'entresol de son atelier, où je dormais avec ses enfants ! Combien de fois me suis-je rappelé que je grimpais librement dans les combles pour regarder la place de la Bastille, les toits ! L'odeur du bois et de la sciure qui flottait dans l'air me manquait. Ici, c'était humide, insalubre, le brouet infâme, les draps douteux.

L'ancien cloître de facture gothique, tour à tour caserne puis dépôt de grains, comportait deux cours carrées entourées de galeries couvertes, où donnaient les salles d'étude, les bureaux des sœurs, la chapelle gothique. Au premier étage, d'un côté, le réfectoire, attenant aux cuisines à bois qui enfumaient, et de l'autre, les dortoirs immenses, sans un rideau entre les lits, un Jugement dernier terrifiant sous les yeux, un point d'eau, des latrines.

Ces années chez les sœurs ne furent qu'une longue brume, un jour interminable, gris, monotone où j'attendais que la lourde porte de bois vernis me rende au soleil, à la ville, à la vie. Étreinte glaciale du matin, morsure de l'eau froide sur les avant-bras, douceur aigre du bol de lait tiède mêlée à l'onctuosité farineuse du pain noir, prière avant, pendant et après, qu'on débitait encore endormis, enveloppés par la componction mécanique des sœurs. Remugle des salles de classe où des professeurs minables, moustachus, boursouflés d'orgueil, nous bavaient leurs latinismes à n'en plus finir tandis que nous grelottions et que l'encre gelait. Quelques pas au-dehors, des jeux, des coups, des drames miniatures. Repas silencieux, prière, cours, études, un brouet salé, la frugalité est une vertu, nous avions faim, maigres à faire peur.

Les punitions pleuvaient, les retenues, les mises à genoux des heures durant, les pensums, les interdictions de sortie le dimanche. De crainte qu'on ne m'empêche d'aller voir Maman, je me suis fondu dans la troupe, sans me rebeller. J'avais perdu la foi, mais je servais la messe, je n'aimais pas sœur Marie-Madeleine, une montagne d'idiotie autoritaire, mais j'ai recherché son appui en lui faisant des confidences aussi fantaisistes que pathétiques pour l'amadouer. Sa trogne porcine ruisselait facilement. Enfin, le soir, au lit, invariablement : les larmes. Quand j'ai quitté le cloître, je ne pouvais plus pleurer. Plus de six ans sous la chape de matrones confinées qui n'entendaient rien à la pédagogie m'avaient asséché le cœur.

Une fois, j'étais si en colère d'être privé un dimanche de Maman que les sœurs m'enfermèrent dans la chapelle jusqu'à ce que je me calme. Elles m'y laissèrent passer la nuit. À la flamme d'une veilleuse, le Christ, les martyrs grimaçaient de douleur, tordant les murs de leurs souffrances que la nuit multipliait, et au matin, quand elles me délivrèrent, épuisé et révulsé par ces obscénités sanguinolentes, je n'ai pas pu accepter la moindre nourriture. Comme je m'entêtais, elles décidèrent de me gaver, ces scènes finirent par me briser. Au réfectoire, je repris ma place, grave comme un saint, j'avalai le brouet de l'humiliation, qui faillit m'étouffer, mais j'ai avalé, pour revoir Maman. À mon âge encore, il me suffit de passer devant une chapelle pour que j'aie un haut-le-cœur, et si je suis obligé d'y pénétrer, je me mets aussitôt à transpirer d'abondance. Et je mange peu.

L'été m'apportait la délivrance, j'aidais Charles et ses apprentis. Je sifflotais en passant le rabot, je mangeais à ma faim, je dormais comme une souche, et le dimanche, au lieu de suivre la messe, nous allions sur les hauteurs de Ménilmontant nous prélasser dans les champs en regardant la ville.

À la toise, je grandissais.

Puis le cauchemar recommençait, chaque rentrée plus pénible à supporter, mais me rapprochant de la fin. J'excellais pour Maman, mal étudier aurait été la trahir, je désirais réussir plus pour elle que pour moi. Elle s'illuminait en voyant mes succès, j'étais sa revanche, et j'étais d'accord pour ça. La lente métamorphose de mon corps chétif, ponctuée de maux de dents et de cauchemars récurrents, fut un calvaire, les pollutions nocturnes une source d'angoisse malgré les épaisses niaiseries de mes cothurnes.

La vie cloîtrée dans un collège et celle dans la forteresse pénitentiaire étaient-elles si différentes ? Souvent, je me suis posé la question. Nous n'étions jamais seuls, même pour nous laver, les cabinets n'avaient pas de loquet. Nous vivions sous la surveillance des professeurs, des pions, des sœurs. Même en promenade, le dimanche, nous défilions en rangs par deux comme des bagnards qu'on amène au navire. Régulièrement, sans nous prévenir, les sœurs fouillaient nos placards, nos habits, nos pupitres. Et, la nuit, elles tiraient les draps, voulant contrôler la pureté de nos gestes, et si elles l'avaient pu, elles auraient surveillé nos rêves… À la forteresse, les gardiennes fouillaient les cellules de fond en comble, par surprise et de nuit, à l'affût d'un couteau dangereux, d'une corde d'échappée, d'un signe qui trahirait l'évasion ourdie en secret. Celle de ma mère et de la Tigresse fut ainsi souvent chamboulée. Les méthodes étaient les mêmes, l'état d'esprit quasi similaire.

Les prêtres qui venaient enseigner le catéchisme et dire la messe dans la chapelle dédiée à sainte Rita, patronne des causes perdues – quelle belle enseigne pour des enfants comme nous ! –, nous confessaient avec acharnement, sondant nos âmes avec une minutie d'inquisiteurs. Enfants de forçats, ou enfants du péché, nous étions tout sauf des enfants, plutôt de la mauvaise graine, déjà pourrie par le déplorable exemple de parents ignobles, déjà sur la pente du vice, et sur qui il fallait veiller sans relâche. Implicitement, on exigeait de nous un aveu comme si nous avions nous aussi « grandement péché ». Cette accusation larvée nous rendait veules, mornes, sournois. De Maman aussi, bien que jugée, le prêtre à confesse, les gardiennes dans leurs rapports exigeaient qu'elle se repente encore et encore, qu'elle s'amende sans fin. Même le silence, le sien ou le nôtre, pouvait être suspect.

Ma seule issue était donc de travailler. J'apprenais vite, c'était facile ; je m'appliquais, c'était payant. Les sœurs me félicitaient, cela m'a encouragé à persévérer même si je méprisais royalement leurs compliments. Lire fut miraculeux, je m'y suis jeté à corps perdu. La poésie nous était interdite, sauf la religieuse, quelques romans, triés sur le volet de l'ineptie, étaient tolérés à titre de faveur, et on nous faisait ingurgiter Ignace de

Loyola, les extases de saintes, les récits des martyres de missionnaires, les Pères de l'Église et la Bible. Obéissance, soumission, servitude volontaire, voire dolorisme étaient le credo des sœurs qui nous dissimulaient la révolte de l'ouvrier, la grogne du bourgeois, la République, les monarchistes. La politique n'était qu'une rumeur séculière dont leurs chastes oreilles ne voulaient rien savoir.

Chez les artisans du Faubourg Saint-Antoine, on se méfiait un peu de moi – quelle influence les sœurs avaient-elles sur mon esprit ? –, mais Charles, quand il avait bien dîné, se laissait aller à dire ce qu'il pensait des événements qui agitaient la capitale. Il suivait de près l'actualité. Avant d'être son patron, il avait été ouvrier et militant, et s'en souvenait.

Il nous emmenait, ses enfants et moi, voir les travaux dans Paris. De puissantes compagnies financières s'apprêtaient à bâtir des maisons à arcades en bordure de la rue de Rivoli et des immeubles de rapport sur le nouveau boulevard de Strasbourg. De grands boulevards allaient transpercer de part en part la cité, la Rive gauche. Un dimanche, il avait même loué une carriole pour nous expliquer ces chantiers du haut de la butte Montmartre. On s'est gavés de raisins tandis qu'il critiquait la façon dont Paris s'agrandissait sous la férule de Persigny, de Haussmann et du prince Louis Napoléon, futur Napoléon III, car s'il était résolument moderne, il ne pouvait s'empêcher d'être avant tout un opposant.

Au café, parfois, il rencontrait des amis, des ouvriers à la tête pleine d'idées de syndicat, de lutte. Accoudé au zinc, il discutaillait longuement avec eux, il y prenait grand plaisir tandis que nous buvions notre limonade.

« On déloge l'ouvrier, les loyers montent, on bâtit pour le bourgeois de beaux immeubles... On pense aux grandes affaires, mais est-ce qu'on pense aux nôtres ? Tu parles, on rogne, on entasse, on transforme la ville sur elle-même...

– T'as raison, Charles. Londres a été brûlée, Lisbonne détruite par un tremblement de terre, alors là, ils ont pu refaire une vraie grande capitale... Mais ici..., ajoutait l'ami en avalant son blanc sec.

– Et où tu habites, toi, maintenant ?

– À la cité Napoléon, rue Rochechouart. C'est à moitié vide, pourtant c'est pas cher, de cent à cent cinquante francs par an. Il y a des points d'eau courante à chaque étage, les éviers et les cabinets d'aisances...

– C'est très bien, mais t'as pas l'air content...

– Ben non, la "Baraque" est surveillée par la police, on n'est pas libres... Tu dois rentrer avant sept heures du soir et t'as le règlement affiché à ta porte, comme à l'usine. Tu parles d'une maison ! Même si le loyer est avantageux, c'est trop cher payé, charbonnier veut être maître chez soi..., reprenait l'ami.

– Qu'est-ce que tu vas faire ?

– Je m'en vais. Je préfère payer plus, rogner sur mon vin et me sentir chez moi... »

Depuis, on en a construit d'autres, rue Saint-Maur, à deux cent dix francs par an, qui se sont loués en quelques jours, sans surveillance policière ni injonctions morales dans les logis.

« Heureusement pour nous autres, on ne déménagera pas, le Faubourg Saint-Antoine reste, il ne sera pas démoli comme les quartiers de la Rive gauche..., continuait Charles.

– Tu remets ça ? Alors, bougnat, deux autres blancs ! Ouais, ils percent la rue des Écoles du Jardin des plantes jusqu'à l'École de médecine...

– Tu sais combien Rambuteau en a exproprié pour les Halles ? Hein ? Plus de mille huit cents appartements ! Je vais emmener les gosses voir comment ça se goupille tout ça... »

Mais nous, les enfants du cloître, dans la capitale qui se métamorphosait, nous vivions emmurés dans une cour exiguë, dans un espace refermé sur lui-même, où le temps ne passait pas. De plus, ce n'était pas un temps calme, plutôt l'orage, il fallait se battre, mentir, ruser, faire partie d'un clan. On se bagarrait jusqu'au sang pour un coin de cour, pour une louche de soupe, pour des billes, des livres. Plus tard, ce furent des rixes pour des filles entr'aperçues dans la rue lors des promenades. On excluait volontiers, on malmenait qui bon nous semblait, mais on faisait front devant les sœurs, et on ne pouvait compter sur rien ni personne. Notre monde était secret, impitoyable. Les sœurs fermaient les yeux, ou bien manquaient d'imagination. Les confesseurs, eux, savaient parfois, mais laissaient courir.

Dans cette jungle peuplée de prédateurs en quête de territoire et de domination (comme Maman, j'ai un faible pour les comparaisons animalières), un grand malingre, qui portait une particule de noble, Rémi de C., « produit dégénéré de fin de race, bâtard reconnu mais fils surnuméraire », avait-il débité pour se présenter, m'avait pris sous sa protection. À lui tout seul, il constituait un clan. Les autres le laissaient tranquille, il n'avait pas son égal pour les versions latines, qu'il monnayait avantageusement. Vis-à-vis des sœurs, il cultivait un air d'idiot farouche pour leur débiter les insolences qui lui passaient par la tête, se moquant des punitions qu'elles lui infligeaient. Il ne croyait en rien, en personne, et entendait bien me déniaiser sur ce chapitre.

Un soir, énervé de me voir prier avec conviction, il me lança de l'autre côté du lit :

« N'oublie pas de prier pour tes parents ! Ta sainte mère a flingué ton père parce qu'il ne voulait pas de son gros ventre, c'est-à-dire de toi... En pleine gare, elle lui a tiré dessus ! Prie donc, mon vieux, et plutôt deux fois qu'une ! Pauvre cloche, si tu crois que ça s'arrangera comme ça ! »

Non sans ricaner de ma surprise atterrée, il avait ajouté :

« Tu savais pas ? Quelle chance, mon vieux, tu es débarrassé de la tutelle des deux... »

Là-dessus, il s'était mis au lit et m'avait tourné le dos.

Dans le noir, j'étais resté longtemps éveillé. Les mots de Rémi me brûlaient, je le haïssais, et je transpirais comme en été. Je n'ai pas osé me ruer sur lui, mais ça me démangeait. Pourtant, je m'étais senti soulagé. À n'en pas douter, il m'avait dit la vérité. Ces deux mots, « Maman » et « tuer », même si je n'arrivais pas à les assimiler, me libéraient d'un sacré poids. Tandis que les autres ronflaient, gémissaient dans leur sommeil, je scrutais les croisées des fenêtres du dortoir du cloître en essayant d'imaginer la scène du meurtre, mais sans y parvenir.

À partir de ce moment-là, l'envie de m'enfuir me tarauda sans répit. M'en aller, mais où ? Sans revoir Maman ? Et elle, pensait-elle à s'évader ? Sans asile où se réfugier si jamais elle réussissait ? Sans moyens, sans aide, comment pourrait-elle vivre cachée et loin de moi ? Et si je m'échappais, où irais-je ? Charles me renverrait illico, et me traînerait de sa grande poigne jusqu'au collège où, c'était dit et répété, j'avais la chance d'étudier : « René, tu dois t'instruire pour avoir une vie digne. » L'ébéniste croyait à l'ascension sociale, pas au péché originel. Même pour un fils de criminelle, il était possible de réussir. Espérer de mes grands-parents qu'ils m'accueillent était insensé, Maman et moi étions des parias. Aller le long des chemins, embarquer au Havre, naviguer jusqu'à plus soif, bourlinguer sous un autre nom, vivre une autre vie, je rêvais… Le courage me manquait.

« Arrête de te tourner les sangs, trime donc, plus tôt tu auras fini ici, plus tôt tu sortiras de la caserne… »

Rémi et moi étions en train de rouler une cigarette dans un coin de la cour, où l'on grelottait.

« Encore plusieurs années… Tu te rends pas compte… »

Je lui montrais sous le ciel livide la « caserne » avec découragement.

« Tu n'as qu'à faire comme les forçats, mettre une croix par jour. »

Maman ne traçait pas de croix, sa peine était longue, l'attente immense, sans échéances précises comme moi, et elle devait supporter la promiscuité des gueuses, la férule des surveillantes, du curé de la prison. Je me fis une raison, serrai les poings. Heureusement, il y avait Rémi. Pendant l'étude du soir, au lieu de travailler, il s'échauffait de textes politiques, révolutionnaires, de poésies sulfureuses, qu'il cachait sous trois lattes du plancher du dortoir. Il chuchotait :

« Dès que je sors de l'abbaye de Thélème (autre sobriquet de notre couvent), mon petit René, je foutrai le bordel. Je suis un nouveau Barbare prêt à détruire l'Empire… »

Je le revois marcher dans la cour, je buvais ce qu'il me racontait. Sa haute carcasse filiforme ne cessait de s'agiter.

« Ni Dieu ni maître, n'est-ce pas magnifique ? »

En haut d'une tribune, il aurait eu du succès. Quoi qu'il en soit, sa morgue, sa ruse envers les sœurs, sa haine du bourgeois m'ont arraché à l'apathie.

« René, il ne faut pas baisser la garde, il faut tenir ! Ne te laisse jamais aller, hein ? Question de vie ou de mort ! » disait-il, levant l'index vers le ciel, en me toisant avec exaltation.

Lui, il menait une sorte de guerre permanente, seul contre tous. Son long visage, ses yeux fiévreux, sa glotte proéminente le faisaient ressembler à un prophète, tel Job sur son fumier. Son bon plaisir était la seule loi qui vaille, et en cela il pensait comme un noble, bien plus qu'il ne l'aurait jamais admis.

Me revoici donc encore au seuil de la prison, une dernière fois. Personne ne sait d'où je viens à l'École des beaux-arts où j'étudie, et je m'en félicite en voyant la forteresse des femmes. Le greffe à l'entrée est désert, ce n'est pas le jour des visites. Longtemps j'ai sonné avant de voir apparaître M. Évariste qui, après de minutieuses vérifications, m'a conduit le long du premier chemin de ronde. Évariste, qui a succédé au vieillard aux sourcils blancs, a hérité de sa pesante lassitude. Devant une porte, il a pilé, frappé, puis s'en est allé dès qu'Angèle Jérôme est apparue.

La nuque épaisse de la vieille gardienne oscille devant moi, Angèle va bientôt partir de la forteresse, elle n'en peut plus de monter les escaliers, de surveiller, de vivre en prison. Elle dodeline de la tête, marmotte je ne sais trop quoi, elle peine à marcher, s'essouffle.

« Une grosse dinde pas méchante, un peu dérangée, disait Maman qui la connaissait depuis des années. Elle a perdu tous les siens pendant l'épidémie de choléra, et ça lui a fait perdre la tête, déjà qu'elle n'en avait pas beaucoup… »

Les couloirs luisent, ils attachent beaucoup d'importance à la propreté, à « l'ordre qui fait la règle », comme le serinent les surveillantes et les sœurs. Les portes sont grandes ouvertes, les cellules vides. Sur chaque tablette vissée au mur, les ouvrages de couture ou de vannerie auxquels les détenues travaillent. C'est l'heure de la promenade, je les aperçois qui marchent, parlent ou regardent le ciel gris. Dans une autre cour, des enfants sales, hargneux, dépenaillés se chamaillent. Voleurs, mendiants, assassins. C'est mars, mais le printemps a oublié de venir.

On monte un, deux étages, on longe encore un corridor, au bout duquel se trouvent des cellules fermées. Derrière les hautes vitres opaques, j'entends une détenue qui marche et fulmine : « Ils ne m'auront pas ! » C'est Jeanne, j'ai reconnu sa voix. Sa rage et sa détermination à ne pas s'effondrer la font aller et venir, pieds nus sur la pierre. Un, deux, trois, quatre pas, retour, un, deux, trois, quatre, retour, et ainsi de suite. Sans lumière, isolée, punie, elle continue à enrager, à vivre.

« C'est la Jeanne. Trop orgueilleuse », me dit Angèle qui lâche un soupir de bête fatiguée.

Elle se tourne vers moi :

« Si elle s'calme pas, on va être obligé de la changer de prison. Sait pas ce qui l'attend, la Jeanne, ça sera bien pire pour elle… »

Le gros visage d'Angèle, perpétuellement tuméfié de larmes, s'allonge de l'effort qu'elle fait pour m'expliquer.

« C'est une… furie, une sauvage, sais pas comment faut faire pour la mater… »

Elle soupire. La prison n'apprend rien des règles de la vie à Jeanne, elle la rend folle peu à peu, la transforme en fauve.

Angèle comprend, mais ne sait pas le dire, la rage de la Tigresse lui fait peur.

Je lis tout cela dans son regard trouble.

Si c'était permis, j'aurais dit un mot à Jeanne. Je me contente de siffloter un petit air, mais elle n'entend pas, prisonnière de sa marche folle.

J'hésite à pousser la porte de l'infirmerie. Maman, c'est cette femme assise dans une petite salle claire sans barreaux, que l'administration pénitentiaire, dans sa mansuétude, nous avait accordée. Parfois souffrante, fiévreuse, affaiblie, mais assise et m'attendant. Dans le silence, mon cœur bat violemment à mes oreilles. Manquent le râle familier de la prison, les gémissements, les pleurs, les brusques cris, les bruits de clés, le grincement des gonds mal huilés, les injures salaces. Dans la forteresse, la règle du silence n'a jamais été respectée, mais ici, dans la petite infirmerie, il règne, comme si la prison avait enfin accompli sa mission : elle a effacé le bruit de la vie, elle a effacé les détenues comme si elles n'avaient jamais existé.

Puisqu'ils ont accepté, « à titre exceptionnel », la demande de Maman de me faire venir, le pire est sûr. J'ai beau m'être préparé, en entrant, je sens mes jambes flageoler. Angèle attend au-dehors, elle ne supporte plus ni la vie ni la mort.

Dans la salle, six lits, dont trois sont occupés. De l'autre côté des fenêtres à barreaux, un acacia verdit timidement – depuis toujours j'aime cet arbre délicat et robuste –, deux marronniers, une cour petite et propre et les hauts murs de l'enceinte. Deux femmes alitées ne bougent absolument pas, le regard au plafond, les mains sur le drap immaculé. Perçoivent-elles mon entrée ? La troisième, c'est Maman. On a retiré les paravents autour du lit et on les a déposés, bien pliés, sur le côté. Tout est blanc, propre, ordonné, silencieux. Ça sent légèrement l'éther. Un Christ veille, éternel sacrifié, au-dessus des agonisantes.

Je m'assieds près de Maman qui somnole. Sa libération est toute proche. On partagera mon garni en attendant que je finisse à l'École.

« Nous sommes destinés à la surveillance », avait-elle ironisé, avec un sourire, quand je lui avais annoncé mon embauche de gardien de nuit dans un entrepôt de meubles pour payer mes études.

Je surveille en effet. Deux rondes, vers minuit et à quatre heures. J'ouvre et ferme les portes, muni d'un trousseau de clés aussi bruyant que celui des gardiennes de la forteresse, je promène ma lampe à alcool sur les maies, les armoires de bois précieux, les fauteuils Louis XV, les divans Pompadour, les consoles décorées à la feuille d'or, les tables d'acajou, les velours des sièges d'apparat, les lustres de cristal, les lits à baldaquin, sur lesquels parfois je m'allonge en rêvant à ces hôtels particuliers d'Auteuil ou de Passy, à celui de mes grands-parents plus précisément, qui sont dessinés par de célèbres architectes. Je pense à ce monde où tout n'est qu'ordre et beauté, comme dit un poète qui a eu des problèmes avec la justice, à ces havres où l'on vit, dîne et dort bien, et qu'on est libre de quitter de bon matin pour se promener au Bois. J'aime le luxe, et par mon métier j'en vivrai, je me le suis promis. En moi ne couve aucune révolte, aucune rébellion politique ni même sociale, malgré les diatribes de Rémi.

« Ton intelligence pour apprendre t'a fait renier ta classe… Tu ne feras jamais partie de ce monde auquel tu aspires, la misère est une prison dont tu crois pouvoir t'évader, seul… Tu n'y arriveras jamais. Moi, je prépare la ré-vo-lu-tion, tu comprends la différence, mon petit René ? »

Il dit tant de choses, Rémi, pour me convaincre, mais il ne m'en veut pas de chercher une autre voie. Lui aussi travaille de nuit, dans une imprimerie qui sort clandestinement des tracts subversifs. Il surgit à l'improviste, mange avec moi un morceau de pain et du lard, critique les étudiants, mes livres, boit trop, goulûment, puis disparaît dans les rues comme une ombre longue et menaçante. Son débraillé, son intensité morbide, son goût de l'absolu en font un insulaire brûlant, de la poudre explosive.

Entre mes rondes, dans le cagibi, je m'occupe en traçant mes plans, calculant les portées, choisissant les matériaux, je peaufine mes devoirs, m'invente des projets de commandes, ponts, gares, immeubles, ou bien je somnole, bien que ce soit interdit, pour récupérer. Mais c'est rare, le travail me garde éveillé, mon ambition aussi. Un jour, j'espère pouvoir admirer Delphes, Athènes, Sounion et jouir de la lumière de l'Attique. J'aimerais parcourir l'Égypte sur le Nil, voir Persépolis et les ruines de Babylone et pousser encore plus loin, en Extrême-Orient. Rêver en grand… « Ne pas accepter les limites de la bourgeoisie et sa servilité sociale, c'est une question de santé mentale », me dit aussi Rémi quand je lui raconte mes projets.

Parfois des chats miaulent, des grincements suspects me font sursauter et je reviens à la réalité. Le Faubourg Saint-Antoine a cessé de vivre, sur le pavé de la cour intérieure, les reflets de la lune s'étirent et tremblotent. Sa lumière blême s'étend sur le capharnaüm de l'entrepôt où je déambule en ombre chinoise, une lampe à la main. Cette même lune éclaire les cellules de la prison et les corps endormis des détenues qu'on croirait de pierre.

Je n'ose pas réveiller Maman qui gît, inerte. Entend-elle ce que je lui dis en silence en la regardant ?

« Guéris, tu n'auras plus rien à faire, tu te reposeras, tu découvriras tout ce qui a changé, tu te referas une vie ; nous irons manger des crêpes à la confiture, des glaces, on boira du vin, on ira danser à Belleville, je t'achèterai une robe bleu pastel, à volants, un chapeau, des bottines lacées, du fard, je t'emmènerai passer les dimanches au bord de l'eau, je te redonnerai ce qu'ils t'ont pris. »

Quand elle a commencé à tousser, les sœurs n'ont pas voulu dire combien la maladie se propageait, et d'ailleurs l'administration n'avait aucun moyen de la combattre. Au-dehors, en ville, entre les changements politiques, les émeutes, les grands travaux, les scandales financiers, personne ne se souciait d'une dizaine de détenues qui allaient mourir. Avant qu'elle ne tombe malade.

« J'ai un peu peur, je ne sais rien faire… »

Mais un brin de gaieté dans ses yeux disait son espoir.

« Je serai là, je serai là, lui répétais-je en serrant ses mains. Tu vivras sans qu'on te regarde, sans qu'on t'observe, et tu oublieras… On ne dira rien à personne, tu étais en province, longtemps, ce sera notre secret. Tu seras libre, tu pourras coudre, on se débrouillera, j'aurai bientôt un meilleur salaire, tu verras, ça ira, ça ira de mieux en mieux... »

Maman soupire, les rides se sont creusées, les cernes mangent ses joues, son visage s'est flétri, vidé. On dirait une petite vieille rétrécie par le grand âge tant elle est amaigrie. Elle s'abandonne, elle n'a plus de force pour lutter, guérir, partir. Tant d'années de prison, de froid, de duretés, ça vous raidit comme un cadavre avant l'heure. Maman n'a pas la résistance de Jeanne qui enrage envers et contre tout. Ma gisante se réveille, tousse, rougit sous l'effort, transpire.

« Ce n'est rien, un mauvais rhume.

– Plus que vingt-cinq petits jours, guéris vite…

– Mais oui. Ne t'en fais pas.

– Qui te soigne ? »

Elle hausse les épaules, s'assied.

« Je ne te l'ai jamais dit, René, mais maintenant que… Tu as le droit de savoir… »

– Non, je sais… je sais…

– Non, tu ne sais rien…

– Tais-toi, Maman, je sais tout, et depuis bien longtemps. Alors, ne dis rien, ça ne compte plus… »

Je ne veux pas qu'elle me parle de ça, pas maintenant.

Ma mère a tué l'étranger de Goa qui l'avait séduite et abandonnée, elle l'a tué d'un coup de pistolet en plein cœur alors qu'il s'apprêtait à embarquer dans un train, sur un quai vide et venteux.

Elle me fixe de son beau regard, profond.

« Ce que j'ai fait, ne m'en veux pas… Je l'ai fait parce que… »

Épuisée, elle ferme les yeux, tousse à nouveau. Le sang coule aux commissures des lèvres, elle se détourne, plie le mouchoir rougi pour le dissimuler.

« Allez-vous-en ! Laissez-la se reposer ! »

Je tressaille, je n'ai pas entendu venir la sœur infirmière.

D'un signe, elle me chasse encore.

« Dites-lui adieu », murmure-t-elle.

Et j'obéis. Alors que je voudrais l'envelopper de baisers, de chaleur comme elle l'avait fait, me prodiguant malgré les circonstances la certitude d'être aimé. Mais je ne sais pas faire, je suis timide, la mort m'embarrasse, je caresse ses cheveux blonds que j'aime tant, j'effleure du bout des lèvres son front moite.

« Repose-toi, je reviendrai bientôt.

– Donne-moi ta main… »

Ce geste l'apaise, il m'apaise aussi ; dans ce silence irréel, elle respire faiblement, régulièrement, puis ferme les yeux.

« Partez maintenant, elle s'est assoupie. »

Je lâche sa main et la repose doucement sur le drap.

De l'extérieur, par la fenêtre à barreaux, je vois la silhouette blanche qui croise les mains de Maman. Des hoquets me secouent, je n'ai plus de larmes depuis le collège.

Trois jours plus tard, Maman mourait. Enfin sortie de la prison qui, sombre ironie, fut fermée cette année-là.

Ses parents de Passy exigèrent qu'elle fût enterrée chrétiennement, bien que Maman et moi ayons perdu la foi, elle en prison, moi au collège, mais ils l'ignoraient. Ils payèrent les frais, mais ne se déplacèrent pas. Leur négoce des épices du faubourg Saint-Honoré ne pouvait souffrir qu'ils s'absentent une demi-journée… Même morte, elle leur faisait encore honte. Charles ne mettait plus les pieds dans une église depuis des décennies, alors il n'y eut que moi et sœur Marie-Madeleine. La cérémonie fut rapide. Malgré tout, le rite est utile, il met de l'ordre, et j'ai déposé un gros bouquet de jonquilles sur sa tombe, déjà fleurie d'une couronne de lis blancs anonymes. Ses parents ? Peut-être. Charles, en catimini de son épouse ? Qui d'autre ? Sœur Marie-Madeleine se recueillait, appuyée sur son parapluie, qu'elle quittait rarement, ce qui m'a fait sourire car le soleil brillait dans le ciel incertain. Non loin, la prison surplombait la mise en terre de Maman, la forteresse avait gagné.

Il fallait tenir. En repartant le long des allées fleuries, je pensais à Jeanne des Halles mise à l'isolement, et qui marchait comme une enragée. C'était la seule qui pourrait avoir du chagrin pour Maman, à part Charles et moi. Serait-elle transférée à Rennes sans savoir que Maman était morte ? Non, Angèle le lui dirait, avec sa trogne en berne. À sa manière, Maman avait tenu quasiment jusqu'au bout, pour moi, et je ne pouvais pas lui en vouloir d'avoir préféré mourir de tuberculose. Son épuisement me laissait de la rage au cœur, et sa mort si près du but un énorme paquet de tristesse que je décidai de déposer là, sur sa tombe. Je la pleurerai plus tard.

Au portail, sœur Marie-Madeleine a ouvert son parapluie pour se protéger de rares gouttes, et nous nous sommes quittés. De toutes les sœurs du collège, elle avait été la plus complaisante, mais la plus méprisante au fond, elle n'était bonne qu'à condition de vous rabaisser. Constamment, j'avais rusé avec cette fouine grasse, faisant semblant d'être confiant, docile, transparent, mais je ne l'avais jamais aimée. Et quand sa cornette au-dessus de son corps énorme disparut au coin de la rue, j'ai été soulagé.

Personne ne s'étonnait à l'École des beaux-arts que mon « père », ébéniste de son état, pût me payer de telles études, car pour peu qu'on fût intelligent et probe, la réussite pouvait être rapide et même éclatante en cette fin de siècle. Souvent, je passais dîner chez lui avant d'aller à l'entrepôt, quittant mes futurs collègues sous prétexte d'étudier. Eux s'en allaient s'attabler dans un restaurant de la rue de Seine, ensuite ils fumeraient un cigare, la panse bien remplie, et iraient voir les filles au claque… Moi, je me dépêchais, leur dissimulant que je travaillais de nuit.

Chez Charles, je faisais mon seul vrai repas, et je m'empiffrais sans vergogne car il vivait largement, maintenant. Il avait beaucoup agrandi son affaire, rachetant l'atelier d'à côté, embauchant des ouvriers pour répondre à la demande de sa clientèle des beaux quartiers à qui il envoyait des factures salées. Désormais, il se contentait d'engraisser en comptant et recomptant son argent, en rêvant d'exportations, de filiales en province. Son visage, un peu bouffi, sérieux et sans beauté, sortait d'un tableau médiéval flamand, il ne lui manquait que la coiffure d'époque. L'âge l'ennoblissait car, plus que sa nouvelle cupidité, c'était le labeur qui avait sculpté en profondeur ce grand front, ces yeux bien enfoncés et vifs, ces longues joues ternes. Mais son nez gros et un peu tordu révélait la plèbe et son appétit, ses manières manquaient de retenue.

S'il n'était pas mon « père », comme je l'affirmais à l'École, je lui devais bien le goût du bâtir, ainsi que je le disais aussi. Alors que j'avais huit ou dix ans, l'instituteur avait demandé à chacun de dessiner son logis. Je n'arrivais pas à dessiner « ma » maison. La forteresse n'en était pas une, et celle de l'ébéniste pas la mienne, difficulté que Charles avait comprise. Il m'avait proposé de regarder les bâtisses du faubourg et d'en choisir une. Ensuite, je m'étais mis à croquer le faubourg, ses échoppes, les églises, les places, distraction vite tournée en passion et servie par un bon coup de crayon. En soupant à sa table, je pensais souvent à cela, mais je ne le lui ai jamais dit.

Nous mangions lentement, il parlait peu, et c'était bien ainsi. Il était loin le temps où, enfant, je l'entendais critiquer le bourgeois, Passy, la cherté des loyers, et célébrer la République. Il était loin le temps où je le voyais creuser, raboter, sculpter et polir devant ses apprentis qui apprenaient en le regardant. Concentré, précis et lent, il leur transmettait ainsi en silence son goût pour le bel objet. Maintenant, il ne prenait ses outils que rarement, il comptait et se taisait.

Une fois mes études terminées, je fus recruté par P. pour mes idées sur la lumière à faire entrer partout – à cet âge, j'avais beaucoup d'idées, dont certaines furent réalisées. Charles, confiné dans ses affaires, se laissa oublier, mon nouvel emploi justifia mon absence si prolongée qu'elle passa à ses yeux pour de l'ingratitude car je ne remis plus les pieds chez lui. Après la mort de Maman, j'avais décidé de gommer d'où je venais, qui j'étais. Et mes études finies, c'est le faubourg que j'ai mis à distance, me délestant d'un Charles qui connaissait la vérité.

Pour me conformer à ma nouvelle vie, j'ai imité mes collègues, appris à sourire, à être sociable. Je me détendais pour la première fois de mon existence. Jeune homme en apparence insouciant, je m'autorisai à boire de l'absinthe dans les cafés, rire dans les cabarets, me promener sur les quais, prendre l'omnibus avec impériale et lutiner aux Tuileries les bonniches en tablier blanc. Plein d'espoir, je déambulais le soir parmi la foule dans les rues éclairées au bec de gaz, je traînais aux terrasses des brasseries, théâtres et vitrines ruisselaient de lumière, et cette profusion me rendait confiant : la lumière naturelle, grâce à la transparence de surfaces de verre, entrerait elle aussi de plus en plus dans l'architecture de l'avenir, j'en étais convaincu.

La mystification me réjouissait, être enfin un autre ! La misère pouvait se quitter, le passé n'était pas une malédiction, je me sentais renaître dans ce rôle que j'avais choisi : architecte. Parfois, il me venait à l'esprit qu'on devrait avoir le droit de vivre plusieurs vies, d'interpréter plusieurs rôles. Changer d'époque, migrer d'un corps à l'autre, jouer divers rôles, occuper des places différentes, et pourquoi pas, changer de sexe, ah quelle heureuse liberté ! Je m'adonnais à ces rêveries sur les bords de Seine, au couchant, et si je devais voyager dans le Temps, la seule condition que j'y mettrais serait d'être architecte, ce métier me tenait si fort à cœur que je ne pouvais imaginer faire autre chose… Je n'avais pas conscience d'être bel et bien dans cette spirale de réincarnations car, marqué par la forteresse, je ne pouvais guère m'en souvenir ni progresser vers la vérité…

Dans le cabinet de P., j'ai recouvré la santé, le double travail de nuit et des études m'avait éreinté. Mon salaire, bien modeste encore, me permettait de vivre, et mon nouveau logis, tout près de Saint-Michel, me plaisait, quoique petit. Dessinateurs et ingénieurs m'accueillirent comme un des leurs, répondant à mon désir de me fondre dans leur groupe, même si j'étais architecte. Oser occuper ma vraie place prendrait du temps. Je les devinais un peu fourbes, sans férocité ni envergure, et j'anticipais leurs ruses ou leurs calculs, ayant soin de désamorcer tout conflit à mon encontre. En mettant les bouchées doubles, restant tard le soir, arrivant de bonne heure, j'ai bûché pour le compte de P. et peu à peu j'ai acquis de l'autorité sur l'équipe, naturellement – depuis le cloître, je haïssais la force, la contrainte…

Avec le recul, le choix de P. s'expliquait. Il avait connu quelques revers avec de jeunes architectes qui l'avaient pillé puis quitté pour briller à leur propre compte, en emportant certains de ses clients. Sans doute, à la lecture de mon dossier avait-il estimé que je ne serais pas de ceux-là. Mes origines sociales plaidaient en effet pour une carrière de dévouement et d'effacement. À l'École, je n'avais pas fait preuve d'une ambition dévorante, ni d'une envergure dangereuse, malgré quelques idées intéressantes. Son cynisme social avait misé, parmi les lauréats de cette année-là, sur le plus efflanqué d'entre eux, sur celui qui portait un frac de location.

Bouleversée de fond en comble, Paris se métamorphosait, sous terre et en surface. De larges artères reliaient les nouvelles gares, les nouveaux quartiers aérés prenaient corps, c'était exaltant de vivre une telle période, ma tête bouillonnait d'idées à réaliser. Depuis longtemps, P. fricotait dans l'entourage du prince-président, le baron Haussmann l'estimait, et parmi les réalisations de ces décennies-là, le cabinet de P. avait largement sa part. On travaillait avec les architectes de la ville, dont Deschamps qui supervisait les architectes voyers. P. faisait suivre les directives auprès de ses bailleurs de fonds, comme les Pereire, qui voulaient bâtir des immeubles de rapport sur de grandes superficies. Il s'était spécialisé dans les façades, presque transparentes, ornées d'éléments de fantaisie comme les pilastres, les colonnes engagées et corniches en fort relief, qui donnaient un aspect varié mais rigoureux aux ensembles. Différentes revues consacrées à la construction accueillaient ses articles, et ses précisions sur les rotondes d'angle et de fenêtres couplées, sur le pan coupé pour assurer la visibilité maximale des carrefours, comme l'exigeait le baron Haussmann, lui avaient assuré la notoriété.

Tout d'abord, je fus chargé de superviser pour P. les études annexes à ces chantiers parisiens, qu'il se réservait. Des écoles, un hôtel de ville pour une ville de province en pleine expansion, quelques usines, grandes, massives, quasi pénitentiaires, un musée régional, des gares tout en fer et en verre suivant l'esthétique en vogue à Paris. Puis deux hôtels particuliers pour nouveaux riches, à Rambouillet, tels que je les imaginais dans mes gardes de nuit, luxueux et lumineux…

La mort de Charles, du côté des communards, m'affecta peu. Je l'avais cru embourgeoisé, à tort, sa réussite ne l'avait pas empêché de rejoindre ses amis et ses rêves, son désir de changer le monde dépassait la satisfaction d'y avoir réussi. Une mère criminelle, un père adoptif révolutionnaire, c'était plus que trop pour la société à laquelle j'appartenais maintenant. Mon silence avait été une sage précaution, et je m'y tins, quoi qu'il m'en coûtât. La vie trépidante du Paris nocturne m'accaparait, le jour je travaillais dur, nous suivions le rythme effréné d'une France qui quittait le Moyen Âge.

Que de nouveautés ai-je vu apparaître ! Le Paris de mes jeunes années disparaissait à toute allure. Ses villages se fondaient dans les quartiers populeux, peuplés des provinciaux déversés par le chemin de fer, ouvriers, bonnes d'enfants, paysans fuyant la misère des campagnes, employés des bureaux et du commerce, petits bourgeois avides de gains, ce qui se traduisait pour nous en logements à faire, en quartiers à rénover, en places à créer, en banlieues à organiser. Le téléphone, l'électricité, les premières voitures… Tout changeait vite. Aussi les projets et leurs financements ne manquaient-ils pas à l'étude de P., les commandes affluaient, et ma carrière progressa vite, de même que mon train de vie. J'étais déjà promu second de P. quand il eut la bonne idée de me présenter l'une de ses nièces, Aurélie.

Petite boulotte active et souriante, dévote par manque d'imagination et peu cultivée par indolence, elle désirait s'établir. À vrai dire, elle désespérait de ses trente-cinq ans. Sa longue robe bleue, ses dentelles, son chapeau fleuri la rendaient ridicule, ou touchante. De grands yeux un peu myopes, une peau satinée, elle n'était pas sans attraits. Ma réserve lui plut, moi ce fut sa dot. Je fis ma cour, l'idylle ne demandant qu'à naître, elle se crut amoureuse puisqu'elle souhaitait l'être, et on se maria à la Madeleine la saison suivante. L'Égypte ou Athènes en voyage de noces m'auraient plu, on se contenta de Nice, moins coûteux. Au retour, nous avons logé dans un immeuble en pierre de taille doté de somptuaires cariatides, d'escaliers de marbre. De mon large balcon, à l'étage noble, tout en fumant mon cigare du soir, je dominais le nouveau quartier de l'Opéra illuminé et animé. Pourtant, malgré cette apparente réussite, il me manquait quelque chose.

Si bien installé que je fusse, je n'avais pas les moyens de monter mon propre cabinet. Aussi, quand P. me proposa de m'associer, j'acceptai. Mon mariage d'amour et de beaucoup de raison avec Aurélie portait ainsi ses fruits. Mon épouse avança une partie de sa fortune, et la joie d'être ainsi élevé à la hauteur de P. me transfigura. En vidant ma coupe de champagne sous les lambris dorés, sous les vivats du personnel du cabinet au complet, je me sentis définitivement libéré du passé.

J'admirais un peu moins P. qu'à mes débuts, au fait de ses tics, de ses prétentions, de ses limites et de ses combines, et lui m'estimait un peu plus, car des deux je restais le plus imaginatif, même si, dans nos travaux, je ne pouvais pas l'être beaucoup car nous satisfaisions avant tout la demande du client. Nos relations devinrent celles d'un tandem bien rodé, se comprenant à demi-mot, solide, en accord sur l'essentiel. P. vieillissait avec allégresse, négociateur avisé de contrats enviables, je mûrissais sûr de moi, en éveil sur les nouvelles tendances, et ce partage des tâches se renforça.

Ce qui fit qu'un certain jour il me dépêcha à Chicago avec un projet de building déjà bien avancé par mes soins, mais qu'il fallait mener à sa conclusion. Nous n'en avions pas encore construit, mais j'étais prêt pour ce défi qui m'excitait. Enfin je pourrais donner libre cours aux idées nouvelles qui n'avaient pu, jusqu'ici, se réaliser que sous forme embryonnaire. Le Nouveau Monde, en pleine effervescence en ce début de siècle, m'attirait et je caressais même l'idée un peu déraisonnable d'y installer un cabinet. Aussi avais-je suivi l'appel d'offres, envoyé un dossier avec mes plans, évalué les coûts, les délais, compte tenu de ce que j'avais appris du marché du travail américain. Ce serait mon œuvre de maître, comme les compagnons en réalisaient au Moyen Âge, et je m'y étais impliqué au-delà du raisonnable. Avec la maturité, le besoin de réaliser par moi-même se faisait pressant.

Bien loin de nos immeubles parisiens dont l'uniformité, à la longue, sombrait dans la monotonie, j'avais opté pour un modernisme radical et une pureté de lignes, en réduisant au maximum les aspérités de la façade en forme d'arc de cercle. À l'arrière, un jardin géométrique, très rythmé, ponctué de grandes sculptures de bronze de forme abstraite, par lequel on pourrait accéder également au hall crème quasi sans décoration – seuls quelques dessins en fer forgé scanderaient son étirement en courbe. La façade ne serait que lumière – de vastes baies vitrées reliées par de fines surfaces colorées formant un damier pastel sur toute la hauteur de ces cinquante étages. S'y mêleraient en s'y reflétant et en s'y déformant les couleurs du lac Michigan et du ciel, qui rendraient cet arc de cercle aussi aérien qu'un cerf-volant. Un système de stores pastel protégerait, aux heures chaudes, les occupants.

Le cahier des charges stipulait plusieurs fonctions : bureaux pour l'essentiel, un restaurant panoramique et, dans les premiers étages, des boutiques et une bibliothèque. Pour les bureaux, j'ouvrais l'espace en le délimitant par quelques cloisons de verre ou des arbustes, modulables quant aux formes : étoiles, carrés ou bien arcs de cercle qui suivraient la façade. Le restaurant en duplex se présentait en lignes sinueuses, permettant des salons, plusieurs salles, un bar, un salon d'apparat avec une terrasse. La bibliothèque occupait deux niveaux séparés par des rampes larges, des aires de repos – ici, ce fut plutôt la ruche avec ses alvéoles colorées qui me servit de modèle. Les ascenseurs seraient eux aussi vitrés. Le mobilier suivait cette épure, les luminaires, les portes – sobriété, pureté, presque austérité.

Cela avait plu à ces magnats de la finance qui se projetaient dans l'avenir et voulaient être innovants, mais ils hésitaient encore. Les collègues américains se pressaient autour d'eux, leur proposant des tours plus hautes et moins sobres, du déjà-vu à New York, ou du néoclassique, et afin d'arracher le contrat, mieux valait se déplacer pour les convaincre.

À plus de soixante ans, cette nouvelle aventure par-delà l'Atlantique m'enthousiasmait. Trop occupée, Aurélie s'était récusée. Ses intenses mondanités visaient l'obtention d'un titre et d'une particule, maintenant qu'elle courtisait la noblesse. En montant sur le pont, j'étais intrigué et joyeux. Je déambulais dans les travées, les escaliers, arpentais les salons, les bars, les autres classes, les cabines. Mais, tout à coup, en voyant s'estomper la côte française, je ressentis un malaise. L'odeur du navire, un mélange de goudron, d'air confiné, de relents de soupe, et sa rumeur sourde d'insecte grondant me gênaient. Mon excitation est tombée, et le soir j'ai à peine touché au dîner offert aux invités de marque par le capitaine.

Des crampes m'ont tenu éveillé la nuit, les yeux écarquillés sur le noir, ça me tenaillait, les boyaux crispés. Le mal de mer ? La fatigue ? En m'associant à P., j'étais devenu un bourreau de travail, avais-je outrepassé mes forces pour ce building qui me hantait jour et nuit ? Une maladie se déclarait-elle ? Mes abus de bonne chère ? La vieillesse qui s'imposait brutalement ? Aucune hypothèse ne me parut convaincante, je butais sur quelque chose d'incompréhensible. Vers cinq heures du matin, laborieusement, ça me fit mal entre les deux yeux, et une image s'imposa : la forteresse des femmes.

L'odeur du bateau avait ramené le passé, ma mère, les visites, le parloir, l'ébéniste, le dortoir glacé du collège, le grand Rémi et ses imprécations... Un spasme d'angoisse me révulsa tout entier au-dessus du lavabo.

En passant de l'eau fraîche sur mon visage, je surpris dans le miroir ces yeux las. L'enfant de la prison que j'avais été se rebellait contre le vieil adulte qui l'ignorait, il réclamait sa part, il exigeait la vérité.

La vérité ? Moi qui mentais depuis si longtemps ! J'avais peu connu ma mère, avais-je inventé dès que j'avais quitté les sœurs, alors qu'elle vivait encore, recluse. Plus tard, j'avais dit, que mon « père » était mort d'une attaque, sans préciser qu'il s'agissait de celle des Versaillais. Je m'étais inventé une enfance paisible, très conventionnelle, pour satisfaire la curiosité d'Aurélie, et dont je parlais peu. À force de débiter ces histoires, il s'en est fallu de peu que je ne les croie vraies.

Pourquoi n'aurais-je pas menti ? La société est un espace, avec ses zones de lumière, ses beaux quartiers, ses résidences opulentes, elle rejette les miséreux dans les marges obscures, les terrains vagues, les cachots. Suivant la fortune, on est dans ses impasses ou sur ses boulevards, dans ses culs-de-sac ou sur ses voies royales. Et j'avais choisi de vivre dans les allées heureuses. Qui pouvait me blâmer ? P., en m'embauchant au sortir de l'École, avait été le destin, la chance, que je m'étais empressé de saisir et de consolider. L'affaire de ma mère n'était qu'un fait divers vite oublié, une bien maigre histoire en comparaison de celle de Lacenaire, dont s'était repu le peuple quelques années plus tôt. Les aveux détaillés de ce bourgeois ruiné, qui fréquentait, ses forfaits accomplis, le boulevard du Crime et sa mort sur l'échafaud à la barrière Saint-Jacques, avaient autrement excité les imaginations. Mes grands-parents eux-mêmes, n'avaient-ils pas camouflé leur honte et rompu avec ma mère ? Ne m'avaient-ils pas ignoré durant leur vie et déshérité pour finir ? Leur hôtel de Passy et leur commerce garnissaient maintenant d'autres escarcelles. Quant à Charles, aussitôt après sa mort sur les barricades de Montmartre, sa femme ne s'était-elle pas défait de deux ateliers et enfuie à Tours, désireuse elle aussi d'oublier un mari par trop compromettant ? N'était-ce pas la règle de mentir pour survivre en société ? Si j'avais été franc, P. ne m'aurait ni embauché, ni associé à son étude, ni surtout présenté sa nièce qui ne m'aurait pas accepté comme mari, et aucun de mes collègues ne m'aurait reçu dans ses foyers. N'avais-je pas agi sagement ?

Moi qui croyais en avoir fini depuis longtemps avec le passé, voilà que cette odeur, son odeur, m'y replongeait tout à coup.

« Transfuge de classe, menteur professionnel, tricheur, lâche, ingrat, renégat, opportuniste », ces mots tambourinaient dans ma tête qui allait éclater. La tombe de Maman que je n'allais jamais fleurir flottait au milieu de cette odeur prégnante, les ombres des tours et des murs d'enceinte de la forteresse se superposaient dans mon esprit aux formes du transatlantique. Je ne l'avais jamais quittée, cette forteresse, j'y étais encore enfermé.

Je me suis assis sur le lit, abasourdi.

Mon métier, dont j'étais si fier, je l'avais assujetti à des puissants pour obéir à leur rêve de gloire, à leur soif de grandeur, à leur avidité de spéculateurs, et j'avais servi le siècle dans sa fièvre, Paris dans son expansion. Ce n'était pas déshonorant, mais avais-je aussi été un homme ? un architecte ? À l'évidence, ni l'un ni l'autre, puisque sans hésiter j'avais renié l'un pour devenir l'autre. Cela en valait-il la peine ? Mis à part mon building de Chicago dont le sort n'était pas joué, avais-je bâti ce que j'aurais dû ? Le résultat n'était pas méprisable, mais à quoi bon tout cela ?

Une colossale fatigue tombait sur mes épaules, je m'affaissais, la tête entre les mains, désemparé. Mon acharnement au travail, ma féroce discipline pour réussir au cabinet de P., même mon mariage avec Aurélie avaient été une fuite en avant, une construction de façade pour me protéger du vide…

Souvent, dans mes rêves, un poids sur ma poitrine m'empêchait de bouger et de respirer, et je criais. Aurélie me secouait, et, réveillé, je ne me souvenais de rien, sourd à cet appel venu du tréfonds. La cabine étouffante, ce lieu clos qui ressemblait à une cellule m'oppressait.

Sur les coursives, le vent m'a fait du bien. Mais si l'horizon noir et le ciel étoilé ont calmé ma nausée, ils n'ont pu ramener la sérénité oublieuse.

En faisant les cent pas à l'extérieur, comme un détenu dans sa cour, j'ai cessé de résister à l'enfant de la prison. Le visage de ma mère, ses cheveux blonds dénoués, sa silhouette assise qui m'attendait revenaient dans ma mémoire, et j'avais honte. Pourquoi, pas une seule fois durant ces années de labeur intense, la pensée des détenus ne m'avait-elle effleuré ? Dans mon désir d'appartenir à la haute société, j'avais effacé leur existence, leur sort m'indifférait, pis, je les avais rejetés. Hugo avait eu beau s'indigner de leur sort et de la misère qui le fabriquait, des humanistes se récrier dans les assemblées, comme tout le monde, et plus que tout le monde, je n'avais rien voulu savoir des prisons.

La solution s'est imposée, et j'ai su à quoi j'allais passer mes dernières années, à quoi j'utiliserais mon métier : j'inventerai une prison modèle, humaine et sage. Voilà ce que je devais bâtir, et rien d'autre. Là-dessus, rasséréné, content même, je suis redescendu me coucher, et me suis endormi profondément dans une cabine enfin hospitalière.

Le contrat à Chicago fut signé, et je dus rester en Amérique pour suivre la construction du building. Malgré le travail, je lisais le soir tout que je pouvais sur les prisons. Au bord du lac Michigan, dans ma chambre, dans les coffee-shops où je dînais en une demi-heure sans même regarder ce que je mangeais. Les Américains faisaient grise mine quand je déclinais leur superficielle hospitalité, un homme solitaire les intrigue quand il ne les effraye pas.

Ce premier débroussaillage me confirma que j'étais dans le vrai. Qui d'autre mieux que moi pourrait imaginer une prison où l'on ne meurt pas d'épuisement, de chagrin ou de folie ? où l'on ne se transforme pas en fauve ou en loque ? Trouver une solution à cette vie-là qui durait, alourdie d'un geste hors la loi, inventer un lieu qui serait non pas un purgatoire à la Dante, mais un espace où la vie, certes privée de liberté, pouvait continuer, c'était possible.

Mon obsession de la lumière, dont mes collègues se moquaient comme d'une manie, s'expliquait d'une tout autre façon maintenant. Si je l'avais tant exaltée dans mes travaux, c'est que j'aurais voulu que ma mère puisse vivre elle aussi dans la lumière, en pleine lumière. Les bâtisseurs des cathédrales du Moyen Âge l'avaient magnifiée comme signe de Dieu, et moi, en l'imposant dans les prisons, j'en ferais un signe de vie. Si je n'avais pas pu sauver ma mère des ténèbres, j'en sauverais d'autres.

De mes lectures émergeait un premier constat : on ne supportait l'idée de la prison qu'à condition de vouloir la réformer, ce qu'indiquaient, dès les tout débuts, les rapports, les comptes rendus, les analyses. La prison n'avait jamais réussi ce qu'elle se proposait, elle ne corrigeait ni n'amendait personne. Dans le fond, elle ne servait à rien. Elle rendait amorphe, désespéré, et pis encore, elle avilissait car, derrière la peine d'enfermement, d'autres processus sournois visaient à l'humiliation, à la dégradation de la personne. Il me suffisait de repenser à Jeanne enragée dans sa cellule d'isolement, à ma mère décharnée sur son lit blanc, à ces gosses hargneux qui battaient la semelle dans les cours. Il me suffisait de repenser à ces fouilles nocturnes, à la surveillance incessante. La prison était une entreprise de contrôle sur le détenu, sur chacun de ses gestes, son corps et son esprit étaient livrés à une mainmise totale, despotique, cruelle.

« Malgré tout, au fil de l'Histoire, c'était une avancée, me diras-tu. C'est à un élan de réforme contre la brutalité des châtiments corporels qu'elle doit son existence, n'est-ce pas ?

– Bien sûr, je ne peux pas le nier…

– Et puis, songe donc à l'imagination débordante des supplices !

– Bien sûr…

– Que n'a-t-on pas fait au corps de l'ennemi, du fautif, du transgresseur ? On l'a affamé, assoiffé, épuisé, battu à mort, contorsionné dans des réduits, brûlé au soleil, par le feu, ébouillanté, immergé, marqué au fer comme du bétail, dépecé vivant, empalé, écartelé, frappé sur la roue, mutilé morceau par morceau, tête, oreilles et nez coupés, yeux crevés, cœur arraché, mains, seins, bras, pieds et jambes, phallus coupés, vulves et ventres perforés, même la peau a été scalpée lambeau par lambeau…

– Oui, je sais tout cela…

– Ce pauvre corps du fautif, on l'a ligoté, entravé, attaché par des chaînes aux pieds, au cou, tel un animal domestique. Débris, déchet, souffre-douleur, bouc émissaire, agneau du sacrifice nécessaire à la cohésion du groupe, au respect de la loi, fût-elle inique, on lui a tout fait. Alors, par comparaison, la prison, quelle merveille !

– Ah, cher enfant, comme tu as raison, mais examinons plus avant la réalité, veux-tu ? Écoute-moi bien. Oui, c'était une fantaisie moins cruelle en apparence, mais tout aussi dangereuse parce que les corps y sont entassés, entravés, enchaînés, privés de lumière, numérotés, comptés pour rien. Et si je te dis les corps, c'est bien parce qu'il n'y a pas d'individus, mais seulement des carcasses à maintenir en cage, comme des rats, des insectes, des fauves. À vouloir trop enchaîner, on fabrique des déchaînés, des brutes, des enragés. Jeanne se raidissait dans sa colère en arpentant son cachot d'isolement, et ma mère n'a pas pu survivre, souviens-toi… »

L'esprit agité par ces dialogues que je me tenais, j'éteignais la lampe sans trouver le sommeil, puis je regardais le lac noir, son horizon sans fin, les terres canadiennes dans la nuit. Parviendrais-je à faire progresser la conception des prisons ? Désormais, c'était la seule chose qui comptait pour moi.

Chicago se bâtissait, à l'américaine, je suivais avec beaucoup d'intérêt mon chantier, les méthodes du Nouveau Monde se révélaient d'une efficacité enviable, mais le soir, je n'avais d'yeux que pour le récit de Hovard, paru en 1777. Il avait voyagé en Europe afin de décrire les prisons car il en avait lui-même subi l'arbitraire. Profondément marqué, il avait consacré plusieurs années à faire l'état des lieux en divers pays du Vieux Continent et à dénoncer la misère carcérale.

On en était aux derniers étages. Je me plongeai dans l'innovation du Panoptikon de Bentham, qui désirait la visibilité maximale sur les détenus. Ce jurisconsulte et philosophe, féru d'utilitarisme moral, inventeur d'une « arithmétique des plaisirs » selon laquelle chacun agit en calculant son propre intérêt, ce qui sert, au bout du compte, à l'intérêt général, s'était ruiné pour réaliser en Angleterre un Panoptikon, sans y parvenir jamais, rêvant d'être le premier directeur d'une telle « maison de force », comme on l'appelait, où l'architecture serait la servante d'un contrôle continu et total des détenus, à partir d'un point unique de surveillance.

Avant de repartir pour la France, j'ai visité le Western Penitentiary à Pittsburg, construit selon les principes de Bentham, et j'en suis sorti bien décidé à inventer autre chose.

L'image de ma mère qui parcourait le labyrinthe jusqu'à sa cellule en pensant à moi ne me quittait plus.

À Paris, dès mon retour, j'ai tenté de convaincre P. Mon subit engouement pour concourir aux appels d'offres de l'État l'irritait.

« Mais qu'est-ce qui vous prend ? Des prisons ? René, enfin… On ne gagnera pas grand-chose à faire ce que vous proposez. Franchement, quel intérêt ? »

Il désignait de ses belles mains mes plans sur la table, me toisant avec un vague mépris, mais il n'osait pas les mettre à la poubelle. Qu'aurait-il pu comprendre, lui qui n'avait jamais connu que l'aisance, la notoriété, la vie facile ?

Chaque heure passée à l'étude était un supplice qui m'éloignait de ma préoccupation, je déléguais tout ce que je pouvais et m'enfermais des heures entières pour parfaire mes plans. Je négligeais mes chantiers, écourtais mes rendez-vous, l'esprit ailleurs, insatisfait, vite impatienté par tout ce qui m'en distrayait. Et P. fulminait contre ce laisser-aller, me tançant mais en vain.

Qu'avait-on imaginé jusque-là ? L'hexagone, le carré, l'anneau, ou la ligne – un bâtiment tout en longueur sur plusieurs niveaux –, les rayons. Poussin avait construit à Fresnes de longs bâtiments parallèles reliés par un couloir central, des blocs cellulaires séparés par des cours, et opté pour le tri des détenus par catégories, ce qui était une bonne chose. Par acquit de conscience, j'ai aussi visité son établissement. Ce n'était pas satisfaisant, trop grand, monotone, ennuyeux à périr, et rien de prévu pour la réinsertion.

« Tu ferais mieux de penser à autre chose... Si tu t'ennuies ici, pars pour les États-Unis, ton building est superbe... Explore de ce côté-là », me conseillait un ingénieur du cabinet.

« Tu me fatigues avec ta lubie. Qui veux-tu que ça intéresse ? » disait Aurélie.

Elle bâillait, en déshabillé de soie crème, m'embrassait sur le front et me laissait travailler jusqu'à l'aube.

« Nous sommes au XXe siècle maintenant, voyons il y a bien d'autres choses à construire, le pays a ses priorités, on verra ça après... », m'opposait un député que je croyais sensible à cette cause sociale.

Ce que j'imaginais ne rencontrait aucun écho dans ce monde de nantis qui était devenu le mien. Les visages se fermaient, je devenais ennuyeux, on finit par m'éviter. Les dîners, Aurélie s'y rendait seule. Avec mon secret, je n'avais pas d'amis, seulement des collègues, des connaissances, des concurrents qui m'ignorèrent un peu plus. La famille d'Aurélie me tolérait encore, par sens du devoir. « Seul contre tous ! » braillait autrefois Rémi quand il s'enflammait, et c'était ma tardive punition d'être enfermé au-dehors.

Nonobstant ce manque d'intérêt, et puisque P. me refusait un quelconque article sur le sujet dans les revues où il siégeait à titre d'honoraire, je fis publier à mes frais mes projets. Dans ces opuscules, qui me coûtèrent une petite fortune, j'exposais la prison nouvelle : un village composé de divers pavillons, dotés de cellules individuelles et confortables, fermées la nuit et ouvertes le jour.

Je débutais mon plaidoyer ainsi :

« L'école du crime et du vice, si décriée, ne l'est que parce qu'on n'imagine rien pour organiser la vie des détenus en une société qui reproduirait les activités et la diversité de celle du dehors… À l'intérieur des prisons, on laisse faire les costauds qui reconstituent en peu de temps une sous-organisation à leur service, sans se soucier des méfaits que cela implique, pourvu que le calme règne et qu'il n'y ait pas d'évasion. C'est inique, inacceptable… »

En résumé, chaque pavillon de ce village pénitentiaire disposait de plusieurs chambres, de douches libres d'accès, d'armoires personnelles, d'une pièce où les détenus pourraient parler, fumer, se rencontrer. Isoler les détenus, les cagouler comme on le pratiquait encore dans certaines prisons, leur imposer la règle de silence représentait une cruauté inutile et absurde.

Au centre du village, les pavillons regroupant les activités communes : ateliers, salles de cours – la pauvreté, source du mal, provient du manque d'instruction et de qualification des détenus, c'est bien connu –, gymnase, lieu de prière. Mais aussi une salle de projection de films qui servirait de théâtre, de salle de concert. Il s'agissait de les éduquer, de les former, de les préparer à mener une vie normale au-dehors.

Pour la surveillance, problème crucial et réel, de hautes tours, des enceintes dotées de miradors y pourvoiraient. Les espaces verts, que je voulais vastes, variés, autour des pavillons, seraient cultivés par ceux qui le souhaiteraient. Beaucoup de paysans sans travail en ville deviennent voleurs – cela aussi est connu. Jardins, fleurs et arbustes, éloignés des murs d'enceinte, agrémenteraient le village.

Il fallait multiplier la surveillance, mais une surveillance formée aux disciplines diverses de l'âme humaine, ce qui coûterait cher, afin que soit constituée par pavillon une unité de vie sous la responsabilité d'une petite équipe qui suivrait les détenus un par un.

Les pavillons seraient classés par catégories de détenus et par âges aussi : un tendron qui a volé son pain n'a pas à côtoyer le récidiviste endurci, le criminel passionnel à être mêlé à des trafiquants, etc. Les mineurs auraient droit en priorité à l'éducation et, pour les plus rétifs, je prévoyais un temps intermédiaire pendant lequel ils s'occuperaient de chevaux, car souvent ils ont si peu reçu de soins et d'attention qu'en donner à des animaux ne peut que les améliorer.

Les détenus eux-mêmes pourraient aussi, à la longue, devenir responsables de cette semi-liberté de jour, alerter le personnel sur les difficultés, les crises, les comportements dangereux de leurs codétenus. On me traita de naïf, voire d'imbécile d'imaginer une telle coopération possible. Déplacements, repas, activités se feraient à heure fixe, mais le choix des activités serait souple. Et je tenais à une bonne cuisine, comme à l'armée, la discipline se supporte mieux si on est bien nourri.

Ce qui déclencha les foudres contre moi fut que j'avais prévu, outre les parloirs traditionnels, un pavillon d'accueil pour les détenus mariés.

« Quel esprit débauché ! »

« Quelle mansuétude concupiscente ! »

Personne ne voulait rien savoir sur le sujet de l'intimité. On niait le désir, pensant ainsi le faire disparaître. En pension, si Rémi ne m'avait pas sauvé des griffes d'un confesseur libidineux, j'aurais été bien mal en point. Rien qu'à la pensée de son souffle chaud sur ma joue, j'en frémis encore de dégoût. Mais je ne pouvais guère en parler, tant les mentalités se barricadaient derrière la morale chrétienne, on m'aurait taxé d'anticléricalisme ou de mythomanie scabreuse. En prison, on fermait les yeux sur ces pratiques, ces viols.

Les bagarres, les suicides, l'alcoolisme et autres méfaits qui entachent la vie des prisons devraient notablement diminuer, j'en étais convaincu. Pour les cas graves, la psychiatrie me paraissait la mieux adaptée. Là encore, il aurait fallu changer les mentalités. Il est si commode de punir, et la foule, cédant au voyeurisme de l'horreur, préfère voir les monstres être guillotinés au petit matin que comprendre comment ils se fabriquent. Délinquants sexuels ou assassins en série, ces détenus bénéficieraient d'un traitement spécial dans des pavillons séparés.

« Idéalisme », « complaisance envers des monstres », « villégiatures de luxe pour la vermine », disaient les comptes rendus les moins malveillants dans les journaux.

Dans cette fronde qui se déchaîna contre moi, de rares articles sérieux m'opposèrent quelques arguments chiffrés : le crime augmentait, il fallait enfermer de plus en plus de monde, et les crédits publics n'étaient pas infinis. Où prendre ces fonds ? Au détriment de quoi ? Comment former ces équipes ? Quel parti engagerait une telle réforme, au nom de quelles valeurs ? Et l'opinion publique ? La peine de mort ? Fallait-il augmenter les impôts ? Ailleurs, on s'en prenait à ma personne et les hypothèses se multipliaient : étais-je un de ces dégénérés romantiques ? un vieillard sénile ? Pis, on m'accusa d'anarchisme, moi qui ne faisais pas de politique ! ou de franciscanisme, moi qui ne croyais plus en Dieu ! On insinua aussi que je devais avoir beaucoup à y gagner. Et comme si cela ne suffisait pas, un journaliste porta l'estocade dans un portrait virulent intitulé : « René L., l'enfant du crime ».

Mon secret s'étala dans un quotidien, sur deux colonnes débordant de la plus infâme xénophobie, l'étranger de Goa étant portugais. Le récit de la mort de Charles sur les barricades, elle aussi jetée en pâture, le tua une seconde fois. De sa plume fielleuse, ce journaleux m'avait discrédité, anéanti, rayé du monde.

Au bout de la table, le journal tombé à terre, Aurélie s'étranglait devant sa tasse de thé. Son corps gras vibrait d'une indignation proportionnelle à sa vanité de bourgeoise dupée.

Elle bondit de sa chaise pour me jeter à la figure :

« Comment as-tu osé m'épouser avec une mère qui… qui… ? »

Engoncée dans ses falbalas de nuit, elle me regardait avec une haine qui me fit mal.

« Heureusement que nous n'avons pas eu d'enfants… »

Ce qui l'avait tant peinée auparavant lui semblait une bénédiction. Souvent femme varie.

Puis sa petite tête fit ses comptes, je l'entendais presque calculer, et d'un ton sec elle annonça :

« Je demande le divorce, immédiatement, et si tu ne me rends pas ce que tu m'as volé pour t'associer à mon oncle, je te ferai interner.

– Interner ? »

Moi qui venais de sortir d'une longue prison intérieure, je fus secoué d'un tel rire qu'elle m'a cru réellement fou.

Elle haussa les épaules, fit le tour de la table, se rassit, beurra deux biscottes sans trembler et but son thé sans ajouter un mot.

Au cabinet de P., aucun de mes collaborateurs n'osa me saluer, la silhouette de P. dans le bureau vitré du fond leur interdisant toute civilité.

Aussitôt, il me signifia mon congé :

« Mon petit René, je n'irai pas par quatre chemins, tirons les conséquences de ce scandale : c'est simple, tu dois te retirer de l'affaire…

– Jamais de la vie…

– Tu nuis à l'image du cabinet ! Ton idée fixe t'avait déjà conduit à négliger le travail courant et, après cet article, tu ne peux plus revendiquer aucune autorité !

– Non.

– Tu vas me revendre tes parts.

– Non.

– Je ne te demande pas ton avis.

– Je suis encore chez moi autant que vous.

– Comme oses-tu, misérable ? Moi qui t'ai accueilli, formé, élevé à ce que tu es devenu… »

Il éructait dans son fauteuil, rouge d'une colère qui, à cause de son grand âge, pouvait lui être fatale. Et, un instant, je l'ai souhaité.

Bravant cette cabale, fort de mon sentiment d'avoir raison, je persévérai un temps pour frapper aux portes des juges, des responsables pénitentiaires, des avocats, des hommes politiques et des ministres. On m'éconduisait promptement, ou alors on m'écoutait avec la patience qu'on montre envers un pauvre diable à la cervelle dérangée. Dans les yeux de mes interlocuteurs, je lisais que je n'étais plus rien. La bataille juridique que menèrent P. et Aurélie contre moi eut raison de mes velléités de résistance, je quittai le cabinet. Je n'avais pas d'énergie pour la haine, la mesquinerie.

Appauvri par la séparation de mes intérêts avec P., abandonné par Aurélie qui s'était installée à Saint-Cloud, rendu au temps sans œuvre, je me suis terré dans l'appartement de l'Opéra, seul bien que j'avais pu sauver dans cette débâcle.

Le grand salon, deux longs couloirs, les chambres offraient de larges surfaces, et j'ai entassé tous les meubles dans un coin, au grand dam de la gouvernante. L'ensemble était presque vide maintenant, et j'ai couvert les murs des plans de ma prison modèle à laquelle je ne cessais de travailler. Du matin au soir, reclus dans cet espace imaginaire, je réinventais une autre vie pour les détenus. D'infimes détails s'additionnaient pour soigner la décoration des chambres, des pavillons. Je choisissais les fleurs, les espèces des arbustes, la taille de l'herbe, ou la race des chevaux, le haras, j'inventais un lieu où les liens avec la société pourraient se régénérer.

Parfois, pour me reposer des croquis, je fabriquais des maquettes, retrouvant les gestes de Charles l'ébéniste, et cela m'apportait un grand calme : le petit personnage en pâte à modeler qui représentait la silhouette bleutée de ma mère franchissait enfin la porte de sortie, et je m'endormais dans mon fauteuil comme un enfant devant ses jouets.

Le scandale mourut aussi vite qu'il avait flambé, les injures s'espacèrent, relayées par des lettres de prisonniers, pathétiques, encourageantes. Je les entassais dans une chambre avec mes dossiers, mes maquettes, mes dessins, une telle pagaille qu'on pouvait à peine y circuler. La gouvernante menaçait de rendre son tablier, bougonnait que j'étais timbré, mais elle n'avait nulle part où aller, alors elle restait.

Je ne sortais plus, je ne m'habillais plus, je ne me rasais plus. Pour qui l'aurais-je fait ? Avec qui aurais-je pu m'entretenir de mon cher projet ? Oublié de tous, seul mais sans tristesse, je continuais d'écrire des courriers innombrables. De mes correspondants, je ne savais même plus s'ils étaient toujours en fonction. Peu m'importait qu'ils fussent fantomatiques comme moi. Perdant la notion du temps, du siècle, des affaires, à peine si je me souvenais de mon voyage aux États-Unis tant j'étais absorbé par mes recherches qui me firent découvrir la psychologie des profondeurs, la sociologie et bien d'autres savoirs sans lesquels je n'aurais pu être le Grand Architecte des Prisons. La modernité en architecture, je l'avais épuisée avec mon building, qui ne m'avait pas apporté de grandes satisfactions. On ferait sans doute encore plus haut, plus vaste, plus clair, ce jeu de cubes prétentieux ne m'intéressait pas, l'urbanisme raflait la mise.

Ma vue baissait, la fatigue me prenait vite, je me mouvais avec lenteur, la vieillesse que je voulais ignorer me rattrapait. Parfois je me voyais tel un copiste médiéval copiant et enluminant le manuscrit dont il avait la charge, sans autre souci que de le terminer avant de mourir. Mon isolement était si profond que même les bombardements de Paris par les Allemands ne me firent pas quitter ce huis clos encombré, rempli de poussière, où nul n'entrait plus maintenant, et dans lequel j'étais bien.

« Descendez, descendez donc ! Alerte ! » me criait-on en tambourinant à la porte. Je ne répondais plus. Tous se bousculaient en descendant à la cave, où une fois je m'étais rendu avec eux. La petite heure que j'y avais passée m'avait grandement déplu. Debout, à la lueur des bougies, mes voisins de palier, elle, un vieux manteau sur un grotesque déshabillé saumon, lui en pyjama de soie noir dans lequel il grelottait de peur, n'avaient cessé de se disputer. Les autres murmuraient des prières, agaçantes, tassés en bande apeurée, tandis qu'une ancienne du demi-monde s'épanchait en insultes contre l'Allemand, croyant montrer son patriotisme. Il faisait froid, ça s'éternisait. En remontant, je m'étais promis de ne plus perdre ainsi mon temps. Dès lors, malgré les feux croisés dans le ciel, le fracas et Paris qui s'écroulait, je restais à dessiner à la lueur des bougies pendant les alertes, me contentant de calfeutrer les fenêtres. Là était la vraie bataille. Ce calme au beau milieu de la tempête, cette faible lueur dans l'obscurité qui plombait la ville, ce travail qui ignorait le temps du siècle, c'était ça l'urgence. Ma prison modèle, je ne la verrais pas, mais d'autres pourraient s'inspirer de mes idées et la réaliser. Aussi voulais-je publier tout ce que je dessinais, mais Aurélie et sa fortune m'avaient quitté, la guerre désorganisait Paris, alors je me suis contenté d'empiler mes dossiers que je léguai, par lettre, à l'École des beaux-arts. Comme un rat, à demi affamé, plus soucieux du sort de ces cartons que de moi-même, je restai là, assis dans mon vieux voltaire, faiblement éclairé, attendant paisiblement la fin des hostilités, la fin tout court.

La mort ne vint pas des armes comme je l'imaginais. Elle arriva avec la grippe espagnole qui a suivi les hécatombes de la Grande Guerre.

Ma lettre-testament ne fut même pas lue, perdue dans le fatras que la gouvernante s'était empressée de trier, et Aurélie fit des plans et des maquettes de ma prison modèle un beau feu dans sa cheminée de Saint-Cloud, un dimanche soir d'avril.

À ses proches, quand elle parlait de moi, elle disait : « l'enfermé ».

J'avais échoué. La prison n'était pas ce qu'on attendait de moi. Enfermé, je l'étais encore dans le cycle de cette injonction sans mots qui me poussait vers la vie tant que je n'aurais pas compris et réalisé ce qui était mon vrai destin.

Sixième fugue

Enfant – je me souviens d'avoir empilé des roches dans les prés lorsque j'étais la proie de violentes émotions. Et je me griffais les mains en transportant les pierres, les jetant l'une sur l'autre, puis les assemblant longuement. Je saignais pour être sûr de vivre encore.

Dans quelle vie ? Et pourquoi ? me diras-tu. Je ne me souviens que de ce rempart brut, esquisse de refuge contre le chaos intérieur qui menaçait de me détruire. Dans cette conscience qui habite des corps et des temps différents, je me perds, mais c'est la perte qui me constitue. Ce récit n'est-il qu'une enquête, la poursuite de ce qui me contraint sans cesse à créer des lieux ? une obsession ?

J'aimerais tant me reposer. Me poser, être là, être. En harmonie dans le temps et l'espace réunis. Ai-je jamais eu un refuge, une niche où me blottir et rêver, comme je le fais dans la marge de ce récit, entre deux vies ?

En ce début du jour, cet instant où les premiers rayons du soleil caressent les façades et font scintiller la rosée des champs alentour, je perçois le frémissement de la terre, de la cité, le regard s'éclaire, c'est le seuil que l'on franchit, l'élan de l'oiseau en plein vol – l'ouvert.

Septième vie

La ville des sciences que j'ai bâtie en Stalinie

Comme tout le monde, j'ai été un révolutionnaire. C'était le bon choix puisqu'ils ont fini par gagner, et je suis devenu un des architectes officiels du régime. Par hasard, pas par idéologie. Oh, d'abord, je ne me suis pas battu le fusil à la main, j'étais trop jeune. Non, j'ai simplement défilé des centaines de fois en criant les slogans et en portant le drapeau de la bonne couleur, dans les rues avec mes frères de misère – c'est une expression assez fausse, je n'ai jamais vraiment été dans la misère. Celle qui vous laisse seul, sur le pavé, à grelotter le ventre creux et pas de solution pour la nuit, le repas suivant. Sur les photos en noir et blanc que j'ai, je suis un minus derrière de grands types. Je n'ai pas beaucoup grandi depuis, je suis resté une teigne pâlotte, tout en os, le visage couvert de taches de son et le sourire crispé, avec une belle énergie à me détruire.

Dans l'enthousiasme, on a brûlé des églises, des icônes, tué des prêtres, des nobles, des familles entières, des encore plus nobles, on a démoli tout ce qui ressemblait à des palais, des maisons de maître, on a raflé les tableaux, les meubles, l'argenterie et d'autres choses encore. Pour une fois la cruauté était de notre côté, ça soulageait, on se vengeait de siècles de peur. Au passage, on a pas mal trucidé, une rafale et hop, une douzaine de cadavres, ça vous renseigne sur les vraies valeurs – avec une arme et quelque argent, vous tenez les rênes de n'importe quelle situation.

Entre-temps j'avais grandi, et on m'avait collé, à moi aussi, un fusil entre les mains. On a pris des trains, on a pris des villes, on a planté notre beau drapeau partout où c'était possible, il neigeait, il pleuvait, mais on marchait pour notre révolution, imperturbables, sur les espaces infinis. On a refusé de faire la Grande Guerre des autres, on en avait déjà une chez nous, ça nous occupait amplement, et puis ce n'était pas notre intérêt. J'ai voyagé comme ça, assez loin vers l'est, parcouru des forêts de bouleaux, des steppes, des plaines, franchi des fleuves grands comme des mers. Le fleuve Amour, de quoi rêver ! je l'ai franchi sur la glace. J'ai vu des nomades, des bûcherons de la taïga, des cavaliers de Mongolie, des fumeurs de narguilé sur des tapis de Samarkand. C'était nouveau, effrayant parfois, cette diversité. Heureusement pour l'unité, on avait notre guide charismatique, nos slogans, on a créé des comités de tout, on a pondu des plans, qu'on n'a jamais réussis.

On a cherché à savoir pourquoi, mais comme on ne pouvait pas se dire que c'était notre faute, alors on a accusé, on a fait la chasse aux traîtres, aux conspirateurs, aux spéculateurs, on en a débusqué plus que de raison, on était l'Histoire en marche, le grand fleuve rouge emportait nos ennemis, tout pareil qu'en 1789, la Terreur, c'était obligatoire pour en finir avec les saboteurs de nos beaux programmes. On n'allait pas trier, on éliminait la vermine ; des procès, on en ferait plus tard, filmés en noir et blanc, avec aveux et tout. Du grand cinéma très spectaculaire.

Je n'avais plus de chez-moi, ma famille avait disparu à cause des ennemis qui avaient fait un carnage dans mon village, là-bas, au-delà de l'Oural. Tout le monde était mort brûlé, nouveau-nés, vieillards, hommes, femmes, sauf moi qui étais à l'armée. Bref, comme j'avais bien combattu, que j'étais un héros décoré – il suffit de sauver le type important au bon moment, c'était juste ça qui m'était arrivé –, je pouvais rester à l'armée, ou bien suivre des études que le Parti me paierait. J'ai choisi l'architecture, ç'aurait pu être le génie civil, les transports, mais on avait besoin d'architectes, alors j'ai dit oui.

Une superbe Circassienne, un soir, m'avait susurré que j'avais des talents pour ça, je lui avais arrangé son appartement en virant les cloisons. Elle habitait seule, un luxe qu'elle devait au fait d'être au mieux avec un ami proche de notre guide. Mais je n'ai pas pu aller plus loin dans les gentillesses, elle avait peur de son ami, chef de quelque chose dans la police secrète. Ça m'arrangeait d'avoir des talents, parce que jusque-là je ne savais rien faire, à part marcher dans la boue, râler que j'avais froid et tirer. Puisque le Parti avait besoin de moi, c'était parfait.

Pour tenir, à l'armée, je m'étais mis à boire avec les autres. Tout et n'importe quoi, en grande quantité, en groupe, puis seul. L'alcool, c'est un ami qui vous détruit, comme seuls peuvent le faire les vrais amis, mais qui vous procure l'oubli – l'oubli de tout sauf de l'alcool, parce que lui, il ne se fait jamais oublier. Dès le matin, vous tremblez s'il n'y a pas la première rasade à portée de main. Toute la journée, il vous tanne la cervelle, et on ne ratisse l'espace que pour savoir où trouver des bouteilles. Mieux qu'un milicien, on connaît toutes les planques possibles, les caches, les lames de parquet, le haut des armoires, les faux plafonds, le dessous des auges, les sombres caves, les tripots cachés, les bouilleurs de cru clandestins. Une Internationale secrète et très active, je te jure que je n'en ai jamais manqué d'alcool. Et la nuit aussi, on boit pour se calmer les nerfs après une journée si épuisante passée à chercher de quoi siroter. Enfin, l'alcool vous tient compagnie, c'est déjà ça, c'est comme une maladie sérieuse, on a de quoi penser. Il vous fait voir des milliers de bestioles qui grouillent sur les murs, les draps, on n'est donc jamais vraiment seul, sa façon à lui de vous protéger du vrai cauchemar de la réalité.

À l'Académie, on avait plutôt deux fois qu'une notre carte du Parti, bien entendu, on était tous (ou presque) des compagnons d'armes – encore une expression douteuse, quand il y a des armes, il n'y a plus que sauver sa peau qui compte, enfin, passons. Des protégés de types importants voulaient qu'on construise ou plutôt qu'on reconstruise notre belle et grande patrie qui avait souffert de la révolution et qui serait bientôt très peuplée. Des fanatiques de la construction voulaient en finir avec les ruines fumantes, les hommes égarés, la pagaille permanente des déménagements – beaucoup de dégâts à réparer, c'était vrai, on avait pu le constater de nos propres yeux. Il y avait donc urgence à loger ces gens-là, à les faire rentrer chez eux, à les tenir au calme, à les remettre au travail et à faire repartir l'industrie, l'agriculture… Ceux qu'on avait laissé tomber pendant leur Grande Guerre, ils n'étaient pas franchement amicaux, on ne pourrait pas compter sur leur aide. On était seuls. Ce serait même carrément le sabotage intensif, ils ne voulaient surtout pas qu'on soit l'espoir de leurs pauvres à eux, sinon, sur la planète, des millions de faméliques auraient pu avoir envie de faire comme nous.

En architecture, on avait des idées, puisque le guide charismatique en avait. Il critiquait le passé, le Modern Style trop décoratif, les Luna Parks et les grands magasins pour consommer, nous aussi. Il voulait inventer quelque chose de différent, à savoir donner plus de liberté à l'espace, éviter la sempiternelle symétrie, appuyer franchement l'ossature. Même les belles choses qui avaient été réalisées en copiant le classique ou l'ancien par les sociétés d'architecture, il critiquait, les colonnes grecques, c'était des « béquilles de cul-de-jatte ». Inutile de cubofuturiser l'ancien, tout ça était démodé, pas dans la ligne, contre-révolutionnaire. Tout juste si ce n'était pas à raser.

On ne demandait pas mieux que de l'inventer, cette nouvelle architecture, et ses amis haut placés écrivaient des manifestes pour nous guider, alors on a suivi la ligne. Pour des architectes, la ligne, c'était tout ce qu'il nous fallait. On n'allait pas discuter avec ces éminences du Plan. On nous a fait jouer avec des cônes, des cubes, des parallélépipèdes, des pyramides, des boules, histoire de bien nous pénétrer des formes et de leur interaction harmonique, si possible, avec poids, dynamique, équilibre, tension et rythme inclus dans nos cogitations. Inutile de te dire que moi, le vodkadavérique, je gobais les nouvelles théories d'une oreille distraite, et pour la propagande je faisais comme si.

Notre guide voulait de nouvelles villes bien lointaines pour peupler des endroits impossibles, des camps de rééducation bien au frais pour calmer les récalcitrants, des hôpitaux bien gardés qui serviraient de prisons, mais on ne le savait pas encore, il voulait des bâtiments bien grands et faciles à surveiller pour tous les services destinés au peuple, qui resterait sous bonne garde. Il voulait des usines, des barrages, des laboratoires, des écoles militaires, des commissariats, des cantines, des jardins d'enfants. Il voulait beaucoup, des cités-musées, des palais d'expositions, des monuments commémoratifs, et des stades, bien sûr. Et on l'aimait aussi pour ça, parce qu'il voulait tout ça pour nous.

On était payés pendant et après les études, et à la sortie on avait tout de suite du travail. J'ai atterri dans un cabinet d'une ville moyenne, pas folichonne, que je n'avais pas choisie. Avant d'y arriver, la steppe pendant des heures, puis des forêts autour de la ville. Loin de tout, avec des habitudes différentes de ma région au-delà de l'Oural. On vous disait d'aller ici ou là, si vous aviez des relations vous pouviez quand même choisir, mais je n'avais pas de relations. Dans ce cabinet, j'ai trouvé quelques types qui se haïssaient. En face de moi, Boris, remontait ses lunettes toutes les trois secondes, en hochant la tête, un tordu dont je me suis immédiatement méfié, et, derrière lui, Vladimir, grêlé, haut, la glotte proéminente, qui ne riait jamais. Deux vieux de la vieille comme sous-chefs nous faisaient trimer : Igor picolait même au bureau, on ne lui voyait plus les prunelles, et Sergueï, lui, était un cochon à l'humeur joviale en veston verdâtre, qu'il ne pouvait plus boutonner. Le chef

Féodor, gros, gras comme un Bouddha chinois roulait en voiture et mangeait. Il supervisait ce qu'on allait bâtir.

On se réunissait souvent, réunions politiques, réunions professionnelles, réunions alcooliques, mais en faisant attention à ce qu'on disait, l'incompétence, la jalousie plus la méfiance politique, ça ne détend pas. Pour résumer, on essayait de construire pour le Parti en buvant et en se surveillant de près les uns les autres. Au début, j'habitais une pièce dans une vieille maison assez chic de la ville ancienne, mais on a tout démoli, et après j'ai logé en banlieue dans un immeuble qui sentait la soupe aux choux et le ciment humide au beau milieu de rien. Il n'y avait que le bus des travailleurs qui passait.

Qu'est-ce qu'on a construit ? Pas grand-chose. Ce qui était vital, et c'est au pied de la lettre qu'il faut l'entendre, c'était de faire semblant de travailler, parce qu'on n'avait pas d'argent pour réaliser ce que le guide charismatique voulait. Du moins pas dans notre région. Ailleurs, pour le prestige, on trouvait des roubles et ça se bâtissait. Mais ici… Tout le monde le savait, mais faisait comme si on allait en avoir, de l'argent, des moyens. Pourtant, sûr qu'il n'y en aurait pas pour cette ville moyenne, pas folichonne et sans minerais alentour. Que des champs, et encore pas très productifs, la terre gelée quatre mois de l'année, ça n'aide pas. La seule chose qu'on fournissait, c'était du bois. Beaucoup de scieries, des tas de menuisiers qui fabriquaient à la chaîne du mobilier, des toitures, des poutres, enfin tout qu'on peut fabriquer avec du bois. Mais comme le pays est immense et a beaucoup de bois, on n'était pas vraiment intéressants.

Le guide voyait grand, haut, colossal, gigantesque. Puisque tout changeait, les techniques, les modes de vie, l'économie. L'homme lui-même était nouveau, pourquoi pas, tant qu'on y était ! Nous, on faisait comme si. On lui disait que ça avançait, mais en fait ça piétinait, l'argent manquait, plus exactement une bonne partie filait dans les poches de tous les intermédiaires qui s'occupaient des dossiers. Par exemple, une usine, un hôpital. Je traçais des plans simples, fonctionnels, pour que ça ne soit pas cher – je connaissais les ressources du quartier, de la ville, de la région. Le dossier mettait deux mois avant d'arriver au bureau central, puis partait dans la capitale, puisque tout remontait là-bas, où un autre bureau central l'examinait, le discutait. Il revenait ici, au niveau de la région, qui m'appelait. Je réexpliquais tout ce que j'avais prévu. Il redescendait au niveau local. On m'approuvait, on discutait, on refusait des détails, puis petit à petit on récusait la totalité du projet, des plans, pour me montrer que je n'étais pas un si bon architecte que ça, politiquement s'entend, car le peuple devait avoir ce qu'il y a de plus beau, selon les ordres de là-bas. D'accord ?

Comme j'étais toujours d'accord, je repartais, mais cette fois-ci je refaisais en beau et en grand le projet, je ne me pressais pas, tant pis pour les malades qu'on ne soignait pas, pour les ouvriers qui se tournaient les pouces en attendant la belle usine qui ne se construirait sans doute jamais. Retour à la région, au central de là-bas, rediscussion, releçon politique, mais il fallait quand même montrer quelque chose au guide charismatique, alors ils se grattaient la tête, prenaient des mines de condamnés et signaient : « Approuvé. »

À ce moment-là, il fallait aller dans les divers ministères, graisser la patte à tous les types qui se tenaient derrière le bureau pour faire avancer le projet, rencontrer à chaque échelon plusieurs responsables de tout et de n'importe quoi, réentendre à chaque fois la belle leçon politique, et plus tard, bien plus tard, parfois, on avait le feu vert et des subsides. Le dixième de ce qui était nécessaire. Et débrouillez-vous. On avait perdu un, deux, trois ans.

Toujours est-il que, malgré l'enthousiasme politique, malgré la bureaucratie, et malgré nous, on a quand même bâti quelques trucs utiles. On ne faisait pas du constructivisme ici, tu sais, ces bâtiments tout en géométrie, plutôt sombres, des angles, des lignes abruptes, qui montaient haut dans le ciel, même outre-Atlantique ils s'intéressaient à ce qu'on faisait – je parle de la capitale, car ici c'était des usines, des écoles, enfin pas des trucs nobles, alors que l'ouvrier était le modèle de l'homme nouveau. Il fallait juste que les prolétaires travaillent plus et plus vite, et lorsqu'on les logeait, c'était dans des blocs identiques, de l'égalité, camarades, des rangées d'immeubles bien ordonnées, de l'ordre, camarades, avec de petites fenêtres, une loge stratégiquement bien située pour le gardien, qui gardait les gens plutôt qu'autre chose, de la sécurité, camarades. C'était moche, pauvre, quoi. Enfin, presque toujours… Comme Féodor avait peur de perdre sa place de superviseur, fallait pas compter sur lui pour imaginer quelque chose de mieux. Et comme il n'y avait pas d'argent de toute façon.

Chaque matin, on recommençait la même saynète de gens qui travaillent dur pour leur beau pays. Féodor avalait scrupuleusement sa demi-douzaine de pains aux harengs en éclusant sa vodka dans une gourde, après il disparaissait dans son bureau, il téléphonait, ou bien il tournait en rond comme s'il pensait. Nous, on prenait le thé, des biscuits. Puis on s'y mettait, en apparence. Midi arrivait, cantine prolongée, même si on n'avait pas grand-chose à becqueter, haricots, betteraves, oignons, pommes de terre manquaient, la viande n'était plus qu'un souvenir. J'avais toujours faim. Et froid, parce que le bois, on n'en avait plus, on donnait le nôtre à la patrie, du coup on se gelait. Le ventre creux, les doigts gourds, on tentait de travailler un peu, alors on en a fait des plans qui s'empilaient dans les cartons, jaunissaient et se trouaient en moins de deux tant le papier et l'encre étaient mauvais. C'était ça, notre « architecture totale », et pas question de râler si nous, on n'avait que des miettes de la totalité.

Après l'épuration de Zinoviev, de Kamenev, Vladimir le taiseux, celui qui ne riait jamais, a été embarqué, ensuite le gros Sergueï, et puis Igor le soûlard… Ça avait commencé et ça allait durer, en plusieurs épisodes. Je ne sais pas comment, ou plutôt si, mais je préfère me taire, j'ai réussi à passer entre les mailles du filet, même les héros comme moi qui avaient sauvé des types importants montaient dans les trains pour les camps, parce que les types importants ne l'étaient plus du jour au lendemain, et du coup tous ceux qui les avaient approchés étaient des suspects, donc on les embarquait aussi, histoire d'assainir tout à fait le pays, qui devenait, malgré son relief varié et ses grandes dimensions, un camp perpétuellement en train de s'étendre, me disais-je le soir, attablé seul devant ma énième bouteille en rêvant aux paysages si beaux de mes campagnes militaires ou non.

Souvent, j'ai eu peur, je sursautais dès que j'entendais des pas dans l'escalier, au petit matin. Allez, je l'avoue, je n'ai pas respiré pendant quelques années. C'est comme ça que je suis devenu insomniaque et sobre parce que j'avais peur, si j'étais soûl, de ne plus me rappeler ce que j'avais dit ou fait alors qu'il me fallait beaucoup réfléchir à tout ce que je disais ou ne disais pas, à ce que je faisais ou ne faisais pas, pour éviter l'embarquement matinal sur un quai. Boris le binoclard est devenu à moitié fou après que le KGB l'a gardé une dizaine de jours, il en était ressorti à demi moribond et convaincu qu'« ils » lui avaient collé une pastille-espion dans le corps, qui le télécommandait à distance et « les » renseignait sur tout ce qu'il faisait… Malgré ça, Féodor l'a gardé. Moi, pendant longtemps, j'ai eu horreur des trains, des quais, des voyages…

Quoi qu'il en soit, je me suis maintenu à mon boulot, donc je n'ai pas été dans la misère complète, bien national largement répandu. Pour manger, on se débrouillait, on est devenus champions de la combine, tout se vendait, s'échangeait, absolument n'importe quoi. Je me suis vu troquer des boîtes de clous contre un litre de crème fraîche volé au kolkhoze nord. Seuls les types importants vivaient bien, comme notre Féodor qui gardait ses bajoues en triple rang, un ventre de pope et des mains boudinées, toujours grasses, de koulak à l'ancienne. Il graissait la patte à tout le monde, alors forcément il lui en restait toujours un peu sur les mains.

Comme j'avais de la lucidité, je me suis ennuyé ferme au bureau, et la nuit je ne dormais pas. Sans alcool, je n'y arrivais pas. J'aurais pu m'occuper avec des femmes, mais c'était compliqué à cause de la révolution qui leur avait rendu leur dignité. Le respect, ça tue les échanges horizontaux. Et puis je n'étais plus si performant sur la question, et avec la politique comme elle était, il fallait se méfier d'elles aussi. Alors je me suis mis à lire. Des romans russes, français, des traités, des polars, des poésies révolutionnaires, histoire d'endormir la méfiance de la bibliothécaire, des biographies de savants – enfin, une, celle de Pascal, n'exagérons rien –, des tas d'ouvrages. Le parfait autodidacte, quoi.

Un poète étranger disait que tout dépend de la qualité de l'ennui quand on s'ennuie. Va savoir pourquoi, cette phrase-là n'a pas cessé de me faire gamberger, une fois lue. Toujours est-il que dans ma chambre – je partageais l'appartement avec une famille du Sud dont les enfants faisaient beaucoup de bruit, mais comme je les comprenais à peine et que je ne dormais pas, ça ne me dérangeait pas outre mesure, au contraire c'était assez rassurant cette marmaille bien en vie, crapuleuse et drôle –, je me suis mis à réfléchir. Activité dangereuse en ces temps de voyages collectifs en train, aussi ai-je orienté mes pensées en dehors de ma vie, je ne m'appartenais plus depuis longtemps, j'avais fait une croix sur tout ce qui paraît important en d'autres pays sans guide charismatique, je survivais, c'était déjà ça, comme l'avait dit un abbé au sortir de la Terreur française, bref je n'allais pas critiquer la politique qui nous terrorisait, ni faire de la métaphysique en plein pays de la raison.

Grandes cogitations insomniaques donc. Une nuit qu'il gelait à pierre fendre au-dehors, et au-dedans ce n'était guère mieux, un quart de lune éclairait notre carré d'immeubles au milieu de nulle part, je me suis dit que ce foutu pays avait accouché de génies. Des vrais. Grands, un peu maboules, hallucinés parfois, c'est vrai, mais grands. Les noms, tu les connais tous, difficiles à prononcer, ça *tchskie*, ça *vochskinov*, ça roule pendant des kilomètres dans la bouche, mais ils vous secouent l'âme, c'est du souffle, de l'infini à la portée de votre cervelle asphyxiée. Ils vous balaient la petite détresse des minables d'un revers de prose inspiré, ouvrent les portes de l'isba, vous font galoper à perte d'horizon, enjamber des fleuves immenses, vous donnent la clé magique de la compréhension des gens, de la vie, vous déploient un monde total, complexe, vivant avec son âme tordue et compliquée. Ça chamboule, ça fait vibrer, ça aère les méninges, parfois ça dilate le cœur. Moi, de la révolution, je n'avais vu que les militaires, les paysans apeurés, la faim et la peur. Eux, tout autre chose. Un vrai déclic dans ma tête, oui, nos génies, donc, écrivaient, composaient, peignaient, pensaient et construisaient des choses invraisemblables, portés qu'ils étaient par l'élan de leur grand pays auquel, eux, ils avaient cru, ayant compris tout de suite de quoi il retournait, pour nous, pour tous. Même les architectes y étaient allés de leur inspiration, grandiose elle aussi, je devais bien l'admettre maintenant. Et ils ont continué, malgré la peur qui s'installait pour tous, malgré la terreur entre frères d'armes, malgré les dénonciateurs qui faisaient carrière, le chiendent de n'importe quelle société, malgré la médiocrité des planqués par essence moutonniers, et ils ont continué jusqu'à ce qu'on les en empêche. Non seulement on avait des génies, mais moi j'étais du même pays, et voilà que je me suis senti fier subitement d'appartenir à ce peuple et je me suis dit que moi aussi je pouvais faire quelque chose. Mais quoi ? Eh bien, faire mieux ce que je connaissais déjà et pratiquais si mal : l'architecture. « On » m'a dit de revenir à mon métier, une drôle de voix, la mienne, mais débarrassée de la peur… Une révélation ! Une évidence, tu diras, sarcastique. Vrai, comme Pascal, j'aurais pu crier : « Joie ! joie ! joie ! », mais pour moi c'était un pari nettement moins grandiose, et depuis beau temps je ne croyais plus en rien, aux miracles encore moins, alors la joie, tu penses !

Pour y revenir, à l'architecture, je devais rebrousser chemin, refaire mon éducation et lire les fameux conseillers du guide qui savait tout et que je connaissais vaguement, parce qu'à l'époque de mes études je buvais tellement, je n'avais retenu que le minimum indispensable pour ne pas perdre ma bourse et ne pas être envoyé en usine.

Je ne sais pas comment le temps a passé cette nuit-là, j'étais si content, j'aurais bien été réveiller ma famille du Sud pour leur dire ce qu'il m'arrivait, mais c'était idiot, on se comprenait à peine en russe, et ils avaient bien d'autres soucis, alors je me suis fait un thé en attendant le petit jour, content de ma chaise bancale, du thé fadasse, de la lampe qui grésillait, j'étais grisé, sans un gramme d'alcool, je reprécise, et tout plein de l'amour de la patrie et de ses grands hommes. Même la vaisselle sale, l'odeur de la soupe aux choux qui flottait dans la cuisine, les chaussons du petit dernier qui traînaient, les affreuses matriochkas qui s'écaillaient au-dessus du placard, tout ce qui d'habitude me faisait râler contre cette satanée smala, eh bien, je les ai trouvés attendrissants. Voilà à quoi ça mène de réfléchir. Une vraie révolution dans ma tête, sans fusils, sans slogan, un revirement à trois cent soixante degrés, ma nuit pascalienne, que je me suis dit, voilà, j'avais changé de tripes, « Changer de veste extérieurement, c'est peu, camarades ! Il faut se faire de nouvelles tripes ! » s'était écrié Maïakovski.

Oublié les villages en cendres, les moissons ravagées, les morts amoncelés le long des chemins, les exécutions rapides à la lisière des forêts, le bruit de la culasse du fusil, les cris muets d'horreur, le choc des corps tombant sur le bas-côté, les orphelins pieds nus sur les routes, les ruisselets de sang sur la neige épaisse ! Tout ça n'était que statistiques, comme disait notre guide en fronçant ses gros sourcils. On avait accouché de l'Histoire, et moi je n'en revenais pas de pouvoir enfin me guide guilleret de ces couches difficiles.

Moi qui avais vu tant de fureur, de bêtise, de veulerie et de férocité, subitement j'ai tout oublié. L'avenir se présentait radieux. Une renaissance, quoi. Alors, comme ça, en buvant ma dixième tasse de thé refroidie dans mon unique tasse ébréchée, je me suis promis de devenir un bon architecte. Les yeux grands ouverts sur l'horizon sans grâce, sur la neige qui s'était remise à tomber, la gadoue des cours, les bus du matin bourrés de travailleurs enthousiastes, j'ai été heureux, oui, ce n'est plus morose, ni même comique, j'étais un autre.

Au bureau, personne ne s'aperçut de rien vu que je me comportais exactement comme la veille. Zélé, sans excès, compétent, mais pas trop, faisant comme si, tout en sachant à quoi m'en tenir et me taisant. Les jours suivants furent aussi mornes qu'à l'accoutumée. Sauf que le soir, en secret, je l'ai dit, on se méfiait de tout le monde, je me suis vraiment mis à travailler – et j'ai lu comme je ne l'avais jamais fait, et pas que nos revues *LEF* (« Le Front Gauche des Arts »), *S.A.* (« Architecture contemporaine »), j'ai réétudié les « villes volantes », les « constructions cinétiques », les « compositions dynamiques ». Des nuits durant, j'ai revu les plans en spirale, les projets, les photos, il y avait même des gratte-ciel horizontaux qui faisaient des ponts au-dessus d'intersections routières, des barges inventifs qu'on était, j'ai épluché les dossiers des concours nationaux et internationaux – je les faisais venir. Ma consommation de thé et de biscuits a prodigieusement augmenté, je les achetais par douzaine de paquets au marché noir. La bibliothécaire, une pas belle qui sentait la terre, a cru que j'avais des vues sur elle, mais elle s'est résignée – je n'avais faim que de livres. J'aurais pu l'inviter à dîner dans la misérable cantine, trop éclairée, sans autre décoration que la photo de notre guide, aux nappes pas nettes, qui servait de brasserie près de la bibliothèque, mais je n'y ai même pas pensé. Le temps manquait, je n'avais que les nuits et le dimanche. Au lieu de me soûler comme les autres, je lisais.

Cela dit, j'avais un train de retard, on en était revenu à beaucoup plus raisonnable : constructivisme, fonctionnalisme et rationalisme menaient la danse de façon nettement moins poétique. Je m'adapterais donc à la toute-puissante technique et à l'industrie qui dictaient leurs formes aux auditoriums qui ressemblaient à des turbines, aux galeries et corridors qui imitaient furieusement les grues de port, aux bâtiments qui se prenaient pour des usines désossées ou pour des engrenages mécaniques. Du constructivisme, donc, puisque c'était ça la tendance. Épatant, le pavillon de l'URSS qu'avait fait Melnikov pour l'Expo internationale des Arts déco à Paris : des formes géométriques simples, un cube biseauté, façade en verre, un auvent-croisillons de bois et verre, et un escalier extérieur en diagonale. J'aimais bien aussi le bidule tout en contraste présenté par Léonidov pour l'Institut Lénine, un chapelet de bâtiments bas, une tour en parallélépipède élégant pour les bouquins, une sorte de forum circulaire qui la reliait à la sphère vitrée de l'auditorium, et une série de rappels au sol par des tendeurs métalliques qui donnaient une allure de module à l'ensemble. Ça me bottait, les câbles, les tendeurs, ça fait tout de suite décoller. Je lisais tout ce que je pouvais lire, sans parler des ouvrages étrangers qu'on avait dans les bibliothèques – curieusement, dans le domaine technique, la méfiance n'existait plus, on n'était pas farouches du tout, on invitait même. Il fallait que le grand et beau pays soit moderne. Un avantage dont j'ai bien profité.

À l'étude, on m'a regardé d'un œil narquois, vaguement suspicieux, vu que je virais sérieux, mais quand je me suis appliqué à faire leur travail, à me coltiner leurs plans, à chercher des bonnes solutions, je n'ai pas pu m'en empêcher, alors là ils se sont vraiment inquiétés. Ils m'ont sondé, j'ai dit que j'avais du vague à l'âme, la grande maladie nationale, et que ça me changeait les idées puisqu'une femme m'avait quitté. Ils ont compati, l'amour n'est pas contre-révolutionnaire, mais ils avaient très peur que dans mon zèle je les dénonce comme fainéants. Alors ils m'ont invité à beaucoup de réunions alcooliques, amis qu'on était, pour me faire parler. J'allais boire chez Boris, le binoclard, j'allais manger des omelettes au lard chez Vassili, celui qui avait remplacé le gros Sergueï, j'allais chez Féodor qui me gavait de harengs, ils me racontaient des trucs pour que je me laisse aller. Je me cachais pour recracher l'alcool que je ne supportais plus, j'ai pleuré chez eux, tour à tour, pour les attendrir, du vrai cinéma de l'âme blessée qui cherche la rédemption par le travail, façon Dostoïevski sans le bon Dieu, les temps avaient changé, j'étais doué, après tout ma vie n'était pas si rose, et ils ont fini par me laisser en paix puisque je rabâchais le même borchtch. J'étais timbré, ça arrive dans nos régions plus souvent qu'ailleurs. Question de climat, d'espace, d'époque. L'espion du Parti, celui qui avait succédé à Vladimir qui ne riait jamais, le dénommé Ivan, un gaillard à barbiche qui vous soulevait des trucs énormes comme un rien en roulant des yeux de tsar fou, a fait un rapport en écrivant que j'étais un « bon élément ». Vu ses fautes d'orthographe, son tempérament de cinglé, je me suis toujours demandé quel service il avait pu rendre au Parti. Sans doute du genre musclé, voire plus. Comme architecte, il ne valait strictement rien, son diplôme on le lui avait donné, c'est ce qu'on disait derrière son dos. Prudent, voyant que ses harengs ne donnaient rien comme résultat, le vieux Féodor m'a proposé de prendre du repos, d'instinct il sentait la combine, mais il ne voyait pas laquelle. J'ai d'abord refusé, puis j'ai accepté, histoire de ne pas le contrarier.

Quand je suis revenu, quelques jours de sommeil m'avaient retapé, j'ai continué à vouloir bien faire. Féodor m'a laissé tranquille, les autres aussi se sont habitués. Plus tard, au bout de six mois, j'ai demandé à me rendre à Moscou pour faire aboutir un projet d'usine de textiles qui traînait. En superviseur éclairé et méfiant, Féodor a longuement hésité, presque une faveur que je lui demandais – alors que c'était tout de même une corvée de se farcir les ministères, les bureaucrates, les heures de train, la piaule minable qu'on me refilerait dans un hôtel du Parti surveillé comme de bien entendu, et j'en passe. L'argument, ça a été que je serais son envoyé personnel, tout en son nom. Féodor a rosi de ses triples plis. Ça le flattait, il a bien vu que je ne cherchais pas à me faire mousser auprès des autorités. J'y suis même allé un matin d'une tournée de harengs-vodka pour l'amadouer. Je suis parti avec l'obligation de rédiger un rapport extrêmement précis – qu'il contrôlerait de son côté, je pouvais compter là-dessus. Tout de même, il m'a flanqué un de ses neveux pour me surveiller, mais le neveu ne pensait qu'à boire.

À Moscou, le neveu a éclusé tout ce qui pouvait s'avaler dans les appartements privés, où l'on donnait toute sorte de fêtes en calfeutrant les fenêtres, les portes, et moi j'ai fait ce que j'ai pu pour l'usine de textiles, j'ai insisté, plaidé, demandé rendez-vous sur rendez-vous, patienté, graissé la patte, pleurniché, exigé, manipulé. Enfin le grand jeu, toujours avec prudence car on ne savait jamais qui serait là le lendemain et qui servait qui en définitive. Pour me distraire, je suis allé voir notre premier guide momifié, sur son drap il y avait brodés le compas et l'équerre, mes outils de travail, ça m'a vraiment plu. Le monolithe de granit, labrador, porphyre rouge et noir, plutôt sobre, dû à Chtchoussev, tenait bien sur la place devant la muraille du Kremlin, on était un grand peuple. Après cette minute grandiose, je me suis échiné à me faufiler près des instances qui orientaient les grands chantiers. Je les connaissais, la propagande nous en rebattait les oreilles depuis quelque temps, personne ne s'y était intéressé dans ma ville moyenne et pas folichonne, mais moi, si. Là il y avait, malgré tout, quelque espoir de faire autre chose que des blocs en ciment, fussent-ils fonctionnels, rationnels et entourés d'arbres.

Après avoir poireauté des heures dans divers couloirs, être revenu à la charge plusieurs fois auprès des camarades bureaucrates, j'ai réussi à mettre sur la table – pas sur n'importe quelle table, bien sûr – le projet que j'avais concocté la nuit, en secret. De peur qu'on ne me le vole ou qu'on ne m'empêche de le faire, je n'en avais parlé à personne, il aurait fallu être fou pour ne pas être paranoïaque en ce temps-là, crois-moi. Alors, ne m'en veux pas, même si ça t'agace que j'ai gardé ça secret jusqu'ici, mais je voulais te faire une surprise. Réussi, non ? Mon beau projet top secret, je l'avais appelé « Pascal », pour me rappeler toujours ma métamorphose d'une nuit, et c'était une ville. Rien que ça ! Moi aussi, je m'étais mis à voir grand, comme nos génies. Avec un peu d'hésitation au début, le temps que mes tripes changent tout à fait et me donnent du courage et de l'enthousiasme, puis les idées ont fini par jaillir et, une fois emporté par mon élan de vouloir construire une ville, j'ai bûché pour la traduire en chiffres, en plans, et elle a pris sa forme, lentement. Six mois de travail, je dormais quatre heures par nuit. Pour planquer mes plans, mes calculs, j'avais fabriqué un double fond à mon sommier. Comme un avare couché sur son magot. Et pour le voyage, j'avais glissé « Pascal » dans les plans de l'usine de textiles, mais c'était une précaution inutile, le neveu de Féodor n'avait pas la curiosité développée.

Donc, me voilà devant le responsable, celui qui avait des idées, et qui était au mieux avec le guide. Il était aussi cofondateur d'une revue et d'une association d'architectes contemporains, on voyait son nom partout, son équipe et lui signaient beaucoup de projets. Je ne te détaillerai pas les manigances pour parvenir à le voir, mais comme héros notoire, en arborant ses médailles et avec la mention « bon élément » sur son rapport secret fait par un Ivan déjanté, on avait quelque facilité.

Comme j'étais sincèrement épris de ma belle et grande patrie, que je voulais servir de tout mon cœur, j'ai dû avoir le ton qu'il fallait, et surtout « Pascal », plan grandiose, je le dis sans modestie, était tout à fait dans l'esprit du guide et ses visions du futur. C'était une grande époque, je ne l'avais vécue que par le bout de mon fusil, je n'y avais rien compris, trop éreinté par l'alcool, trop écœuré par la guerre et les deuils, mais tout ça était fini, bien fini, je me voyais en train de lui déballer toutes mes idées, moi aussi j'embarquerais dans le train de l'Histoire, je me rendais compte à quel point je voulais le convaincre car j'ai transpiré pendant une bonne heure sous son regard perspicace. Il devait se demander si ce petit type maigre, les yeux cernés, qui hachait ses mots en se dandinant, et qui essayait de cacher les trous de son pull-over aux poignets, n'était pas timbré.

Pourtant, ce type intelligent, ouvert, m'a écouté comme s'il avait tout son temps pour moi, un pur, je l'aurais parié parce qu'il était extrêmement fatigué par l'intensité de son travail, ça se voyait à l'œil nu qu'il y croyait. Il était aussi débraillé, aussi hirsute, aussi claqué que moi qui vivais une double vie. Ses papiers jonchaient le bureau, il y avait des plans partout en rouleaux, à peine ouverts, des dossiers en piles incertaines, un fouillis qui disait la créativité, l'élan, la réflexion. Mine de rien, il me subjuguait, ce type qui n'était ni un imbécile, ni un planqué, ni un médiocre, ni un cynique. Il ressemblait à Maïakovski, ça impressionne toujours un peu ces gaillards qui conjuguent force animale et spiritualité, pour ne pas dire idéalisme, allez, disons-le, élan prométhéen. Il y avait de ça. Dans sa tête aussi, ça devait carburer, à l'unisson de nos merveilleuses usines. C'était si différent de mon étude moisie, rance, à peine propre, sans esprit. Il semblait attentif, très attentif, et ça me nouait la gorge qu'un interlocuteur de cette stature prenne le temps de m'écouter.

On avait besoin de science, j'étais parti de cette idée simple et partagée. Avec ça, on s'en sortirait sur le plan intérieur et international. Pas de meilleure vitrine qu'une belle science. Mais il fallait un lieu. J'avais imaginé une ville entièrement consacrée à cela. On en construisait à l'époque, mais pas sur un thème aussi ciblé. Un complexe ultramoderne fait de laboratoires, de centres de recherche, deux universités, des quartiers d'habitation pour les scientifiques, des maisons communes (je restais bien dans la ligne), des services publics, des lieux culturels, un théâtre démocratique en forme d'ellipse qui rapprochait spectateurs et acteurs, un stade – le sport de haute compétition devait pouvoir être observé par les scientifiques, qui auraient des athlètes en résidence sous la main, c'était une vitrine alléchante pour démontrer notre humanité nouvelle d'excellence –, il y aurait un pont aménagé avec de beaux câbles (j'y tenais) et plusieurs niveaux de passage sur le fleuve puisque fleuve il y avait – j'avais choisi un endroit à peu près vierge, pas trop éloigné de la capitale et facile à desservir par le train. Quelques kilomètres de rails à ajouter, et le tour serait joué. On aurait là de la science, de la science polyvalente, comme on n'en avait jamais vu – c'était ça mon projet. On pourrait implanter des cités ouvrières, et encore plus loin des usines, celles qui fabriqueraient le matériel scientifique et feraient les applications. J'avais prévu les gares, les transports, tout jusqu'au moindre détail pour favoriser le mode de vie nouveau de cette cité-là, et histoire ne pas couper les intellectuels et les travailleurs, des bâtiments communs pour l'échange, les colloques, les expositions, etc. Je m'étais beaucoup fatigué à trouver pour chaque détail des formes nouvelles – je savais que c'était essentiel.

Le responsable m'a embrassé – « Ah, un camarade à la taille des attentes de notre grande et belle patrie. » Après, il a jargonné sur l'aptitude de l'architecture à répondre à la demande sociale et à synthétiser tous les arts, et sur les diverses tendances. Je suivais à peu près, ce n'était donc pas en vain que je m'étais farci les manifestes, les expositions de peinture et de sculpture, de photomontages et autres collages. Ce que je proposais là lui semblait tout à fait dans la ligne de réflexion des diverses Académies. J'en étais tout remué d'avoir si bien compris mes collègues. Bien entendu, il ferait passer ça pour son idée – car dès qu'il s'est rassis, il m'a demandé toutes sortes de renseignements techniques, il a déplié une carte pour bien situer, il a calculé à grande vitesse le coût, il a tout de suite appelé un de ses sous-fifres pour la maquette, lequel a dit oui, qu'il ferait ça, avec joie, a-t-il ajouté en voyant les yeux brillants de son chef, enfin il m'a tarabusté pour savoir tout ce qui fait qu'un plan est plaidable. Il a compris en m'écoutant, car il était né dans cette région-là, qu'il contrôlait politiquement, ce que je savais comme tout le monde. Il a insisté sur la possibilité de développer la ville dans le futur : elle se développerait dans les quatre directions, à l'horizontale bien sûr, je connaissais par cœur les théoriciens de la ville socialiste, l'alternance résidences et complexes industriels, les nouveaux principes de développement du territoire, de la ville en mouvement, afin que les masses aient sous la main tout ce que le progrès leur apportait. J'étais parfait.

On a bu aussi, je ne pouvais pas refuser même si j'avais mal au cœur, ce qui l'a intrigué. Ensuite, il m'a renvoyé en gardant mon plan, des mois d'insomnie bien employés, et m'a promis d'en parler une fois la maquette construite. En sortant, j'étais heureux, une grande bouffée de joie, ça faisait bien longtemps que je n'avais pas éprouvé cela, comme si l'espace s'élargissait en moi-même, une vraie montgolfière, mais ça n'a pas duré, sûr qu'il effacerait mon nom si ça marchait. Tant pis, j'aurais eu mon quart d'heure de parfaite harmonie. Puis la peur est revenue quand j'ai pensé que l'idée de m'envoyer travailler dans les glaces du Nord pourrait lui traverser l'esprit. Du coup, j'ai eu très peur et j'ai repris le train sans attendre. Ce qui était ridicule, ils savent toujours où vous trouver. Le neveu n'a pas cessé de brailler pendant le voyage, une bouteille à la main, que j'étais le meilleur compagnon du monde et qu'il le dirait à son superviseur d'oncle. Dans tous les wagons, ça puait l'alcool national, les concombres, je devais être le seul à boire du thé en regardant sans les voir les bouleaux, les isbas, la steppe.

Après un bon mois d'angoisse, j'avais fini par ranger mes carnets, mes dessins avec un peu de vague à l'âme, me demandant si j'allais inventer autre chose ou reprendre mes habitudes d'alcoolique. Puis j'ai reçu une lettre d'invitation. Je suis retourné dans la capitale, mais cette fois-ci afin de travailler pour le responsable enthousiaste, avec des scientifiques, des politiques. Bien sûr, en comité, de réunion en réunion, il s'est maintenu au premier rang, j'étais la cheville ouvrière en quelque sorte, bon, et finalement il a obtenu des crédits spéciaux pour démarrer. Mais il avait tant à faire à Moscou qu'il m'a confié la tâche, la commission débordait de travail. Lui, c'était le Grand Moscou qu'il allait bâtir, et ça discutait ferme sur le comment et le pourquoi.

C'est moi qui ai dû m'occuper de la ville scientifique, ultramoderne, à la pointe de l'avant-garde. Te dire l'effet que ça fait, du jour au lendemain, de devoir matérialiser un projet de cette taille-là, j'aurais du mal à l'expliquer. Pendant plusieurs semaines, j'ai cru rêver. Le rêve d'un autre, d'un homme plein de ressources et de talents. D'un vrai architecte qui va vers l'avenir, l'imagine et le bâtit. Pas moi, quoi. Fini la tranquillité, le paisible ennui sans fond ! Mais je l'avais conçue, cette foutue ville, alors il a fallu atterrir, j'avais un chantier de plusieurs années sur les bras, et pas que des amis parmi la ribambelle d'architectes qui avaient postulé pour la place que j'occupais.

Je suis parti en pionnier avec une petite équipe. On a commencé par se faire des baraquements pour dormir et manger. Des trappeurs sibériens qu'on était, de vrais aventuriers. Des innovateurs, des révolutionnaires en phase avec l'élan d'un peuple qui créait un monde à partir d'un terrain vague, d'un chaos laissé en plan pour qu'on vienne y mettre de l'ordre, de la nouveauté et de l'harmonie.

Les arbres et le fleuve, nos baraquements, le samovar, le feu, le poêle qu'on remplissait de bûchettes et où on cuisait les pommes de terre, des tourtes avec ou sans lard, crème, œufs. Un débrouillard chassait et pêchait pour améliorer l'ordinaire. Chaque matin je respirais l'air glacé et me sentais devenir surhumain. Un aigle survolait notre camp et longtemps je l'ai suivi des yeux, content comme si je retrouvais un ami. Sur l'horizon vierge, je projetais la ville construite et ça me soûlait rien que d'y penser. Peut-être même qu'on mettrait mon nom quelque part…

Puis les géomètres ont pris les mesures, laconiques comme si leur langage ne pouvait qu'être court, vu que les nombres, forcément, ça condense bien des discussions, et ça a éliminé de fait bien des incertitudes, ensuite les premiers bataillons d'ouvriers sont arrivés en bus poussiéreux, des illuminés, des affamés et quelques paumés. Le ravitaillement s'est rationalisé, la vodka en quantité raisonnable, les gros cornichons, la betterave et la patate régnaient. Ils se sont gelés comme nous dans des baraquements, mais bon, c'était provisoire et il y avait les réunions houleuses du Parti pour se réchauffer.

Les travaux ont commencé pour ma ville géométrique : un grand carré découpé en cases, un peu comme New York, avec des avenues, des espaces très larges et arborés. Le centre, un rond, serait au milieu du carré – une esplanade en forme de cercle, bordée de bâtiments à taille humaine ou des sphères, j'avais évité les lignes droites, trop dures pour notre âme nationale, et le grand labo était conçu en spirale, en acier trempé. On aurait dit une bulle d'air qui s'élançait en tournoyant, comme si je libérais la matière de toute fonction – mais à l'intérieur, c'était très fonctionnel, j'y avais beaucoup réfléchi : la science invente, elle doit se sentir à l'aise dans un lieu propice à la recherche qui, on le sait, se fait aussi par intuition – mais ça, je ne l'ai pas dit, on était pour la raison et le progrès. Donc il y avait des passerelles, des escaliers transparents, des salles claires. Beaucoup de jardins, des transports faciles, nombreux. De cette esplanade irradiaient les grandes avenues, coupées par les rues moyennes. Il y avait des crèches, des écoles gaies comme des jouets, des immeubles de trois étages conçus de façon moderne et belle, mais là ils ont tiqué, il fallait au moins cinq étages, vu le monde qu'on avait à caser et qui manquait de logements, avec des balcons et des galeries communes, des espaces verts et des appartements en duplex confort maximal, on était passé entre-temps à une vision plus hédoniste du classicisme prolétarien, je suivais, j'adaptais.

Pour éviter la monotonie, j'avais prévu de mettre les immeubles en forme de L, à quarante-cinq degrés par rapport au côté du bloc et aux accès principaux, je m'explique : ça faisait une sorte de quinconce le long d'une rue transversale, et chaque immeuble était noyé dans les arbres de sa cour privée, le tout dans un des carrés du plan général, tu suis ?

J'avais dessiné plusieurs hôpitaux en micro-unités, une bibliothèque en forme de livre ouvert sur plusieurs étages, un opéra avec dôme translucide, doté d'une acoustique élaborée pour les salles immenses, etc. Bien sûr, je n'avais pas oublié le principal, un édifice consacré à nos soviets, et donc à notre guide – j'aurais bien aimé un style néoclassique mais c'était impossible, alors j'avais dessiné plusieurs cubes s'emboîtant de façon dynamique, il y aurait tout de même une salle avec colonnes et fronton pour fustiger le passé prérévolutionnaire honni.

On m'a imposé des statues monumentales et anguleuses à la gloire de la science et de nos scientifiques, le guide déraillait ferme et notre patrie avec, j'ai pu négocier des décorations extérieures abstraites et très colorées, il a fallu décliner l'inévitable faucille et le marteau à toutes les sauces.

J'ai arraché le maintien de quelques isbas en périphérie, bordées de bouleaux, allusion discrète à notre passé révolu, mais complètement repensées à l'intérieur – et refuges pour nos futurs Prix Nobel. Table rase, d'accord, mais l'isba, ça pouvait évoluer dialectiquement dans le sens de l'Histoire. Trotski lui-même avait renoncé à bazarder la quincaillerie des Romanov pour acheter des fusils.

Au fur et à mesure que tout le carré serait rempli, on pourrait le ceinturer de grandes zones de maisons, d'immeubles et de bâtiments, agrandir ensuite en carré, et ainsi de suite, presque à l'infini. Ça ressemblait à ces mandalas de sable coloré qu'on dessine sur le sol dans de lointaines contrées asiatiques – mais à l'époque, j'ignorais cela, et les autres aussi. Ou bien ils ont fait comme si, puisque notre guide n'en savait rien. Encore que l'Orient, chez nous, ce soit atavique.

Des années durant, j'ai bataillé pour les subsides, qu'on a obtenus par tranches, une fois les crédits spéciaux engloutis, car la situation économique n'était pas brillante malgré les faux bons chiffres affichés, j'ai lutté contre les intempéries, les crues du fleuve qui montaient en moins d'une heure certaines années, contre les ouvriers qui s'en fichaient parce qu'ils avaient faim, contre les ingénieurs civils qui traficotaient, contre les architectes qui m'en voulaient, et j'en passe, je crois que j'ai rencontré toutes les difficultés. J'ai manqué de béton, de ciment, de verre de bonne qualité, le pays était exsangue malgré nos plans mirifiques, je l'ai déjà dit. Des accidents, une épidémie, des malfaçons – j'ai dû faire refaire un centre social qui s'était effondré à la première tempête… Au sein de l'équipe, j'avais deux ennemis qui me haïssaient et m'ont mis beaucoup de bâtons dans les roues. Des incapables, mais bien notés dans le Parti. En désespoir de cause, il m'est arrivé de vouloir les tuer, un petit accident de chantier, et hop, débarrassé de ces punaises. J'ai fini par leur coller le secteur des isbas résidentielles, où il y avait peu à faire, et ils se sont calmés comme ça. Si j'avais su plus tôt que c'était une niche tranquille qu'ils voulaient, je me serais épargné bien des tracas. Rien ne m'arrêtait, j'avais une énergie quasi inépuisable, je rayonnais, j'ai perdu dix kilos, gagné une barbe de pope, me raser me prenait trop de temps.

La ville s'est construite peu à peu. Par chance, le sous-sol était bon, je n'ai pas eu de problème avec les canalisations et l'électricité. Je m'en doutais, mais c'est mieux quand c'est vraiment vrai. Les immeubles se sont faits, l'université, les labos, tout a poussé comme champignons en forêt pluvieuse, c'était magnifique : les fils de fer, le ciment, les murs en train de devenir quelque chose, le bois en construction, les bateaux qui nous apportaient la ferraille, le bruit des marteaux, des pelles, les hommes au travail qui chantaient parfois. Parmi ceux-là, il y avait d'anciens militants qui avaient connu les geôles tsaristes, eux croyaient vraiment à ce qu'ils faisaient. Mais ils étaient rares. Je pataugeais dans les flaques, je brûlais au soleil, les façades de verre s'incendiaient au couchant, je n'ai jamais autant travaillé et j'ai aimé ça. J'ai aimé aussi cette collaboration des savoir-faire que j'ai orchestrée avec beaucoup d'attention. Les mains des ouvriers ont une intelligence, une précision qui se révélaient chaque jour, c'était beau. Les savoir-faire conjugués, des outils bien maniés, ça, pour le coup, avec les pionniers, j'en aurais entonné des chants à la gloire des ouvriers. Plusieurs chefs de travaux se sont succédé sur le chantier, et j'ai apprécié aussi leur rude autorité, leur coup d'œil pénétrant, leur technique, ils savaient manier les hommes, faire bien les choses et vider sans être ivres la bouteille de vodka. Des bâtisseurs qu'on était. Mon métier était un beau métier, un métier de conquérant, un métier qui ne vivait que projeté dans l'avenir, un métier en mouvement pour un pays qui croyait en son destin.

Ma spirale d'acier et de verre le disait, tendue qu'elle était vers le ciel, vers l'esprit nouveau et l'idéal que nous partagions – malgré tout.

Les peintures encore fraîches, les scientifiques ont débarqué avec leurs petites sacoches, on leur a construit toutes sortes de bidules pour leurs expérimentations, puis les professeurs sont venus aussi avec leurs livres, et leur grosse tête sérieuse et triste, les étudiants de tous les pays frères ont rappliqué dans les amphithéâtres, des jeunes ont envahi les maisons-communes qui leur offraient de nouvelles relations sociales, avec le partage du réfectoire, du club, de la garderie sur place, et la première naissance a eu lieu à l'hôpital (je n'ai pu qu'en faire un sur les trois prévus, trop cher pour l'instant), les arbres ont commencé à fleurir, les militants à militer, les chercheurs à chercher, mon travail était fini. En moins d'une décennie, la ville est devenue notre orgueil national. On en parlait tous les jours à la radio, dans la *Pravda*, les *Izvestia*, dans les revues spécialisées. Une ville à part, convoitée, admirée, bien vivante, que les étrangers venaient admirer grâce aux circuits d'Intourist. Nos poètes de l'Union des écrivains y sont allés de leurs rimes. C'est te dire.

« Une réalisation exemplaire de l'esprit de la révolution et du progrès », a déclaré un des amis du guide qui m'a décoré pour le travail accompli au service de ma grande et belle patrie. On n'a évidemment pas parlé des labos qui manquaient d'instruments, de la pénurie de personnel qualifié, enfin des défauts que mon plan comportait et qui se révélaient, à l'usage, humains, trop humains, comme aurait dit l'autre. Le responsable qui s'était emballé était mort depuis longtemps, de façon mystérieuse. Il était ouvertement pour une phase de transition dans les habitations, où chacun choisirait soit la vie de famille individuelle, soit la vie collective, mais ça ne plaisait pas aux fanatiques de la nouvelle ère. Sa disparition m'a souvent inquiété pour moi-même. Plus tard, j'ai appris que ç'avait été une simple affaire de mœurs, rien de politique dans son décès. Il avait été poignardé dans un lit qui n'était pas le sien, ainsi que la dépravée contre-révolutionnaire qui dormait avec lui, et on avait caché ce crime crapuleux, à n'en pas douter, ça n'était pas une bonne image de notre société de l'avenir qui était sans délinquance, bien sûr, d'autant qu'il était célèbre même hors les frontières, alors on a fait silence, on l'a ôté de quelques photos officielles avec le guide et on a fait comme s'il n'avait jamais rien réalisé. On est très fort pour l'oubli. Personne ne l'a mentionné ce jour-là, moi non plus, mais j'ai pensé à son énergie, à son talent, à Maïakovski à qui il ressemblait et dont « le canot de l'amour s'était brisé contre le quotidien »... Il y a eu les drapeaux, la musique, des discours, mon nom a été cité, j'étais là, avec mes deux ennemis sur l'estrade, sous le portrait du guide, sur une esplanade entourée de beaux bâtiments, et ma sphère brillait de tout son éclat. Bref, de la mise en scène.

Ensuite, j'ai pu acheter une voiture, je me suis empâté à grandes louchées de caviar et de ragoûts que me cuisinait Sonia, ma femme, une graphiste très idéologue tout en pommettes hautes et yeux en amande, mais qui préférait aux autres plaisirs celui de se gaver tant elle avait eu faim quelques années plus tôt. Je ressemblais de plus en plus à Féodor le superviseur, qui continuait à végéter dans la ville moyenne et pas folichonne de mes débuts. J'ai rédigé un ouvrage qui expliquait le chemin que j'avais suivi. Du coup, une vague de mélancolie m'a pris lorsque j'ai pensé à tout ce qui avait été bâti puis détruit dans le monde. Combien de temps ma cité des sciences vivrait ? Je n'aurais pas donné ma tête à couper qu'elle tiendrait trois générations. On m'a fait faire des conférences, des cours, ma femme m'a peaufiné quelques graphismes, j'ai siégé dans le jury chargé de sélectionner les plans de jeunes architectes remplis d'amour de la patrie, ils se chamaillaient pour leurs élucubrations qui évoluaient en fonction de nos réalités sociales finement analysées, bien entendu. De les voir occuper les mêmes chaises que moi à l'Académie, ça m'a fait tout drôle. Aucun ne semblait aussi désabusé que je l'étais au sortir de la révolution. J'ai traversé plusieurs fois tout le pays d'est en ouest et du nord au sud, le plus souvent en train, ce qui me faisait désormais moins peur, on m'offrait les wagons de luxe, tout en cuir, et j'ai pris l'avion aussi. Le lac Baïkal – vu d'en haut, c'était beau, je te prie de croire. Ma grande et belle patrie, que j'aimais vraiment, s'ornait d'édifices de verre, de fer, bizarres, audacieux, un peu barges, comme on est, mais qui ont, c'est ma conviction, inventé l'architecture du siècle. Elle se peuplait de vastes villes aérées, de bâtiments collectifs de grande beauté, oui, je n'ai pas peur de le dire, on était un grand pays, et ça me faisait sacrément plaisir. Encore un bienfait inattendu de la dictature que ce sentiment de fierté et d'appartenance. Bien sûr, il y a eu l'autre guerre, la Grande Guerre patriotique, bruyante, meurtrière, le blocus de Leningrad, la bataille de Stalingrad, les millions de morts de ma patrie contre l'ennemi brun. Mais je me suis réfugié loin des combats, j'étais déjà vieux, et ça ne m'intéressait pas du tout.

Comme j'étais devenu une célébrité, une gloire nationale et internationale, on m'a laissé voyager pour recevoir des prix, pontifier dans des amphithéâtres où on me critiquait – les jeunes bien sûr sauraient faire mieux –, m'instruire sur les nouvelles tendances. De ces divers pays je suis revenu le cœur léger parce que je ne voulais pas vivre ailleurs, en étranger méprisé même si, en apparence, on me fêtait. On n'était décidément pas du même monde. Avec mon méchant costume marron, mes chaussures trop épaisses, ma chemise mal coupée, je m'étais senti un peu gauche au milieu des smokings de mes confrères de l'Ouest. Quand je prenais la parole, j'étais le pur produit du régime. Ça ne me dérangeait pas, les apparences sont faites pour être traversées par ceux qui le veulent bien, non ? La silhouette trapue du Petit Père moustachu planait sur moi, de loin, je ne l'ai jamais rencontré en tête à tête, juste salué lors des célébrations majestueuses comme on savait les organiser.

Grâce à cette notoriété, j'ai fait reconstruire mon village d'autrefois et des gens sont venus habiter là, il y a même une plaque à mon nom sur la maison commune. C'était ultramoderne, avec des paysans triés sur le volet, bien dans la ligne, qui ont reçu les plus beaux tracteurs du pays et les machines à scier le bois les plus perfectionnées. Je l'ai visité une fois, l'âge vous fait remonter le fleuve comme les saumons, mais c'est stérile, les morts ne reviennent pas, la jeunesse non plus. Je n'avais même pas une photo à regarder, ne me restaient de ce temps-là que des images emplies de neige boueuse, de paille humide, mes parents survivant à peine dans les champs du koulak. Ils n'avaient pas de tombe, eux qui ne pensaient que par le pope et le bon Dieu, ils n'avaient pas même une croix, car après les Blancs, on avait juste creusé pour tout le monde un grand trou, sur lequel on avait ensuite bâti la nouvelle scierie. En la visitant, en voyant ces copeaux amoncelés, la suie, ces troncs débités en planches par les machines bruyantes, je me suis senti tout à coup orphelin, et j'ai été étonné de me retrouver si mal en point. Dans ma tête ont réapparu les défilés, les années d'armée, les carnages, les cendres et la fumée, notre village sans une âme vivante, et ça m'a hanté de longues nuits. Inutile de me faire souffrir davantage puisque j'avais survécu, mes morts ne l'avaient pas été en vain, le village pullulait de gosses, l'herbe avait repoussé, tout était bien. Je n'y suis plus jamais retourné.

Comme je n'avais plus de grande idée, j'ai redégringolé tout doucement, en faisant semblant de travailler à mon cabinet d'études où d'autres trimaient sous mes ordres à peaufiner des maquettes de plus en plus monumentales pour l'édification des masses, et ce jusqu'à la mort de notre guide. Que j'ai suivi de peu : la retraite me rasait, je fuyais les clubs, les réunions, je n'avais goût à rien et m'étais remis à boire. Je n'aurais pas dû. La vodka me faisait délirer, je braillais à Sonia que j'avais été plusieurs fois architecte, ailleurs ! Elle dénouait ses nattes, tournait son beau regard clair vers moi :

« Va donc cuver au lit, et cesse de crier. »

Moi, je n'en démordais pas, je voyais en grand angle des temples, des palais, une pyramide, un cours d'archi en accéléré, et j'y étais, ou j'y serais, à la fin ça devenait un cercle complet, des voix me chuchotaient que ma vie n'était qu'une partie d'une énigme que je comprendrais un jour. Je tournais autour de la chambre en beuglant comme un forcené que j'avais sûrement raté l'essentiel, je le savais !

Sonia se brossait les cheveux, elle haussait les épaules et lâchait :

« Tu es vraiment timbré, mon petit mari. Avec ce genre de délires, tu ferais mieux d'arrêter de boire. Sinon, ils vont t'enfermer… »

Évidemment, j'aurais dû, mais j'ai continué. Délire ou pas, ça me plaisait ce voyage-là, je planais au-dessus des sillons plus qu'ennuyeux de ce qu'était devenue ma vie. Je l'admets, la qualité de mon ennui avait nettement baissé depuis ma nuit pascalienne…

Aussi, fatalement, un jour, lors d'une commémoration en plein hiver, ça a mal tourné. Il y avait les trois marches pour monter sur l'estrade officielle, trois petites marches, bien simples, bien petites, mais j'ai vacillé en posant le pied sur la première, le président de je ne sais quel comité fronçait déjà les sourcils en s'impatientant, sûr qu'il devait penser que j'avais encore trop bu, les visages des pionniers qui l'entouraient se fendaient d'un sourire sardonique – un ivrogne, même célèbre, c'est toujours ridicule –, puis, pour la deuxième marche, je n'ai pas pu lever le pied, un cercle de fer m'a comprimé la poitrine, j'ai tenté de dire un mot, de la monter cette foutue marche, on a voulu m'aider, mais j'étais déjà tombé les quatre fers en l'air, et là le ciel de neige, je l'ai vu rouge sang. Dedans, je sentais des cordes qui se déchiraient au niveau du cœur, j'ai dû émettre un râle ou deux.

Septième fugue

« Trouver le lieu et la formule », écrit Rimbaud.

L'un et l'autre m'échappent.

La forteresse du Masque de fer m'attend sous le chaud soleil. Je transpire d'angoisse en traversant la placette vide pour me rendre à l'exposition « Projets d'architecture de l'arrière-pays cannois ». Je butte sur un caillou, me tords la cheville, tombe et m'évanouis. Sous l'unique platane de la place, je suis pansé, puis on m'emmène. On me « rapatrie ». Poignet cassé.

« Vous êtes agoraphobe », me dit un spécialiste qui prend des notes sur un petit calepin de cuir fauve.

« Trente-septième étage », indique le panneau des différents services qui domine le hall de cette tour du ministère de la Défense. En effet, le territoire se défend.

Je serre fort contre moi mon carton de plans, prends une grande inspiration. L'ascenseur se referme, démarre, glisse vite, je commence à me détendre. Mais il se bloque au niveau du vingtième étage.

En proie à la panique, je palpe les parois pour trouver le bouton de secours. Je tente de me raisonner, mais je me mets à crier fort, frénétiquement. Je cogne de tous mes poings la paroi, je hurle, je transpire, m'épuise et m'évanouis. Poignet cassé.

« Vous êtes claustrophobe », déclare un autre spécialiste à mon chevet.

Tour à tour, l'espace est ouvert ou fermé, mais j'ai toujours peur. Quand sera-t-il mien ?

Huitième vie

Ma cité-palais en Chine du Nord

Tel un palimpseste qui fait surgir du texte présent maints textes passés, je chemine d'une vie à l'autre, mon espace intérieur s'agrandit, se multiplie et creuse le temps sans souci de causalité – ou bien est-ce l'espace de l'écriture qui se joue de moi ?

Je me trouve maintenant en terre lointaine, à l'extrême d'un continent, à l'extrême du temps connu des humains, à l'extrême de la mémoire.

De la brume ou des nuages, quelques arbres hauts (pins ? cyprès ?) sur des plis aigus de montagne, un creux de rivière, le reflet d'un pont, un vol de grues cendrées, deux silhouettes en robes longues qui cheminent, à peine esquissées par d'habiles traits de pinceaux, encre noire sur un rouleau sépia, des touches de blanc, un cartouche rouge, et tout est là, le vide et le plein, le rêve et le réel, la terre, l'eau, l'air…

Il faudrait peut-être me taire, cesser d'écrire, puisque je ne sais plus si cette vie-là fut rêve ou réalité. À quoi bon durer dans l'illusion des apparences ?

Imagine-toi, mon enfant, en des temps très, très anciens, une vaste contrée assez peu peuplée, nantie de marécages, de maquis, de forêts de châtaigniers et d'ormes, de vergers de pruniers et de poiriers sauvages, s'étirant le long de vallées fertiles au bord de fleuves qui traversent d'est en ouest un continent, et où cohabitent en harmonie divinités et humains. Et là, au beau milieu de la grande plaine du Nord, dans le Henan ou le sud du Hubei, parmi une multitude d'autres, la cité-forteresse du seigneur Li, vassal éloigné d'un roi Shang, dynastie qui en a compté une trentaine en ces siècles reculés.

À cheval, je grimpe jusqu'à la ville murée, je franchis ses enceintes de terre damée qui la protègent des crues et des étrangers, et j'entre par la porte du Sud. Juste avant, je jette un coup d'œil sur la rivière en contrebas, sur les barques chargées de poisson frais, les saules à profusion. Au-delà des champs de sorgho rouge, d'orge blond, de millet jaune et noir s'étalent les terres de pacage des bœufs et des moutons, parsemées de villages où pullulent poules, cochons et paysans.

Plus loin, à perte de vue, la forêt giboyeuse et dangereuse où nous chassons cerfs, sangliers, loups et le tigre des neiges et, au nord, les collines rases où nous combattons les Barbares envahisseurs. À l'ouest, là où mon regard ne peut voir, des terres plus sèches sont le royaume des panthères, des antilopes, des singes, des éléphants et des rhinocéros que nous chassons aussi.

Tout m'appartiendra, je serai bientôt roi.

C'est un jour de fête. Le quartier sud fourmille de charrons, de fabricants d'arcs, de flèches et de cuirasses, les fours des fondeurs brûlent et les tours de potiers ne cessent de modeler nos coupes sacrées. Dans l'air, je sens l'odeur du sang des bœufs sacrifiés, le fumet des moutons à la broche. Avec une pointe de regret, je cherche l'ombre d'une vieille femme qui n'est plus là depuis longtemps, à coudre à la lumière dense de midi. Naguère, quand je passais, Grand-mère ne levait pas les yeux vers moi, m'ignorant pour que je l'ignore sans embarras. Seigneur Li m'interdisait ainsi qu'à ma mère toute visite chez elle. Mes porteurs trottinent, et leurs mines s'épanouissent à la pensée de la bonne chère et des alcools dont ils vont profiter. En longeant la maison du grand intendant et celle du devin, des servantes me saluent de courbettes sur le seuil, et je me rengorge sous ma cuirasse d'apparat, je hoche du casque, content de ma personne, fier de mon allure et de ma science. Je serai bientôt roi.

Il n'en fut pas toujours ainsi.

Alors qu'elle venait porter à l'épouse de maître Li une belle écharpe de soie écarlate, brodée d'or par son aiguille agile, ma mère fut remarquée pour sa beauté par l'intendant des plaisirs, qui flattait les goûts de son seigneur. S'ensuivit une pressante invitation, qui l'avait fait rougir, puis pâlir dès qu'elle en eut mesuré les conséquences. Un rapide accord fut arraché sans difficulté à ses parents pour qu'elle demeure auprès du concupiscent seigneur. C'était pure forme puisqu'ils étaient, comme quiconque dans la cité, à sa merci. On accepta ce qui semblait un honneur, une faveur, et Fleur de Pêcher fut violée le soir même de son installation dans le palais. Sa puérile résistance amusa maître Li, puis l'irrita, et il en vint à bout en la menaçant de la faire écarteler sur l'autel du Dieu du Sol.

Bâtard de maître Li et de Fleur de Pêcher, je naquis dans l'une des chambres laquées de noir et de rouge données aux concubines. Puisqu'elle avait su fabriquer un enfant mâle, ma mère obtint l'aile des Pivoines, deux servantes, et elle eut sa place à la cour centrale pendant les cérémonies. Au grand dam de la première épouse qui en conçut honte et haine tenaces.

En attendant le désir du vieux maître, ma mère brodait, et je la revois penchée auprès d'une fenêtre, dans un fourreau de soie émeraude, les cheveux dénoués jusqu'aux reins, oubliant grâce à la complexité des motifs de son ouvrage l'étroitesse de son destin. Ses grands yeux de jais se remplissaient souvent de larmes, qu'elle dissimulait, même à moi, en se tournant vers les amandiers de son jardinet clos par l'épaisse muraille. Elle aimait suivre le vol des grues et des canards sauvages dans le ciel, et ses soupirs trahissaient le regret des jours passés dans l'échoppe du quartier sud. Elle eut beau sacrifier aux ancêtres, rien ne vint adoucir sa réclusion. Quand elle s'apprêtait, son miroir reflétait un visage régulier, un teint sans défaut, une bouche éclatante qui ne souriait que rarement. Baignée, massée, fardée, parfumée, elle s'en allait dans sa robe d'apparat obéir aux lubricités du maître qui espérait encore des garçons. Son ventre resta stérile plusieurs lunes, il se lassa de ses airs tristes, et plus jamais il ne l'appela à partager sa natte. Tout d'abord soulagée, elle en fut vite désespérée par un de ses curieux revirements de l'esprit – mais c'était davantage pour moi que pour elle qu'elle craignait, se sachant depuis toujours promise à la tombe quand mourrait Li, qui avançait en âge. Que deviendrais-je sans appui ? Me forcerait-on aussi à périr pour l'accompagner dans le royaume de l'au-delà ? La vie sauve qu'elle désirait pour moi, comment pourrait-elle jamais l'obtenir ? Elle y pensait si intensément qu'elle tomba en mélancolie.

Le vieux Li guerroyait sans cesse, il écumait sur son cheval, entraînant à sa suite les seigneurs, et son ardeur au combat l'avait fait surnommer le Lion. Presque toujours ivre, il éreintait sa suite, ses concubines, et semblait invincible. Pourtant, averti par divers signes, sur lesquels jamais il ne s'expliqua, qu'il viendrait bientôt à quitter ce monde, il fit venir ses devins. Même si les omoplates de mouton calcinées ne disaient rien de tel aux yeux perspicaces des mages, le Lion semblait si sûr de sa fin proche que la cour se mit à trembler, à prier pour son ultime voyage, et se prépara à la mort.

Se posait l'épineux problème de sa succession. Entraîné dans de nombreuses expéditions que multipliait l'âpreté royale des Shang, pilleurs sans répit de terres cultivables, d'esclaves, de jade, de bijoux précieux, Li y avait perdu ses frères, ses héritiers légitimes selon nos coutumes. Malgré leurs belles cuirasses et leurs casques flambant neufs, malgré leurs palefreniers secourables, leurs seigneurs stratèges, malgré les prédictions et les astres favorables, ils n'en avaient pas moins péri l'un après l'autre en l'espace d'une décennie. Avec effroi, j'avais assisté à leurs enterrements, leurs nobles dépouilles exigeant la décapitation en nombre de gardes, de cochers, de veneurs, l'empoisonnement des officiers, des concubines. Dans les tombeaux, j'avais vu déverser l'or, le jade, les perles auprès des corps royaux et déposer tout autour rouleaux de soie, chars et chevaux, tentures, vases tripodes, tables, haches, épées, étendards, ivoire, peaux de bêtes. Volontaires souvent par fidélité ou par peur du déshonneur, les proches les avaient suivis sans mot dire pour l'autre voyage. Cette hécatombe avait frappé mon esprit d'enfant, et quoique personne ne semblât s'en émouvoir, j'avais dans le repli de mon âme éprouvé un immense dégoût pour ce gâchis.

Alors que les têtes empilées dans les jarres, les corps contorsionnés sous l'effet des poisons devant l'autel des ancêtres hantaient encore les esprits, les banquets funèbres où l'on dévorait cerfs entiers et gibier d'eau, en s'étourdissant d'alcools, tournaient à l'orgie, le soulagement d'avoir échappé à la mort décuplant la frénésie. Ces scènes me furent aussi une source d'enseignement sur le comportement humain.

Les devins prirent leur temps pour révéler à Li le nom du parent, de l'homme qui pourrait prendre sa succession. La question agitait la cour, et le vieux Lion attendait en buvant. Les carapaces de tortue délivrèrent un message qui me sauvait, les Ancêtres se montrant pragmatiques et avisés comme souvent. Ils m'avaient désigné comme héritier, mais la cruauté de Li lui fit celer encore quelques lunes la bonne nouvelle à ma mère qui avait perdu tout appétit et goût de vivre au milieu de ces incertitudes. De la première épouse Lotus de Printemps n'étaient nées que des filles, des harpies que Li ignorait et qui s'inclinaient tout en lui jetant des sorts. Des trois fils des autres concubines, aucun n'avait survécu, l'un dévoré par un ours, l'autre noyé dans la glace qui avait cédé sous son poids, et le dernier, enfin, percé de flèches barbares. J'étais le seul garçon qui restait, et Li fut autorisé par les devins à changer le rite de la succession : je serais le premier fils à qui serait transmis le pouvoir royal.

Du jour au lendemain, ma vie changea. D'enfant négligé et à peine supporté, je devins précieux.

« Tu es efflanqué, malpropre, sournois, ignare. Qu'on t'apprenne un peu de propreté, de manières. Qu'on te nourrisse davantage. Qu'on t'instruise pour que tu deviennes à ton tour le maître de cette région », décréta le vieux seigneur.

Ce fut à cette décision que ma mère apprit que j'étais sauvé, mais il était trop tard pour qu'elle s'en réjouisse, sa langueur l'avait tant étiolée qu'elle resta alitée. La chaise de ma mère resta obstinément vide à sa nouvelle place dans les rangs de la cour centrale, immédiatement après la première épouse qui enrageait et se désespérait. Si ma mère surmontait sa maladie, elle pourrait survivre au sacrifice des funérailles du vieux seigneur, j'y veillerais, tandis qu'elle, Lotus de Printemps, accompagnerait obligatoirement Li dans la mort.

Il me fallut apprendre à lire, à écrire, à compter. Notre savoir était encore rudimentaire, j'avais observé, je pus imiter assez vite. Li fut surpris de ma dextérité et de ma soif de connaissances, et pour un peu je commençai à exister à ses yeux. Je pus former les caractères spéciaux pour décompter les victimes sacrificielles, charge qui m'écherrait, et c'était important. La cosmologie m'ouvrit aux mystères de la divination, je fréquentai les autels des Ancêtres, des Dieux.

Li m'ordonna d'accompagner dans ses tournées l'inspecteur rural en chef pour connaître le domaine. Chemin faisant, cet homme m'expliqua le système des bornages, la répartition entre différentes cultures, les pacages et les terrains de chasse du domaine de Li. La puanteur des villages me surprit, les senteurs des arbustes en fleurs furent une délectation. Moi qui n'avais jamais quitté le palais, et plus précisément l'aile des concubines, je goûtai le plaisir de monter à cheval et de voyager des jours durant, dormant sur des nattes étrangères, buvant et mangeant sans souci d'être empoisonné – crainte que ma mère m'avait instillée. C'était un vaste *feng*, arboré, pentu, riche et varié, que sillonnaient des rivières, mais on me dit de me méfier de leurs aires de confluence car les âmes de certains ancêtres désireuses de se réincarner pouvaient être néfastes au passant.

Des maîtres d'armes frugaux m'apprirent à me battre. Mon corps se muscla, j'aimais l'arc, sa précision. Mieux nourri, entraîné, vivant dehors le plus souvent, je devins fort. Accompagné de meutes, j'ai traqué le sanglier, mais je n'ai jamais pu en terrasser un à mains nues, comme Li savait le faire à la grande joie de ses comparses. Il l'attrapait aux oreilles et se couchait sur lui en un bref combat, puis réussissait à lui trancher la gorge.

On m'enseigna les usages de la cour royale afin que je puisse recevoir avec dignité ma remise de fief. Dans sa cité, au cœur de son palais, le roi Shang puiserait une motte de terre prise à l'autel du Dieu du Sol royal, du côté correspondant à mon fief et de la couleur particulière de cette direction : pour moi, ce serait le vert. Ainsi investi, j'honorerais par des présents en céréales, en jarres d'alcool, en vases, en bijoux le « fils du Ciel », vassal du « Souverain d'en haut », notre maître suprême à tous. Bras tendus vers la lumière, j'offrirais viandes et graines sur l'autel de nos ancêtres, afin qu'ils intercèdent auprès des dieux du Vent, des Nuages, du Soleil, de la Lune et des Étoiles, et je verserais en abondance l'alcool sur la terre pour qu'ils me guident dans mon règne.

Li m'admit à toutes les audiences, je siégeais sur le dernier degré, écoutant sans mot dire les donations, les jugements, les déclarations de guerre, les ordres, la liste des offrandes. Peu à peu je m'initiai au pouvoir et je regardais d'un œil nouveau le vieux Li, que je n'aimais pas, que personne n'aimait : il insultait, humiliait sans raison, sûr de sa force, conscient de sa ruse et de son prestige. Mais son intelligence rapide savait trancher, prévoir, juger. Il consultait le Yi King avec parcimonie.

Quand je fus prêt, le temps s'étira. Maître Li ne se décidait pas à mourir, et alors que j'atteignais mes vingt ans, il se tassait toujours sur son trône, tout souffreteux, crachotant, obèse et cireux, scélérat mais bien vivant. Mon impatience l'amusait, et il m'expédia à la chasse à l'ours, qui avait été fatale à de plus valeureux, puis à la guerre qui décimait de façon encore plus sûre.

« C'est pour t'aguerrir car l'instruction ne suffit pas à un bon règne. Bien savoir se battre serait un meilleur gage de pouvoir », daigna-t-il me dire en guise d'explication.

J'obéis donc.

Shang avait rassemblé ses vassaux pour mener sa lutte contre les populations de la vallée de la Huai. Bien que préparé, j'avais peur, mais je n'avais pas le droit d'avoir peur, alors j'ai prié les dieux, fait des offrandes, prêté serment avant de partir au combat devant l'autel du Dieu du Sol, en promettant de me battre jusqu'à la mort. Les devins m'ont rassuré sur l'issue de cette expédition, les baguettes d'achillée avaient formé *To Kowo* : « Jugement. Le grand l'emporte. La poutre faîtière ploie sous l'effort. Savoir où se diriger. Succès. »

Sur mon char à deux roues, bien solide, se tenaient à ma gauche le cocher, et de l'autre côté un archer. Nous étions armés de nos arcs puissants, avec des haches-poignards au poing pour crocheter bêtes féroces ou ennemis. Cloches et tambours précédaient mon char, surmonté d'un dais circulaire, à l'instar du Ciel qui recouvre la Terre. Le vert éclatant de nos bannières flottait au vent doux, les ornementations de nos boucliers scintillaient, j'ai mis mon casque. Nous avons rejoint Shang et son armée, et les batailles débutèrent aussitôt. L'action dissipa ma peur.

Shang et ses conseillers rapaces comptaient la vie pour rien. Contrairement à Li et à ses seigneurs ripailleurs, je n'ai pas aimé la guerre, même si elle m'a éclairé sur la mort. On pillait, on mettait le feu, la force dévastait la paix. J'ai entendu les cris, les larmes, j'ai vu les flammes, la cendre recouvrir les arbres, les pierres rougir, la terre se crevasser, et les morts dériver sur les eaux. Même les oiseaux ne chantaient plus. Pourtant, dans l'excitation du combat, la fureur m'a pris tout entier et j'y ai trouvé un certain plaisir, suivi d'une nausée les jours d'après. Bien sûr, il y avait ces trésors précieux à ravir, bien sûr, il y avait ces beautés qu'on prenait de force, bien sûr, il y avait ce geste sûr qui décapitait d'un seul mouvement l'ennemi. Bien sûr, il y avait ces calculs, ces plans à l'aube silencieuse, puis cette ruée bruyante, ce tumulte, cet échauffement, cette joie animale de se sentir puissant…

Une fois le calme revenu, c'étaient de tristes victoires, et la désolation, les ruines, les champs dévastés me disaient que nous étions pires que les fauves que nous chassions dans la savane. Si j'avais avoué cette pensée, j'aurais perdu la face, reconnu que j'étais un lâche, aussi m'en suis-je remis au silence, au culte des ancêtres pour m'éclairer quand je reviendrais, si je revenais. Longtemps absent, allant toujours plus avant dans la plaine, j'ai connu lors de cette expédition ce que les seigneurs doivent savoir pour gouverner. Après cette guerre, il y en eut trois autres, toutes aussi haïssables et dangereuses.

Me voici donc, en ce jour de gloire, vainqueur et sûr de mon destin, mais nourrissant en secret d'autres projets pour éviter de répéter semblables expéditions quand je serais roi.

Au milieu des réjouissances en préparation, des carcasses sanguinolentes de bœufs, des dizaines de têtes de porcs exposées tout près de la cour centrale du palais, qui attirent des nuées de mouches bourdonnantes et voraces, je perçois une activité anormale. Sur les premiers visages entrevus, de la gravité au lieu des sourires et courbettes attendus. Dès que je descends de mon cheval, foulant un sol rougi, j'apprends aussitôt ce qui se murmure : Li se meurt. J'accours dans son appartement, feignant le désarroi et la surprise, mais ce n'est que faux étonnement et faux chagrin.

L'âge a finalement vaincu le vieux tyran et je me réjouis de prendre sa place. Les pleurs, les fumées, l'air grave des courtisans me saisissent tout de même et je m'assois avec calme auprès du mourant. Li respire mal, soutenu par des coussins de soie. Il ferme les yeux, son visage parcheminé se ratatine, ses lèvres semblent enflées par la soif, et les rides de la luxure encore plus creusées. Son gros ventre mou ne bouge qu'à peine. Ses mains sont glacées.

Pendant de longues heures il ne se passe rien. Mes pensées défilent sur les jours vécus dans son ombre. Sa voix râpeuse, ses soûleries, son rire bruyant, son intelligence politique, sa brutalité, son goût des femmes, sa force pour mater les sangliers… Je veille, bien décidé à le voir mourir, calé dans une haute chaise sculptée. C'est long et je somnole. Dans ce demi-sommeil me revient le souvenir d'une étrange rencontre. La veille d'un énième combat, je m'étais arrêté auprès d'une rivière, et là, au crépuscule, ma mère m'était apparue, flottante et blanche au-dessus des eaux où se reflétait la lune.

« Qui es-tu ? Une ombre ? Un esprit maléfique ?

– Ne crains rien, c'est moi, Fleur de Pêcher, ta mère, je suis enfin libérée du joug de ce vieux porc de Li, qui ne tardera pas à me suivre. Veille à ses funérailles, n'épargne personne… Ce sont des rats puants, des charognes lubriques. Venge-moi.

– Mais… te venger… De qui ? De quoi ? »

À peine avais-je prononcé ces mots que l'apparition avait disparu et j'en fus soulagé, l'idée qu'elle veuille me prendre ma vie pour continuer la sienne m'avait alarmé, tant d'ancêtres désirent se réincarner en empruntant le corps d'un vivant. Ma mère était-elle morte ? Avais-je rêvé ou les dieux m'envoyaient-ils un message ? Le lendemain, la bataille avait chassé de mon esprit doutes et inquiétudes.

Au milieu de la nuit, je me réveillai et m'enquis de ma mère auprès des femmes. Personne n'avait osé m'en parler puisque Li mourait. Elles secouèrent la tête en essuyant de leur manche des larmes : ma mère avait trépassé, emportée par ce long mal inconnu qui l'avait affaiblie des années durant. Li n'avait pas jugé bon de lui offrir des funérailles somptueuses. Son fantôme disait vrai, elle était morte, et ce fut un déchirement qui me traversa la poitrine comme un poignard.

Au petit jour, l'agonie de Li se termina. Le vieillard n'ayant plus la force de respirer, il finit par émettre un râle rauque et bref. Je feignis douleur, respect, mais mon cœur exultait : j'étais enfin délivré de sa férule, de ses ordres incessants, de ses rebuffades, de son intrépidité qui m'expédiait au danger. Il resterait pour moi une énigme, je lui devais la vie, et un royaume, mais il ne m'avait rien donné d'autre. Je n'étais même plus sûr de l'avoir détesté. Sans doute, dans son esprit, mon existence rappelait-elle à Li qu'il n'avait pas été assez fécond, qu'il avait gaspillé les vies de ses frères sans souci de l'avenir, et qu'un fils unique pour lui succéder était signe que les dieux le punissaient de son imprévoyance.

Au temple des ancêtres, où l'on tenait les captifs en attente d'être décapités pour les sacrifices de ce jour de victoire, leurs cris jaillissaient, implorant ma clémence dans un langage que je ne comprenais pas. Du fond de leurs cages d'osier, enfermés comme des singes, conspués par les valets qui leur crachaient dessus, ils s'agitèrent en vain et finirent par se tasser sur le sol en pleurant. Ils furent bien les seuls à pleurer le seigneur Li.

Le soleil tapait dru sur la cour d'honneur, j'ordonnai le silence.

« Tous les préparatifs de ma victoire sont désormais inutiles, il faut faire le deuil, et la chaleur rend les funérailles urgentes. »

Fardées avec excès, les grasses matrones lubriques qui avaient servi de concubines tremblaient en une masse confuse. Elles seraient décapitées avec les prisonniers, leur sang éclabousserait bientôt la terre en flaques puantes et elles gémirent en entendant l'ordre. Mais j'interdis que ses conseillers, ses gardes, ses valets s'empoisonnent pour suivre Li dans la mort.

« J'ai besoin de votre expérience, nobles compagnons, et de votre soumission, sujets dévoués. »

Un remous de surprise vite réprimé agita l'assemblée. Puis les conseillers s'inclinèrent. Ils dissimulaient leur soulagement.

Ce fut mon premier acte d'autorité.

« Va-t'en aussi vite que tu peux ainsi que toute ta parentèle », ordonnai-je à la première épouse de Li.

Cette vipère haineuse ne méritait pourtant que la mort, mais Li avait ordonné qu'on l'épargne. Peut-être ce ruffian l'avait-il aimée.

Devant ses récriminations, je pris la décision de faire pendre l'une de ses filles sous prétexte de rébellion, de trahison. Je n'avais rien prémédité, mais en un éclair cela m'apparut comme la bonne décision. Dès que mes gardes se saisirent de sa fille, Lotus de Printemps hésita, mais les pleurs de la petite l'emportèrent sur son goût du pouvoir, elle déguerpit hors de ma vue. Sa cohorte s'en alla sur-le-champ en direction d'un lointain village à la lisière d'une forêt, que Li lui avait jadis donné, dans l'espoir, avait-il ajouté, que les loups la dévorent un jour ou l'autre. Li ne manquait pas d'un certain humour.

Une fois les décapitations faites, on mit les têtes dans les jarres autour de la salle d'honneur. Le banquet de victoire se confondit avec celui des funérailles de Li, et la nuit se termina dans l'ivrognerie, il fallut trois hommes pour me coucher sur la natte royale. Je riais tellement qu'on me crut devenu fou. Mais c'était la peine d'avoir perdu ma mère qui me faisait rire ainsi. Un rire difficile à calmer, et qui renaît dès que je suis atteint par de puissantes émotions.

Le lendemain, je fis déterrer ma mère, on l'habilla dans la robe d'apparat qu'elle portait du temps de ses amours avec Li, et on la coucha dans la tombe royale, couverte de perles, dans un endroit éloigné de Li qui la dégoûtait si fort de son vivant. On déversa les jarres, le mobilier, les bijoux, on sacrifia encore des cerfs, et ce fut enfin terminé.

Pendant dix jours, des orages éclatèrent en fin d'après-midi, s'ensuivirent des pluies violentes et la rivière fut en crue, les ponts se rompirent, l'eau envahit les champs et inonda jusqu'aux abords de la cité-palais. Puis les rues furent transformées en fleuves de boue. Cela devenait inquiétant. On circulait sur des passerelles, les gens marchaient à mi-corps dans l'eau, les récoltes pourrirent, beaucoup de bêtes crevèrent et les rats pullulèrent.

Pour moi, ces pluies furent une bénédiction tant elles servaient à point nommé mon projet de changer de lieu et de palais. Je voulais bâtir plus haut, plus grand, plus sûr. Je lus ces pluies comme un signe du « Souverain d'en haut », et personne ne s'avisa de discuter ma lecture divine ni ma décision de déménager. Étrangement, l'autorité et la rudesse de Li m'habitaient, et je me surprenais à imiter son ton péremptoire, son air narquois, sa ruse. En même temps, je voulais effacer tout le passé qui m'avait vu faible alors que le tout-puissant Li régnait.

Dès que les pluies eurent cessé, je me mis en route pour la capitale. Une fois investi de mon fief par le roi, conformément à ce que j'avais appris enfant, mais c'était son successeur qui me faisait son féal, je m'empressai de rentrer. La vie de la capitale était dispendieuse, agitée de conflits entre puissants qui se cherchaient querelle à défaut de guerre à mener. Les intrigues ne m'intéressaient guère, le vieux Li avait été un loyal vassal, et moi aussi je serais à la hauteur de mon serment. Shang se montra satisfait de mon manque d'ambition. Mes récentes campagnes auprès de lui l'avaient instruit de ma loyauté, et mes archers s'étaient montrés adroits.

Pour apaiser les litiges de limites de fiefs avec mes deux voisins de l'Ouest, j'ai épousé une de leurs sœurs à chacun en signe de bonne intelligence. Cela réglé, j'ai pris l'avis des devins, lancé les baguettes d'achillée afin de déterminer la date la plus propice pour entamer les nouvelles fondations. Il fut décidé que ce serait au début du neuvième jour de la quatrième lune.

J'interrogeais sans cesse les ancêtres, qui sont nos intermédiaires avec le Ciel : quels sacrifices voulait ma mère ? Devais-je craindre de nouveau des crues exceptionnelles ? Quelle culture développer près du fleuve ? À quelles expéditions militaires pourrais-je me soustraire sans offenser le roi ?

Je ne me souviens guère des réponses tant ces questions furent récurrentes et se confondent dans ma mémoire, cela remonte à si longtemps, après mon séjour en Égypte et avant la Grèce. Ma mémoire se compose de strates bizarres et pleines d'images qui appartiennent à des séries temporelles différentes et que je déchiffre par détours, dans le désordre. Ma vie en Chine archaïque était une pièce cachée de cet ensemble qui, tel un puzzle, se construit par fragments et dans le désordre.

Mille charges m'incombèrent dont je m'acquittai sans trop de mal, mais la sagesse est un long chemin, je pris quelques décisions que j'eus à regretter, ce serait trop long à expliquer. Revenons à ce qui m'occupait : mon palais. J'avais la date, il me fallait le lieu – je pris l'avis de mes conseillers, puis je tranchai : plus près du fleuve, mais beaucoup plus en hauteur, afin de dominer la vallée, de surveiller les collines du Nord, et le passage d'est en ouest. Si je ne pouvais éviter d'aller en guerre pour les Shang, au moins serais-je le reste du temps en lieu sûr, pouvant prévoir les attaques des Barbares afin de mieux les contrer.

Avec les peuples qui jouxtaient mon fief, je conclus des alliances de paix. Ils ne nous ressemblaient pas, ils venaient de lointaines contrées, leur teint pâle, leurs barbes fournies et leurs yeux clairs et ronds me déplaisaient. Ils ne partageaient pas nos croyances, honoraient d'autres dieux, et leurs chefs semblaient plus soucieux de manger et de jouer aux nuages et à la pluie avec leurs femmes que de chercher à étendre leur domaine. Ils consentirent contre ma protection à nous fournir en céréales et en bétail. Nos marchés leur seraient ouverts. Le commerce comme garant de la paix, ce n'était pas un si mauvais calcul.

Bien que jeune encore, j'étais las des massacres de notre roi Shang. Li, le vieux Lion, n'avait guère goûté au repos durant son règne, de plus j'étais convaincu que je ne vivrais pas aussi âgé que lui, je craignais de périr empoisonné, malgré mes goûteurs, et l'apparition de ma mère à laquelle j'avais désobéi me tracassait, je redoutais sa vengeance puisque je n'avais pas exterminé la cour. Je n'avais plus qu'un seul désir : vivre en paix dans une cité-palais plus belle que celle de mon enfance. Cela me prit presque une décennie pendant laquelle ni catastrophe naturelle ni grande expédition ne vinrent anéantir mes projets. Il est vrai que j'offrais fréquemment d'importants sacrifices.

Sur une haute terrasse destinée à le protéger de l'humidité et qui lui donnait beaucoup de dignité, j'ai vu s'édifier le palais. Nous utilisions le bois, abondant dans nos forêts, et que nos artisans savent travailler. Matériau éphémère, signe de légèreté ou de la conscience que tout passe, je te laisse interpréter, pour nous, le bois, représentait la vie et il était propice à transmettre le Souffle vital. La charpente fut recouverte d'une laque verte, et les piliers enduits de laque satinée rouge et noir. Le toit de chacun de mes bâtiments comportait deux pentes, aux bords relevés, sculptés. Pour qu'il soit profond et en saillie par rapport aux murs extérieurs, mes artisans utilisèrent le *tou kun*, un genre de chapiteau sculpté qui s'élève au-dessus de chaque pilier. Ces chapiteaux soutenaient la charpente tout en servant d'éléments décoratifs. Des murs de terre cuite entouraient les bâtiments sur trois côtés. Pour ma décoration intérieure, j'ai voulu des kyrielles d'éléphants, de phénix, de dragons, mais aussi des lotus et des pruniers en fleur.

Nous sommes, les devins le disaient, des microcosmes de l'Univers, reflétant les forces à l'œuvre, et l'architecture de mon palais traduisait par sa symétrie et son équilibre le sentiment que nous donne l'harmonie terrestre et céleste. Il était composé d'une série de vastes pièces organisées autour d'un rectangle, selon l'axe sud-nord. Un bâtiment principal au centre, les autres formant deux ailes, chacune d'un côté de cet élément central. En ce temps très ancien, c'était déjà la règle, que ce soit pour les palais, les résidences, les centres administratifs, et je n'ai rien innové, j'ai multiplié, sans excès, ce principe de départ, raffiné les finitions, les décorations.

Quel plaisir que ce pouvoir-là, concrétiser un projet, le définir, le faciliter, le voir mettre en œuvre et aboutir ! Je n'étais pas un architecte, mais en suivant la tradition, aidé par les conseils des charpentiers, des menuisiers, j'ai trouvé la tâche plutôt facile, et si sereine en comparaison des préparatifs de la guerre.

Lorsque je pus enfin habiter mon palais, je savourais pleinement ma joie. Je pris encore une épouse parmi les filles de mes seigneurs, des concubines pour varier les plaisirs de la nuit que je me mis à apprécier de façon aussi appuyée que feu le vieux Li. Même si je m'en défendais, je lui ressemblais décidément de plus en plus, excepté son goût du sang.

De la cour des Shang je fis venir des érudits pour parfaire mes connaissances en cosmologie et des artistes décorateurs pour renouveler les tentures. J'aimais les arts, la musique. Et mes banquets furent copieux, nombreux. J'aurais voulu aider à la construction d'autres palais, mais la profession m'était interdite, j'étais un seigneur, voué au combat, pas à la construction. Je me serais bien vu passer le reste de ma vie à bâtir. Souvent, je songeais aux dieux bienveillants qui nous avaient fait don de l'équerre et de la corde à douze nœuds pour l'arpentage et l'élévation. Ils nous avaient aussi donné le compas…

« Mais ils ont placé la pointe dans un centre qui n'est nulle part et ont tracé une circonférence sans limites, me dit un sage avec qui je partageais ces réflexions.

– Dans cet espace, les hommes croient inventer une réalité, mais ce ne sont que des formes, me dit un autre.

– Le point a-t-il une forme ? De lui part la ligne qui crée la surface, laquelle projette le volume, tous les volumes dans toutes les dimensions, et pourtant il n'est qu'un point, poursuivit le premier, avec une certaine malice.

– Le compas, la corde à douze nœuds nous ont été donnés pour le palais, mais surtout pour notre propre chambre obscure, reprit le second, sans se soucier de logique.

– De quelle chambre obscure[1] parles-tu ? »

Nous étions assis dans ma salle d'audiences, dans la cour centrale, faisant face au sud. C'était le printemps et les arbres en fleurs moutonnaient de blanc, de rose sur le ciel limpide. Je pouvais voir à l'est le temple des ancêtres, et à l'ouest l'autel du Dieu du Sol. Tout semblait identique au palais du vieux Li, c'était la même chose mais autrement. Plus soigné, plus tranquille, plus vaste. Mes soupirs firent rire les deux sages. J'esquissai un sourire.

Derrière, il y avait deux autres cours entourées de salles réservées au roi lorsqu'il était en visite, aux seigneurs voisins qui venaient voir leurs sœurs, et, dans la dernière, les appartements de ma famille, des concubines, avec des jardins où s'ébattait ma nombreuse progéniture. Une vingtaine d'enfants, en bonne santé, qui m'égayaient. Au nord du palais se tenait le marché, et au sud le quartier des artisans où, en mémoire de ma mère, Fleur de Pêcher et de Grand-mère, j'avais fait installer des ateliers de broderie et de tissage. Des hangars pour la culture des vers à soie et la fabrication

1. Frédérik Tristan, *Le Tao*, Paris, Fayard, 2002.

des alcools complétaient le quartier. Tout était bien identique et différent. Comme les saisons, la vie se répète.

Je m'étais choisi un emblème : l'éléphant. Contre le lion, l'éléphant gagne toujours, je me plaisais à le penser. Il m'était arrivé de le chasser dans les hautes herbes chaudes de l'Ouest. Sa puissance et son calme m'avaient impressionné, les mères se battant avec courage pour leurs petits si elles les croyaient menacés, et les grands mâles aux défenses jaunies défiant de leur masse nos minces carcasses humaines. Leur flair était très difficile à déjouer, pour les abattre il fallait savoir attendre, s'approcher le plus près possible, leur faire face et bien lancer sa flèche. Certains de mes chasseurs l'avaient appris à leurs dépens, qui moururent piétinés. L'éléphant n'a pas besoin de faire la démonstration de sa force pour vivre en paix. Il est la force, on l'aperçoit de loin, on s'écarte quand il passe, on ne l'affronte qu'en tremblant, on ne le tue que par ruse. Comme lui, je voulais un règne paisible et fort. Fort comme le Ciel, qui nous donne la pluie pour les graines, le soleil pour le mûrissement, les vents, et le feu de l'orage qui assainit nos forêts. Paisible comme le ciel d'été quand vient l'heure des moissons. Imiter le ciel dans ses mouvements, n'était-ce pas la meilleure façon de gouverner ?

Mais tout fut bien différent de ce que j'espérais. Il y eut d'autres guerres pour le bien des Shang. Trop de guerres. La cupidité est insondable, comme la bêtise. Lors du dernier retour, nous avions été vainqueurs, et je me réjouissais d'en avoir fini quand, m'approchant de mes terres, du bas du fleuve, je vis mon palais disparaître sous les flammes des Barbares qui avaient profité de mon absence. De loin, impuissant, j'ai vu le feu détruire les murs, les toits, les jardins. La fumée montait en volutes énormes, noires et dansantes. Certain que les miens étaient morts brûlés ou tués à la hache, je restai immobile à contempler le désastre.

Pour vivre malgré tout, je suis allé chercher protection auprès de mon voisin de l'Ouest, mais, tout au long du fleuve, c'était le même incendie ravageur. Il n'y avait plus âme qui vive dans son palais. Du haut d'une butte, je pus voir des fuyards qui se hâtaient vers les forêts. Plus loin, le feu continuait, et les Barbares se massaient pour nous exterminer. Nos domaines n'existaient plus, nous étions envahis, traqués, chassés hors de nos fiefs. Shang ne serait averti que trop tard, les soldats désertaient à qui mieux mieux, c'était la déroute. Où aller ?

La nuit venue, caché dans une masure, je n'ai plus songé à rien, je pleurais sans pouvoir m'arrêter. Mes enfants, mes concubines si expertes aux plaisirs de la natte étaient morts, d'une si atroce façon que j'aurais hurlé si j'avais pu le faire sans risquer d'être localisé par mes ennemis, et à la pensée qu'ils n'auraient même pas de sépultures, mon corps se révulsait. Un arrachement qui me déracinait comme l'arbre sous la tempête. Quand, épuisé, je n'ai plus eu de larmes, le sommeil s'est abattu sur moi.

Un rêve étrange et beau me visita.

Je marchais dans un immense palais, qui suivait le même ordonnancement que le mien, mais démultiplié à l'infini, d'une grandeur jamais égalée. Ce n'est pas moi qui l'avais construit, mais je le connaissais bien, et des milliers d'hommes l'avaient bâti pour la gloire du roi très puissant d'un pays qui englobait notre région et beaucoup d'autres le long du fleuve. Cet ensemble grandiose formait une cité-forteresse idéale de beauté et de symétrie, suivant l'axe sud-nord, avec des enceintes monumentales où s'ouvraient diverses portes. J'entrai par celle de la Paix céleste ou par celle du Méridien, qui ressemblait à un dragon aux ailes déployées. Le temps était dilaté, je savais que plusieurs dynasties vivraient dans le raffinement à l'intérieur de cette cité, mais, au début de mon rêve, tout était vide. Tel un fantôme, je franchis un ruisseau aux eaux dorées sur le large pont du milieu, tout en marbre et décoré de lotus, bordé de balustrades sculptées de dragons et de nuages. Je me suis retourné : une multitude silencieuse, bien ordonnée, de gardes, de serviteurs, de militaires à genoux, prosternés, me regardait aller. Des ombres se tenaient sur d'autres ponts, des princes, des seigneurs, des notables, des militaires de haut rang, courbés, aériens.

Le silence régnait dans le premier palais, celui des grandes cérémonies et des affaires importantes. Trois salles consacrées à l'Harmonie « suprême », « parfaite », « préservée » ouvraient leurs lourdes portes devant moi. Dans la cour intérieure, j'admirai comme si je les avais toujours connus le palais de la Pureté céleste, la salle de l'Union, le palais de la Tranquillité terrestre. Ensuite, il y avait le jardin, vaste, puis les six palais de l'Est et les six palais de l'Ouest, dont je traversai les colonnades sculptées, les murs décorés.

Cette beauté puissante et majestueuse, immuable, construite pour durer des millénaires, se laissait admirer, tel un joyau extrait du Temps et offert à ma connaissance par une divinité remplie de mansuétude envers mon désir contrarié de n'être pas un bâtisseur.

Puis je m'évanouis en nuage par la porte nord.

Quand je me suis réveillé, la masure était encerclée, elle brûlait elle aussi, et je combattis en vain contre la meute enragée des Barbares. Ils me capturèrent, m'enchaînèrent. J'étais blessé, j'avais perdu mon royaume, mon palais et les miens.

Deux ou trois jours passèrent sans que mon sort fût scellé. Moi qui haïssais la guerre, j'allais périr à cause d'elle, telle était la malédiction d'être le fils de Li, le vieux Lion qui avait tant combattu les Barbares. Le chef ricanait devant moi, satisfait de sa prise. Croyant que j'étais lâche, il me cracha dessus quand il vit des pleurs sur mon visage – j'étais désespéré de la mort de mes enfants que je n'avais pas su protéger –, puis il se décida. Je dus m'agenouiller pour avoir la tête tranchée. Par jeu, il attendit un bon moment pour lancer son ordre. Je n'avais pas peur, c'était un soulagement que cette mort rapide sans tortures, je n'avais plus de peine puisque j'allais rejoindre les miens, le calme se fit en moi, et c'est avec la vision onirique de ce qui serait beaucoup plus tard la Cité impériale de l'empire de Chine que je m'en suis allé au royaume des Morts.

Huitième fugue

Au creux de moi, quel est ce trouble qui fait que je ne sais plus où est la limite, et que je suis envahi, aliéné, hanté par les puissances du monde ? Ai-je jamais pu séparer le Même de l'Autre, puisque je décline à l'infini l'ouvert et le fermé ?

« Une vocation d'architecte s'explique, cessez de divaguer », me dit-on.

Vous êtes le résultat de mécanismes d'introjection et de projection, d'une topique, des interactions de votre milieu social, de l'histoire et de la géographie, d'un « pli » ontologique, vous êtes de la biochimie produite par vos synapses, de l'information traitée, et quoi d'autre ?

Quand je me regarde, je ne vois qu'un corps. Je ne cède pas à la mélancolie de l'anatomie : la vie, comme la spirale en double hélice de l'ADN, va en s'élançant… puis redescend.

Un corps, mais encore ? Est-il l'enveloppe protectrice d'un espace du dedans, d'un lieu caché où souffle l'Esprit ?

Ce dedans sous la peau : un antre à souvenirs, une caverne jonchée de trésors inutiles, un sac à malices, un bric-à-brac de persistante nostalgie du pays d'enfance, à jamais perdu et à jamais attirant ? Aquarium secret de rêveries, boîte à magies aériennes, maelström de désirs qui cognent contre la vitre froide de l'hiver du monde…

L'opposition, somme toute, géométrique du dehors et du dedans ne dit rien de ce que je ressens de mon corps d'Architecte.

Bébé, je ne suis qu'une zone sensible traversée de forces aimantes, flottant dans le berceau chaud et vibratile de l'amour, ou jeté dans le désert polaire du désamour.

Enfant, discipliné, ordonné, rythmé, maté par les règles, les interdits, je parle, chante, joue, danse, mime, écris, étudie, partage. Cabanes de jardin, huttes d'Indiens, coins de pièce, dessous de table, grands coffres et armoires sont mes niches contre cette discipline étrangère qui me replie au-dedans, me plisse d'amertume et d'humiliation.

Adulte, je me loge comme je peux dans le monde pour y trouver place, nom, honneurs, fortune.

À l'étroit dans le jeu social pipé par avance, j'avance sur le damier de la cruauté, fait pour se damner.

À l'écart, épouvantail en lambeaux, je grelotte dans le corridor venté des rues, et je me terre la nuit dans le souterrain glacé.

À l'aise, rarement, bien trop rarement, je marche en homme libre dans la lumière, je voyage, j'engendre, je crée le monde, et je l'habite.

Comment être logé partout sans être enfermé nulle part ?

Neuvième vie

Des enfants et des Aborigènes

« *Quand l'élève est prêt, le maître vient.* »
Aphorisme zen

Par la vitre arrière du taxi jaune, je regarde une dernière fois Manhattan et ses tours sous le soleil. De là, je ne vois pas ce creux, ce manque, laissé par le World Trade Center. Patakis, le maire de New York, a choisi Libeskind pour rebâtir ce qui sera à la fois un mémorial en souvenir des victimes du 11 Septembre, un nouveau quartier d'affaires avec six ou sept gratte-ciel, une tour de la Liberté, effilée, un espace public pour les riverains. Les plans ne sont pas encore définitivement arrêtés, les tractations vont bon train, la lutte est rude entre les intérêts très divergents, tandis que Libeskind parle d'espoir, d'environnement, de démocratie…

Quand j'ai vu sur mon écran de télévision – j'étais à Florence – les deux avions éventrer les tours à quelques minutes d'intervalle, j'ai cru à un nouveau *James Bond*, j'allais éteindre quand j'ai entendu ce « Oh, my God ! »

crié avec tant d'effroi que ça ne pouvait pas être joué, on était bien devant la retransmission d'un drame. Je ne comprenais pas grand-chose à l'italien, je suis passée sur CNN. Puis, très vite, on a su que c'était un attentat. Pour l'attaque du Pentagone, pour le crash à Somerset County en Pennsylvanie, les images ont manqué.

Un instant, je me suis réjouie de l'audace d'Al-Qaida contre l'outrecuidance des Américains. Comme beaucoup, je me sentais humiliée et offensée par leur morgue, leur impérialisme médiatique, leur pouvoir colossal... La loi du talion. Les islamistes les frappaient là où ils avaient péché.

Puis j'ai vu ces hommes et ces femmes se jeter du haut des tours pour ne pas mourir brûlés vifs. Et imaginé les autres, coincés dans les ascenseurs, les escaliers, les plafonds, les sols s'effondrant, les flammes, la fumée...

Les tours se sont écroulées, la poussière a envahi tout le quartier. Les pompiers, l'ahurissement, les débris, la recherche des corps sous les gravats... Hypnotiques, les images ont repassé en boucle sur toutes les chaînes. À croire que plus rien d'autre n'arrivait dans le monde.

J'ai pensé qu'il était morbide de regarder et regarder encore, j'ai stoppé et suis allée aux Offici, le musée, qui lui aussi avait été l'objet d'un attentat, mais c'était la Mafia. Même l'art n'était plus sacré, qu'on se le tienne pour dit.

Les jours suivants, le deuil a commencé, trois mille personnes de toutes nationalités avaient péri, on a écouté les récits des survivants, on a vu l'héroïsme des pompiers new-yorkais, et l'identification aux victimes s'est faite. Des victimes, il y en a souvent, au Rwanda, huit cent mille morts, au Soudan, mais les images manquent – alors on s'identifie beaucoup moins. On n'en revenait pas. Si le monde pouvait produire des hommes capables de tels gestes aussi sacrificiels et meurtriers que spectaculaires et médiatisés, alors on devait tout repenser. Chacun y est allé de sa petite explication.

Quelques jours après, j'ai rencontré Jimmy.

On assistait à un colloque, il était en retard, moi aussi, et il a laissé tomber ses papiers dans l'escalier, je l'ai aidé à les ramasser et on est partis boire un cappuccino en terrasse. Bien trop doux pour s'enfermer à écouter des collègues.

Après le cappuccino, on est allés regarder longuement le *David*, de Michel-Ange, puis les dessins à la Casa Buonarroti, et j'ai raconté à Jimmy ce que disait Freud sur le *Moïse* qu'il avait admiré à Rome.

« Le geste de Moïse… le bras qui retient les Tables… le Prophète maîtrise sa colère pour mener à bien sa mission. »

Pour Jimmy, Freud, c'est de la sauce barbecue qui rend le steak de l'existence un peu plus comestible, je n'ai pas insisté. Il m'a emmenée visiter la Toscane, on a mangé des glaces, on a admiré l'admirable, on s'est gargarisés des collines, des pins, des cyprès, des villas cachées, on a nagé dans la piscine de son hôtel, et sur le pont de l'Arno, en m'offrant un grenat, il m'a demandé de venir vivre avec lui à New York. Cette garce d'Apollonia venait de me faire un sale coup, elle ne me donnerait jamais ma chance, je n'avais rien à perdre que mes chaînes, alors j'ai dit oui. Jimmy me plaisait.

Par le hublot, les synapses scintillantes des villes et des autoroutes se ramifient jusqu'à disparaître dans les obscurs territoires. Moi aussi je voudrais disparaître et renaître à une nouvelle vie, loin des lumières de la Grande Pomme.

Renaître, après l'échec avec Jimmy, bien sûr. « Faire peau neuve, reconstruire, renaître n'a jamais été au-dessus de mes forces », a écrit Colette. Une bienheureuse, dans son genre.

« Emma, tu n'as aucune disposition pour le bonheur. »

Dans sa bouche, le bonheur, ça voulait dire le confort. Son attitude réaliste, à l'affût du « positif », m'avait vite exaspérée. À quoi bon discuter quand il n'y a pas une vingtaine de mots sur la définition desquels on est d'accord. Ça m'a pris quelques mois pour m'en aviser, j'avais tellement envie de vivre une belle histoire.

De plus, ce qu'il s'était bien gardé de me dire à Florence, le cher Jimmy cumulait trois enfants, fruits gâtés d'une union avec une Anglo-Polonaise devenue lesbienne militante à Los Angeles, très exigeante. Il souffrait de ne pas les voir souvent, se consolait avec du bourbon du Kentucky, se faisait gloire de fâcheuses manies de l'époque, tels le jogging, l'alimentation bio, histoire de compenser le bourbon je suppose, et surtout, comment ne m'en étais-je pas rendu compte, et surtout il dégoulinait de sentimentalité, obscène. Je devais être salement déconnectée pour m'être laissé embarquer dans cette romance, ou alors c'était l'Italie qui m'avait anesthésiée.

Je ne pouvais pas, je ne voulais pas vivre comme lui qui sautait d'un avion à l'autre pour son travail, ce qui lui évitait d'affronter deux, trois questions du genre pourquoi il menait cette vie éreintante, et qu'est-ce qu'il faisait avec moi ? Il m'avait embauchée dans son cabinet à New York, joignant l'utile à l'agréable en quelque sorte, ça aussi, ce n'était pas nouveau, mais je manquais de culture féministe. Dès qu'il avait du temps libre, on avalait des milliers de kilomètres. On a vu les lacs du Kentucky, le Montana, le Sud, New Orleans, Miami, Frisco, L.A. Une vie pleine d'agitation, du nomadisme de luxe, enfin ces trucs à la mode que Jimmy se croyait obligé de faire pour se sentir OK.

Jimmy ne comprenait pas pourquoi je n'étais pas OK. Moi non plus, mais j'étais épuisée : mon corps, lui, ne mentait pas. À New York, un soir, après avoir déambulé parmi la foule, j'ai écrit ça dans un café.

Skyscrapers de travers
qui criaillent contre le ciel
ils s'agrippent dans la brume
l'Empire State Building meurt au cinquantième étage
Walk /Don't walk
Je quitte Broadway Avenue et son bazar de montres, de tapis, de parfums,
Je mange un bagel in the schuttle
Je cours underground
Dans la terre qui gronde,
Time Square One way
Non, pas au Village
Trop européen.
Le ciel est ouvert à chaque angle
un cube bleu nuit

One way
Je change de sens
J'émerge
La bruine crispe mon épaule crispée
Dans le brown bag plus que des miettes
Fumée brouillard blanc qui souffle de la chaussée
Un fantôme de ciné traverse
c'est Angie, le héros du movie d'Auster,
qui vend des havanes Cuba sì,
Walk/Don't walk
J'achète sur la 42ᵉ des cigarillos chez Shermann
La Library et ses lions
gardent les livres,
totems aux yeux morts
au cœur de la vie ivre.
Je remonte, clubs, jazz, boîtes,
Heat in the night,
un bar ouvre et se ferme
sur l'obscurité
et les robes jaune et rouge
se balancent
Interdit de fumer partout,
J'attends que la nuit vienne
J'attends que tu viennes avec la nuit.

Ça clignote sans arrêt
Jewery on Corner Street
The Sun Shines in China Town
Drugstore open 24 hours
Ça bouge, ça vibre, ça enivre,

Hudson River,
remonter à sa source
les grands espaces à traverser,
Un jour peut-être.

Walk/Don't walk
Ombres, peaux sombres,
négligés, mal rasés,
Moroccos Egyptians Blacks Jewishs Hispanos Italians Irishs
et j'en oublie
Ils sont on the road,
Sur la 5e Avenue
fric, fric, fric à se faire
pour se faire la paire
avec la valise de dollars verts
un Giacometti soutient seul le building dans l'entrée
Fleurs pastel sur les livres de Barnes and Noble
Journaux en pagaille
Un calendrier
Musclés, torse nu, crâne rasé
pédés ou complètement tapés à la Rambo
non, non, c'est les pompiers de Ground Zero
Never forget September Eleven
Le coffee fume dans l'échoppe
Tip, tip, sur le zinc.

Je repars,
Reflets des vitres dans les vitres
Pas de Mohawk suspendu à un fil
à hauteur d'avion

pour les faire briller
Le fil à plomb qui plombe
nos carcasses
écrasées par tant de hauteur
Un vol de moineaux à demi asphyxiés
Vient crever
Devant mes chaussures,
Walk/Don't walk

Je dis : « Va pour North Atlantic Bay »
Mais j'sais pas où c'est
Des acacias tremblent au vent de l'Océan
j'ai mal aux pieds,
le cœur en pluie
je ne sais pas où je vis
toi, Jimmy, tu t'ennuies.

Turn the page,
Oublie, tu dis.
Fadaise contre ces falaises de verre
Je tourne la page
pour découvrir le secret de l'initié,
le nombre d'or,
ce serait trop beau
si on le retrouvait,
pour notre vie,
mais non, tu erres comme moi,
dans les mots, dans le flot du boulot,
fric fric à se faire
pour se faire la paire avec les dollars verts,

comme des putes, tu dis,
et tu dors,
j'éteins la lampe.

Queens, Jamaica Avenue
Dji /Ef /Ka
Le taxi enfilera les drive
Shall I turn the page ?
J'hésite encore. Marchera, marchera pas ?
Sous les whisperings clouds,
C'est moi qui balbutie
« Jimmy, the game is over ».

Ça n'allait pas fort, en effet. La veille, on avait passé la soirée à manger (pas assez), à boire (trop) et à parler (exagérément) avec d'âpres femelles grinçantes et des zombies tendus, compétitifs (bronzés, lisses, musclés) en regardant les lumières sur l'Hudson, et ce soir-là on allait recommencer avec leurs clones. Pour un musée, une fondation qui servirait à blanchir des narcodollars, à ce que j'avais pu deviner. Je n'en pouvais plus, je voulais rentrer. Rentrer ? Mais où ? Je n'avais plus d'amis, de toit, de travail en France. J'étais déplacée, décentrée, en exil, comme je l'étais à Paris, avant de partir. Manquait en plus une saveur à la vie. Celle de l'air, de l'espace, des ciels changeants, des beffrois, des rengaines, des villages à flanc de coteaux, des villes anciennes. Saveur de mon pays imaginaire, nostalgie, douce France, folklore désuet qui me remontait au gosier, je devenais zombie.

J'ai refait mes valises en douce.

Ruth m'a appelée.

« Réfléchis, Jimmy est un type bien.

– Ce n'est pas la question…

– Tu connais l'histoire de ce type qui prend le train pour rejoindre sa maîtresse à Rome ? Un roman français ? Michel Butor ? Non ? Alors, je résume : au cours du voyage, il repense à son couple à Paris avec sa légitime, et il se rend compte que ce n'est pas la peine, avec la Romaine il arrivera exactement la même chose, alors il reprend le train en sens inverse pour rentrer chez lui. »

Ruth enseigne la littérature française à Columbia depuis trente ans.

« OK, sauf que Jimmy, c'est ma Romaine, sauf que j'ai essayé.

– T'es sûre ? »

Je ne suis sûre de rien, mais ça, Ruth le sait.

« Elle est où, la question ?

– Je veux faire autre chose en architecture…

– Et Jimmy ?

– C'est un tout… Je bosse pour lui, en plus. Tu imagines ?

– Je peux. Alors, tu m'en…, tu m'enverras des mails… Tu as bien noté mon adresse ? »

Ruth dicte, amicale, distanciée, contrôlée. Sa voix a flanché juste une seconde au début de la phrase, puis s'est aussitôt reprise.

Née à New York de parents émigrés d'Allemagne, à temps, de justesse. Berkeley au bon moment. Depuis, le couvercle, depuis Ruth en a marre d'être intelligente, cultivée et solitaire au milieu de collègues autistes et d'étudiants touristes. Mari pianiste, décédé il y a deux ans, ils s'aimaient. Coincée par une vieille mère qui déraille en yiddish des imprécations apocalyptiques, et qui lui a fait jurer de ne jamais la placer en institution. Deux fils, l'un vit en Israël, elle tremble tous les jours pour lui, et l'autre joue à l'homme des neiges au fin fond du Canada, écologiste, altermondialiste, ça l'inquiète aussi. Réseau clairsemé de routards de sa jeunesse qui ne la font plus rire, destins variés, dramatiques parfois, et un désir d'écrire stérilisé par l'université, dit-elle, par la compétition, le pouvoir, j'ajouterais. *The game is over* pour elle aussi. Des livres de critique littéraire, une relative notoriété, la France comme soupape, comme ligne de fuite, dirait un deleuzien.

« Promis, je te tiens au courant, et si tu viens à Paris, tu m'appelles. »

Dans l'avion, impossible de s'échapper, les préoccupations, un peu diluées par l'oxygène des hauteurs, insistent quand même. Six heures à cogiter jusqu'à Roissy. Dès qu'ils auront ingurgité leur tambouille de cantine, les passagers dormiront. Tous en sursis, peut-être pas pour très longtemps, si on a avec nous un kamikaze décidé à se faire sauter. Je me lève et marche dans les deux allées en ruminant, sans déranger les hôtesses, livides à cause du *jetlag*, tassées sur leur strapontin.

La recommandation de Jimmy sera utile, des numéros de téléphone à rechercher, les anciens de ma promo, des cabinets qui montent en puissance à démarcher. Des relations à renouer. Le circuit habituel, ça ira. Est-ce que j'irai voir Apollonia ? La blonde fatale des polars, la Tentation en personne, *Sex in the City*, et une calculette en guise de cœur. Inventive, très cotée, médiatisée, brassant pas mal d'argent, beaucoup de projets réalisés. Pour un premier emploi, c'était idéal, j'étais flattée, on m'a m'enviée. J'avais vite déchanté, je l'avais lâchée pour Jimmy, après un consciencieux préavis, sans regret. Son professionnalisme, son ambition m'avaient expédiée à Cynisme land un peu trop vite à mon goût, aucune éthique. Non, je n'ai pas très envie de retomber dans ses pattes… Pour Jimmy, j'ai beaucoup travaillé au bureau d'études, et même si je n'ai pas aimé ce que j'ai aidé à construire, ça gonflera mon CV de façon appréciable.

Debout, déchaussée, je bois de l'eau fraîche en regardant par le hublot, juste une ligne rousse qu'on cherche à atteindre dans la nuit de la pointe de l'avion.

« Je n'ai pas d'états d'âme, celui qui paie décide, et moi je m'adapte. Ça ne m'a pas mal réussi…

– Oh, Jimmy, arrête, je croirais entendre Apollonia !

– Elle a pigé, ça marche bien pour elle, non ? On est des putes, ceux qui réussissent sont des putes, ne cherche pas plus loin, Emma.

– Il y a des exceptions, non ? »

Il dormait déjà, épuisé par le trajet San Francisco-New York, la réunion de fin d'après-midi dans la 7e Avenue, le dîner avec un couple de milliardaires, et la chaleur anormale qui poissait les rues. Moi, je le regardais et je me disais que je ne voulais pas devenir comme lui. Si je restais, c'est ce qui arriverait. Dans la rue, tout en bas, les phares des voitures illuminaient la chaussée. Le ciel était noir, vide, les gratte-ciel allumés en petites cases. J'étouffais malgré la clim.

Me retrouver à plancher sur des projets pour des particuliers, des entreprises, des villes, ça ne me disait rien.

Rien de rien. D'ici quelque temps, je serais bonne pour une thérapie positive, la tarte à la crème des classes moyennes qui veulent ignorer la souffrance, la leur et celle du monde.

Les lumières se sont éteintes dans la carlingue. Je marche, ils dorment, sauf ma voisine qui écrit, concentrée, sur un bloc jaune, elle a tout de la jeune Américaine, chevelure brillante, nette, insipide dans son tee-shirt blanc et jean repassé, maintien raide, coincée. Cultivée ? Pas sûr. Sa grosse écriture ne cesse de bleuir les pages lignées. De quels mots ? Pour quoi ? Pourquoi écrit-elle entre ciel et terre ? À qui ?

Je me réinstalle et somnole. Pour quoi, pour qui construire ? Pourquoi ai-je choisi ce métier ? Trop tard pour ce genre d'interrogations. Qu'est-ce que je vais faire maintenant ? À part avoir mis l'Atlantique entre un « type bien », comme dit Ruth, et moi, je vais vers quoi ? Pas de réponse, mais est-ce que je pose bien la question ? Est-ce que c'était Jimmy, le problème ?

Jimmy, sa trinité spirituelle, c'était Wright, Le Corbusier et Mies, et sa pratique, c'était esbroufe, honoraires et servilité. Des parvenus lui commandaient des villas de style colonial, il ne se fatiguait pas à leur proposer autre chose, des lobbies de retraités rêvaient d'une ville-ghetto sécuritaire, il y allait de ces villas luxueuses avec pelouse, garage, d'un centre médical sophistiqué et de barrières-frontières ultraperfectionnées, sans sourciller. Des magnats voulaient des gratte-ciel à Seattle ou à Houston, il leur construisait des parallélépipèdes gigantesques, des cubes ennuyeux à mourir. On le sollicitait pour un musée, ou une gare ? Sa réponse était tarabiscotée, chère, snob, ou bien fonctionnelle, banale.

Ça payait, et c'est tout ce qui comptait. Il ne réfléchissait plus, il agissait. Construire est joyeux, mais quand c'est fait de cette manière, ça devient mortifère. Si Jimmy ne tenait pas en place, c'est qu'il fuyait cet ennui ou lui-même.

Et si c'était moi, le problème ?

« Emmanuelle, tu manques de projets, d'esprit constructif... Oh, excuse-moi. Te dire ça à toi, ma fille l'architecte ! »

Ça fait plus d'un an que je ne les ai vus.

Et mon père de rire. Je grince des dents sans répliquer, un gaffeur ne s'entend jamais, mais il vous fait entendre sa haine, son mépris. Pourtant, c'est lui qui a financé mes études, en partie et à contre-cœur, mais il l'a fait. Il connaissait les statistiques :

« Emma, combien de femmes architectes depuis l'origine des temps ? Tu ne sais pas... Et de nos jours ? Une seule main suffit pour compter celles qui réussissent, et c'est ça que tu as choisi ? »

La fibre contestataire de mon père renâclait, il ne vivait plus que dans le virtuel, sa reconversion informatique avait réussi après un Mai 68 agité. Le féminisme de ma mère n'allait pas jusque-là non plus, elle me voyait faire HEC et me stresser en tailleur rose dans une grosse boîte de La Défense à vendre des produits high-tech.

« Alors, ma pauvre Emma, tu vas faire quoi ? » me demande-t-elle avec angoisse.

Depuis que je suis née, elle me regarde avec des yeux ronds et inquiets qui disent : « Tu ne viens pas de la même planète. »

En préretraite, délocalisation, trop vieille, trop chère, bouffie d'anxiolytiques, elle entame sa nouvelle carrière dans l'hypocondrie et l'art d'emmerder son prochain. Dans ses yeux, le désir que je sois aussi perdue et défaite qu'elle, « ma pauvre Emma ».

« Faire ce que je sais faire… Je vais chercher un bon cabinet… »

J'avale mon gin-fizz en me félicitant de ne pas rester à dîner, plusieurs heures avec eux, je ne tiendrais pas le coup.

Ils échangent un regard complice, quand elle sera stable, celle-là, les poules auront des. Ce qu'ils avaient entrevu dans leur jeunesse, en 68, la liberté, la joie sexuelle, la pensée frondeuse, la vie nouvelle, ils n'en étaient pas revenus, mais depuis, ils survivaient, happés par les formes communes de vie. C'était raté, donc je raterais moi aussi, pourquoi a-t-elle quitté le cabinet d'Apollonia si prometteur, pourquoi a-t-elle quitté celui de Jimmy si coté ?

« Et Claire ? »

À mon tour d'attaquer (Claire est mariée en Bigorre avec un monsieur de…, château en ruine, droite souverainiste, trahison sur toute la ligne à leurs yeux.)

« Elle reste aux abonnés absents », me jette avec rancune ma mère.

Ils me laisseront tranquilles un moment.

Dans le XIIIe, je sous-loue une maisonnette bâtie en 1910, avec un minuscule jardin, les pavillons sont encerclés par les tours de la place et de la porte d'Italie. Un quartier confetti à dimension humaine, un square, des commerces tenus par des étrangers. Ses propriétaires en ont fait un duplex, crème et gris clair, design italien, chic et sobre. Une représentation élégante pour des gens en représentation de papier glacé. Des maniaques du vide, de l'espace lisse, ils confondent snobisme et zen. Du pognon, pas d'âme, du goût, mais pas le leur. Aucun désordre, nickel. Sur la pelouse, une table de jardin, quelques rosiers, un acacia, et un hamac blanc.

Le temps qu'ils reviennent de leur séjour en Chine – trois mois –, je reste dans leur maison.

Les jours se ressemblent, je téléphone, je prends le métro, me présente à des architectes, je marche beaucoup, j'espère, je bois un thé en lisant les annonces, je déjeune avec des amies.

Et je rentre dans le loft chic et sobre. Mon désordre – pour animer un peu l'atmosphère… Bach, Haydn, pieds nus, j'avale une salade grecque, tomates éclatantes et douces, feta granulée, olives noires, luisantes, dans le coin-cuisine en me demandant si je vais réussir un jour à me trouver un job, un homme, une vie. Et puis, tant qu'à faire : un sens à tout cela. En haut de l'escalier, un miroir, dans lequel je me vois quand je monte me coucher.

« Emma, tu vas continuer à fuir tes responsabilités encore longtemps comme ça ? »

Je sursaute. J'ai distinctement entendu une voix, celle de Jopie, l'amie imaginaire que je m'étais inventée pendant l'enfance, parce que ma sœur Claire était déjà bien trop pimbêche pour jouer avec moi.

Sous la douche, j'essaie de me détendre. Dans quel âge je vis ? Celui de la cabane du jardin en Touraine, l'été, avec Jopie invisible, esprit farceur, qui me faisait rire et à qui je racontais des histoires.

Des pétales portés par le vent se déposent sur la table du jardin, rouge profond sur rainures blanches, je suis dans leur vol, je glisse dans leur velouté, j'oublie mon corps fatigué, mon esprit agité, le temps n'existe plus. Des flashs viennent, je suis un petit maçon des cathédrales qui grimpe avec son auge de bois en haut d'une tour, je vois le grand Imhotep pleurer son roi, un sale type qui fait fleurir des jardins au-dessus d'un corps blanc, j'entends un autre qui veut délivrer sa mère enfermée, j'imagine une ville scientifique ultra-moderne, je caracole sur un cheval en Chine... Je vois, je ne vois pas, je suis, je ne suis pas... Le temps n'existe plus, je divague dans les pétales des roses fanées.

Rien de ce que j'avais vaguement espéré n'est arrivé. Au bout de trois mois, j'avais épuisé mon carnet d'adresses, rencontré des dizaines d'architectes, reçu quelques propositions que j'avais décortiquées sans qu'elles m'intéressent, et les propriétaires du loft rentraient de Hongkong avec la petite fille qu'ils avaient adoptée. J'ai déposé un dossier de demandeur d'emploi.

Alors, ça s'est passé comme ça, j'ai gardé la petite en attendant. Payée au black. C'est le hasard qui fait et défait nos vies. J'ai logé dans un hôtel du quartier, trois étages étroits, des escaliers qui grincent, les murs ripolinés en vert amande, tapis usés, vieux meubles cirés, un truc pour voyageurs du siècle passé. Il n'y avait que des Asiatiques, des Africains et des types louches, usés, bizarres. Bim, le gardien de nuit, me souriait en me tendant ma clé. Un Togolais qui écoutait Bob Marley et lisait en anglais T. S. Eliot.

Le bébé venait de l'intérieur de la Chine, sa mère, qui avait déjà deux fils, ne voulait pas avorter malgré la politique de restriction des naissances. Un troisième enfant, ça devenait un délit. Comment avait-elle réussi à quitter son village pour arriver à Hongkong où elle avait accouché clandestinement, puis confié son bébé à une association d'adoption ? Ce serait une histoire à retrouver ou à inventer pour la petite. Ils ne m'ont rien dit.

Elle aimait être blottie dans mes bras, de tempérament paisible, elle pleurait peu. On s'est beaucoup plu, tout de suite. Ses yeux noirs m'interrogeaient. Un regard méditatif, profond, qui me traversait, m'interpellait. Sa lumière de nouveau-née m'apaisait. C'était déroutant, c'était bizarre d'être déroutée par une si petite présence qui me forçait à penser, à penser autrement. Je laissais faire. C'est moi qui me trouvais en terre inconnue, et pas elle, contrairement aux apparences.

Et j'ai cessé de courir après un travail dont je ne voulais pas. J'ai oublié le rendez-vous que m'avait accordé, malgré son planning « overbooké » de nabab, Apollonia :

« Mais oui, passez me voir. Je serai ravie. On reparlera de ça. »

Traduction : « Je n'ai rien pour vous, mais voyons comment vous survivez. »

Tant que Marie-Ange n'aurait pas de place en crèche, je m'occuperais d'elle, ça pouvait durer longtemps, et ça me convenait. Quelque chose germait en moi, ce n'était plus l'ennui, ni le dégoût du séjour américain, ni le faux bien-être de mes débuts au cabinet d'études d'Apollonia, qui m'avait conduite à accepter si vite l'invitation de Jimmy à changer d'air, pour une répétition sans grande différence. Ruth s'était trompée, quelque chose changeait.

« Emmanuelle, *my dear*, je vais à Tel-Aviv pour trois semaines voir Simon. Sa femme attend un baby. Je prépare un livre sur le théâtre de Sartre. Donne de tes nouvelles, Ruth. »

Donc, sa mère a fini par mourir. Elle n'en dit rien, ça va de soi. Tournée vers l'avenir, optimiste, le Messie espéré.

Je ne réponds pas, les mots m'échappent, je nage en eau profonde, dans le silence.

Avec le bébé, on a passé comme ça des jours de rien, de biberons gloutons, de gazouillis, de bains tièdes, de comptines, de jeux idiots, de siestes sur le grand lit, elle contre moi, sur moi. Aux tempes elle transpirait un peu, ouvrait la bouche, longs cils sur la joue délicate mordorée, son oreille contre mon cœur.

Je devenais berceau.

Le week-end, je faisais semblant de lire en faisant tourner ma lessive à la laverie. Comme une idiote, je regardais les gens, les feuilles mortes sur les trottoirs, les chiens, le plafond de ma chambre, et au-delà du plafond. Tout était nouveau, je ne comprenais rien, les présupposés avaient foutu le camp.

Un soir, Bim a frappé. Il avait envie de parler. Thé, biscuits, la voix de Billie Holiday à la radio. Plus tard, je l'ai vu s'asseoir sur le lit et dégrafer mon chemisier. Cela aurait fait une belle photo, sa tête ronde sur l'éclat de mon sein. Son corps luisait sous la lampe, la taille enserrée d'un gri-gri.

À un moment, Bim a récité un poème dans sa langue et je me suis endormie dans cette rivière de sons.

Le lendemain soir, le nouveau gardien de nuit m'a tendu une rose saumon et le T. S. Eliot en disant : « De la part de Bim, il est parti… loin. »

Waste land.

La rose s'est fripée, fanée dans le verre, les pétales ont roussi jusqu'au brun. Je l'ai regardée lentement s'effeuiller, se dénuder en tige sèche, cassante.

Au Jardin des plantes, il faisait doux, je me suis assise sur un banc, devant les parterres symétriques sans fleurs, tout près de la poussette. Le ciel était voilé et les plantes tropicales mangeaient la coupole de verre, le bébé et moi étions deux minuscules points dans l'univers, liés pour un temps par ces soins que je lui donnais et sa présence qui me transformait. C'était invisible, quasi irréel et pourtant vrai. Le fleuve et ses bateaux, les voitures, les trains plus loin faisaient un roulement sourd. Entre l'enfant et moi, c'était un silence plein, heureux. Des mères avec leurs enfants, des étudiants en couple, des dragueurs malins, comptables, des dames grasses, en chapeau, agitant des pensées rances, des employés qui trottinaient courbés vers la gare d'Austerlitz, un clochard chevelu comme un sage indien dormait contre un arbre.

Je ne me lassais pas de regarder la petite, si menue, emmitouflée de bleu-gris, quelques fins cheveux noirs dépassant du bonnet.

Si elle n'avait pas été adoptée, Marie-Ange aurait grandi dans un de ces lieux tristes, inadaptés, vétustes qu'on réserve aux enfants trop âgés pour l'adoption, aux fratries trop nombreuses, aux enfants peu séduisants, malades ou handicapés. Ou, pire encore, elle aurait survécu dans la rue des mégapoles, petite paria de gangs, illettrée, voleuse par nécessité, indic brutalisée, camée à la colle, souillée par des touristes pédophiles, dépecée par des trafiquants d'organes.

Ça me troublait d'être si contemplative, je devais me ressaisir, imaginer la suite, après la petite. Mais c'était le passé qui remontait, le cadastre de mes études se débobinait dans ma tête, ce que j'avais appris des périodes architecturales récentes, de l'école de Chicago, de l'Art nouveau, de l'expressionnisme de Mies ou de Le Corbusier, du constructivisme et du futurisme, du Bauhaus aux constructeurs structuraux ou organiques, aux rationalistes soucieux de lumière, de dynamisme et d'asymétrie, aux postmodernes... Et mes dossiers de débutante, le projet si conventionnel du building bancaire qu'Apollonia m'avait volé, puis les chantiers eux aussi si peu novateurs que j'avais suivis aux États-Unis avec Jimmy. Totems idéologiques du progrès, prouesses technologiques, esthétiques tapageuses...

Litanie des grands noms, impressionnants, Mies van der Rohe, Le Corbu, R. Meier, Rogers, Bofill, Andreu, Ando, Koolhaas, R. Piano, Rossi, Botta, Foster, Portzamparc, Wright, Nouvel, Perrault, Gehry, Tschumi, et d'autres...

Chaos des tendances multiples, urbanistes de la dislocation, rénovateurs des friches industrielles, high-tech, façadisme, constructeurs d'éphémère, écologiques, gigantisme des gares, aéroports, opéras, stades polyvalents, bricoleurs déconstructivistes...

Enfin, je repensais à tout ce qui s'édifiait sur la planète, à cette verticalité masculine, autoritaire, hiérarchique qui dominait, à ce désir d'intellectualiser l'architecture – ne parlait-on pas de « vagues telluriques », par exemple, pour décrire un immeuble original, coloré et un peu complexe ? –, enfin, à des réalisations assez incongrues, grandiloquentes, comme si les besoins humains avaient changé. *Waste land*, « Terre vaine », les poètes nous font signe…

Je n'étais plus sûre de comprendre, il n'y avait plus de centre nulle part. Moi-même où étais-je ?

En regardant le bébé, je pensais à ça, à mon métier.

Où était donc ma place dans tous ces styles, dans cette effervescence de plus en plus mercantile, voire inutile, dans cette dilution de l'architecture dans l'urbanisme ?

Marie-Ange pleurait, je l'ai prise dans mes bras et je l'ai bercée en faisant les cent pas autour du banc. Elle s'est arrêtée de pleurer et a regardé autour d'elle avec un petit air supérieur qui m'a amusée.

Subitement, j'ai su ce que je voulais : construire des foyers pour les enfants qui n'en avaient pas.

Que c'était simple ! Pourquoi n'y avais-je pas pensé auparavant ? Tout se remettait en place dans ma tête et dans ma vie, j'avais retrouvé un axe corporel et mental, un horizon à arpenter, des objets à faire, et la petite eut un « sourire aux anges » comme si elle suivait mes pensées et en était ravie. Peut-être que les enfants sont des anges, je ne jurerais pas si vite du contraire. Et je lui ai rendu son sourire en la reposant dans sa poussette.

Bâtir des homes pour les enfants des pays du Sud, les plus vulnérables, les plus nombreux. L'urgence était là. En France il y avait beaucoup à faire, mais les services et les bâtiments existaient depuis fort longtemps. On pouvait améliorer, certes.

Le soleil chauffait plus franchement et nous sommes allées voir les canards et les oies, les éperviers en cage, les aras grognons.

Tant qu'il y aurait un enfant sans berceau, sans accueil, il manquerait l'essentiel à ce monde, fût-il très construit. C'était là ma tâche, mon vrai travail. L'architecture, que j'avais choisie pour des raisons assez obscures, et les chefs-d'œuvre dont elle pouvait se targuer se retiraient, soleil trompeur. Derrière ça, le premier geste architectural, qui prolongeait au-dehors l'espace du ventre maternel, c'était les bras de la mère qui protégeaient le nouveau-né, l'enveloppaient sans l'enfermer, le portant pour qu'il puisse se tenir seul un jour, l'exposant au monde sans l'y abandonner. Son équivalent en architecture, le berceau, la crèche.

Un lieu qui soit un lien.

L'architecture, si phallique, colossale, dominatrice et démonstrative, devait se replier, s'invaginer, se refaire surface intérieure, s'assouplir, s'arrondir, retrouver sa fonction originaire d'être abri, berceau… C'était mon idée, simple, simpliste, ricaneraient Jimmy, Apollonia et consorts, qu'importe. Je rêvais de rondeurs, de sphères d'accueil pour les enfants à naître et qui seraient seuls. Pour qu'ils puissent naître à eux-mêmes, se construire à leur tour, avec leur monde intérieur, et prendre place dans le monde à habiter. Satisfaite de mes cogitations, je quittai le Jardin des plantes, il était temps de rentrer, ses parents s'inquiéteraient si nous n'étions pas au loft.

Pour revenir dans le XIIIe avec Marie-Ange qui s'est endormie, rêvant de moineaux, de canetons sur l'eau, de plumes multicolores, j'ai pris un temps infini, je marchais lentement, en traînant les pieds.

Ruth, de Tel-Aviv :

« Ça y est, le fils de Simon est né. Il a bien démarré, il s'appelle Moïse et pèse déjà cinq kilos, je rentre pour mes cours à Columbia. Mon livre sur Sartre sort bientôt.

« Tiens-moi au courant, où que tu sois, pour peu que tu aies une connexion. R.

« P.-S. Tu connais le *Mahabharata* ? Arjuna hésite à combattre, il répugne à la violence, mais il entend le cocher Krisna lui dire que la mort est illusoire, qu'il faut agir, et que son action soit détachée du fruit de l'action… »

Tout est allé vite, en quelques mois j'ai été opérationnelle pour l'ONG. C'est un autre mode de pensée et de vie, d'autres priorités, des moyens modestes, beaucoup de naïveté parfois, mais des façons de faire bien rodées.

Premier chantier au Népal. Avant que je ne parte, mon père virtuel à force d'absence informatique s'est écrié :

« Où ? ! À Katmandou ? »

Certains souvenirs défilaient dans sa tête. *Power flower* et hasch, mystique syncrétique, ou autre chose que j'ignorais.

En quelques mots, j'ai expliqué de quoi il retournait.

« Que tu te sois, à défaut d'idéologie, au moins trouvé une conviction de méthode, c'est pas si mal. Somme toute, ce sera peut-être plus efficace… »

Il a raccroché.

À ses yeux, je continuais sa révolution manquée, autrement.

Après le Népal, il y a eu l'Inde, qui n'aime pas qu'on l'aide, le Brésil où c'est la pagaille, l'Afrique, terre d'ingéniosité, le Burkina Faso, le Mali, puis les Philippines, Rio, Lomé, Ho Chi Minh-Ville.

Le monde et ses drames, la géopolitique à vif, les multiples niveaux d'intervention ; confusément, j'espérais autre chose, mais le réel a ses procédures, son rythme, ses aspérités, ses impossibilités.

Soit on rénovait, on améliorait une maison d'enfants déjà existante, soit on obtenait des fonds et on construisait. Je redevenais architecte avec les mêmes éléments à choisir : le site, l'ensoleillement, les accès, un maître d'ouvrage. Prévenir les riverains, embaucher le personnel. Avant même l'achat du terrain, on préparait le voisinage, les associations locales, les personnes clés, les religieux, les sages-femmes.

« Notre concept était d'intégrer tradition et modernité, autrement dit de respecter l'architecture et la culture locales, en y associant des éléments de confort : l'eau courante, le téléphone… », m'avait dit Ingrid, la directrice de l'ONG en me montrant les dossiers.

Dans ce cadre-là, il ne s'agissait pas de se faire un nom, une signature, ni de proposer une « œuvre », j'étais bien loin de la logique narcissique ou prométhéenne qui prévalait au Nord. Matériaux locaux et mobilier d'intérieur, solide, massif, rassurant pour les enfants. Enfin, on privilégiait le recours aux énergies renouvelables, l'énergie solaire, par exemple. Parfois, je repensais à la tendance très épurée du Minimal Art de Loos et consorts, à la très coûteuse simplicité de leurs bâtiments, et je grinçais des dents. Là où je bâtissais, c'était simple par nécessité, et si je parvenais, grâce aux talents sur place, à une certaine beauté, elle était due non pas à une volonté de raréfier et d'abstraire, mais à un long savoir-faire dans la pauvreté réelle. D'un pays à l'autre, les techniques différaient, et, loin du verre, du béton, de l'acier et de la technologie sophistiquée, on pouvait bâtir et vivre.

Dire « je » s'effaçait de mon discours, c'était de plus en plus « on », de plus en plus « nous », et ça changeait. Immergée dans le concret, je travaillais à ce que je croyais, et j'allais bien.

Une de nos innovations a été de consulter les enfants des homes en âge de parler. S'ils optaient pour la grande table des repas pris en commun, en revanche, ils voulaient un lit unique, refusaient les lits superposés (qu'on leur imposait souvent) pour avoir un coin d'intimité ou, mieux, une chambre, qu'ils désiraient décorer. Que chacun ait son placard personnel, que les douches soient individuelles avec des miroirs, le besoin de se voir, qui y avait pensé ? Un jardin et un potager, quelques animaux. Pour l'école, ils voulaient être assis à des tables (quel que soit le pays), des rangements pour les livres, le matériel de classe. C'est peu de chose, me diras-tu, mais ce peu fait le sel du quotidien d'enfants à qui tout manque.

Pour l'accueil des nouveau-nés, projet qui m'importait, nous avons mis en place un réseau relié aux hôpitaux, aux matrones accoucheuses, des « tournées » dans les villages ou dans les quartiers les plus misérables afin d'informer les mères en détresse. Cela a pris la forme de réunions chez une des femmes du village, ou dans une maison, un petit café-commerce d'un quartier. La psychologue, quand il y en avait, aidait les femmes, souvent de très jeunes filles, en difficulté à devenir mères, à ce que le bébé existe dans leur tête, dans leur cœur, ce qui ne va pas de soi, quoi qu'on en dise depuis des siècles, afin qu'elles puissent s'en occuper et on donnait des conseils de soins pour la grossesse, la naissance, l'allaitement. On ne jugeait pas, on offrait un recours à celles qui ne pouvaient pas être mères : un lieu où confier leur enfant.

Des crèches, simples, repérables facilement, ont été ouvertes de jour comme de nuit. Le bébé arrivait de multiples façons, déposé sur le seuil, apporté par des inconnus qui s'enfuyaient, ou bien confié par la jeune mère là où elle avait accouché à une des femmes de la visite-tournée. On recueillait ceux de la guerre dans les ruines, dans les cases, ceux du sida dans les hôpitaux, les bidonvilles, ceux nés de viols « ethniques » dans les maternités...

Ruth continuait à Colombia. Elle suivait mes déplacements, m'écrivait souvent par mail. Ses mots la tenaient de moins en moins dans la vie. « Je cherche depuis toujours à comprendre la complexité de la réalité. Toi, tu la vis, raconte. »

Partout, on était submergées, le surnombre était une menace pour l'équilibre des crèches, et il a fallu refuser l'accueil à beaucoup de bébés qu'on envoyait ailleurs, dans des institutions caritatives ou autres. Le sida faisait de nombreux orphelins, rien que pour l'Afrique, c'était presque trente millions. Le sentiment d'impuissance qui en résulte est une des peines les plus amères que m'ait apportées ce travail, ne pas pouvoir faire place à une vie dans la vie est un échec.

Dans chaque crèche, ronde ou non selon les habitudes locales, il y avait un hall, un vestiaire, puis une salle avec des berceaux, suspendus ou non, à barreaux ou sans, ça variait selon les endroits, une salle de jeux, des espaces de soins, une véranda, parfois tout cela n'était qu'abri de bois, de chaume... Ont afflué les dons de jouets, cubes de plastique, trottinettes, animaux à roulettes, petits livres de chiffon, de papier de riz, de bois, boîtes à musique. Biberons, lait, nourriture, couches, linge, vêtements étaient des problèmes relativement faciles à résoudre. Mais il manquait souvent de l'eau, une véritable hantise.

Chaque fois que c'était possible, on aménageait un petit jardin clos, avec des jeux pour grimper, se cacher. Le moindre détail compte, la lumière, les couleurs, la propreté, la beauté. L'artisanat de chaque pays m'a aidée à agencer et à meubler ces crèches, ces jardins. Plus qu'un lieu, les crèches devaient être des maisons d'accueil, une chance d'exister, une fontaine d'affection – ou de bienveillance, je suis devenue réaliste avec les années.

Il a fallu recruter et former des assistantes maternelles, les stabiliser et, au fur et à mesure, je me suis formée moi-même au monde intime des bébés. Pour elles, j'ai inclus des espaces de repos loin des pleurs, des coins-repas pour qu'elles aient plaisir à venir travailler. Quel soulagement quand se présentait une sage-femme, un ou une pédiatre formé à l'étranger et de retour au pays, voulant s'investir dans ce sauvetage !

Ce que j'avais ressenti au Jardin des plantes grâce à ce bébé venu de Chine a pris des années à se réaliser. Ce temps désespérément lent de l'action, quand elle n'est pas soutenue par le politique, use les nerfs, les bonnes volontés. Les moyens financiers, on arrive à les trouver, mais c'est surtout l'opiniâtreté qui est nécessaire pour aboutir.

Bien sûr, nous avons eu affaire aux adoptants. Une affaire difficile, épineuse, pléthore de problèmes juridiques, humains, des réseaux fiables, d'autres beaucoup moins, la marchandisation générale faisait des bébés des objets convoités par des gangs spécialisés. Certains demandeurs se comportaient comme s'ils allaient acquérir un meuble, d'autres étaient plus égarés que les enfants sans foyer ; et de l'autre côté, des femmes faisaient des enfants pour les vendre en entier ou en pièces détachées, vendant qui un rein, qui un poumon, j'ai à peu près tout vu.

Ce travail a laminé le passé, mes études. J'ai dû bricoler, trouver des solutions, m'adapter. Cela n'a jamais été la perfection, ni la facilité, mais qu'est-ce qui l'est dans ce monde ? D'architecte je suis devenue polyvalente, m'impliquant dans la vie de chacun des homes pendant le démarrage. J'y résidais, et ainsi j'ai pu peu à peu peaufiner le concept.

À Athènes, lors d'un congrès, j'ai revu Jimmy. Il aurait bien aimé que nous prolongions le dîner. On ne parlait plus du tout la même langue. On s'est séparés devant la porte de l'ascenseur de l'hôtel, en silence. Il m'avait demandé combien de homes j'avais ouverts… En regardant le Parthénon s'illuminer pour la nuit, j'ai tenté de faire le bilan.

Combien de homes rénovés, construits, entretenus ? Combien de berceaux accueillants ? Combien d'enfants avions-nous mis à l'abri, soignés, élevés, éduqués ? Combien de femmes avions-nous formées pour le maternage des tout-petits ? Je ne savais pas. Mais tant que j'ai pu le faire, je l'ai fait.

Un autre regret, c'est ne pas avoir su le destin de ces bébés dans leur vie adulte. Ont-ils pu devenir parents ? Ont-ils pu prendre leur place, leur espace dans le monde ? Par crises, je revois certains visages, si beaux et si éteints que mon cœur se serre de n'avoir pu faire plus.

Le siège de l'ONG se trouvait à Paris, et j'y revenais périodiquement, voyant la capitale se muséifier, les banlieues se rénover, les classes moyennes se paupériser sous l'effet de la mondialisation… Néanmoins, la France faisait partie du monde du Nord, et je vivais dans celui des Suds. Aussi décalée dans l'un que dans l'autre, pour des raisons qui se ressemblaient, je m'étais transformée en nomade, sans lieu, mettant en œuvre une utopie, aux dires de mes amies.

Marie-Ange m'appelait Mamadeux, elle grandissait en souriant, avec des questions dans ses yeux noirs sur la Chine.

Au bout de quinze années passées ainsi, j'ai arrêté pour être mère à mon tour, il était temps, j'allais avoir quarante ans, et la lassitude me gagnait.

En attendant ce premier enfant, comme toutes les femmes enceintes, j'ai fait de nombreux rêves et repensé à mes ascendants, surtout à ma mère.

À cette même place où j'écris maintenant, dans ce jardin en fouillis, la maison encore inachevée, je dormais sur une chaise longue sous le parasol blanc carré.

> *J'entre dans un vaste espace où se tiennent Jimmy et la directrice de l'agence de mes débuts, Apollonia. Ils reçoivent beaucoup de monde, des gens puissants. J'interpelle Apollonia en lui reprochant d'avoir masqué mon nom sur certains des projets qu'elle a menés à terme (celui de Chine, en particulier). Et une de ses amies d'enfance, italienne comme elle, lui demande agressivement ce qu'elle a fait pour l'Italie, ou de l'Italie, sous-entendu de sa mère. Apollonia se détourne, elle veut ignorer ce passé, et sa mère qu'elle a quittée pour la France. Elle a réussi. Je quitte la soirée mondaine, inutile d'espérer quelque chose ici pour moi.*

À mon réveil, j'ai griffonné ce que je pensais comprendre de ce rêve.

Angelina, ma mère – je le savais depuis toujours, mais y pensais rarement –, avait été orpheline de mère, vers six ans, puis placée dans une école de sœurs où elle s'était morfondue jusqu'à dix-huit ans, sans voir son père, trop occupé à gagner de quoi vivre.

À l'époque où j'étais dans l'étude d'Apollonia, une exilée donc, on travaillait sur un projet de building bancaire à Shanghai. Sans m'en rendre compte, j'avais vécu Apollonia comme une figure maternelle, dans ce métier encore si masculin d'architecte, et cette mère étrangère me volait mon travail, effaçait mon nom, me tuait.

Le « bébé de Chine » symbolique (mon projet volé par Apollonia) et le vrai bébé venue de Hongkong, qui s'appelait, selon la volonté de ses parents adoptifs, Marie-Ange (proche du prénom de ma mère, Angelina, à consonance italienne comme celui d'Apollonia), avaient réactivé un savoir occulté au sujet de l'enfance de ma mère, et enclenché en moi un processus de réparation : mon désir de construire pour les enfants des rues provenait de mon souci de refaire le foyer que ma mère n'avait jamais connu. Et d'être l'étrangère qui sert de mère me consolait de ne pas avoir pu être un bébé « adopté », c'est-à-dire aimé, ou une fille-architecte reconnue.

Tu me suis ?

Ruth l'avait bien dit, finalement, j'étais dans la répétition, mais pas celle à laquelle elle pensait. Et dans la différence, puisque, en suivant et en ne suivant pas le modèle d'Apollonia, j'ai été architecte comme elle, mais selon les exigences de ma propre histoire. Son cynisme m'avait permis de naître à mon vrai désir enfoui depuis l'enfance.

Apollonia avait pu quitter sa mère-Italie, ce qui lui avait permis de construire autre chose que des berceaux, des buildings, par exemple. Ce que ma propre mère ne m'avait pas permis, puisqu'elle me vivait en étrangère « venue d'une autre planète », c'est-à-dire comme une enfant étrangère à elle, et elle m'avait transmis ainsi son propre abandon, et la charge de le réparer. À moi d'être sa mère, à moi d'être ma propre mère. Tout cela, à notre insu à toutes les deux.

Tu me suis toujours ?

L'enfant dans mon ventre m'apprenait avant même d'être né ce que je savais sans savoir, le pourquoi de ces quinze années.

Maintenant, nous étions enfin deux, ce bébé et moi, chacune à sa place. Je devenais enfin mère, et l'enfant à naître, tu t'en doutes, c'était toi.

Les feuillets se sont perdus, j'ai oublié cet après-midi-là, ce rêve et mes griffonnages de femme enceinte.

Après ta naissance, c'était il y a plus de trente ans maintenant, j'ai continué mon métier d'architecte pour un cabinet d'Île-de-France qui bâtissait des centres culturels, des maternités, des collèges, des ensembles résidentiels, des unités d'habitation pour des vieux, enfin des lieux utiles aux habitants et construits pour et avec eux. Le lien social, dont je t'ai rebattu les oreilles pendant tes jeunes années, à tel point que tu es devenue anthropologue, m'a occupée jusqu'à présent.

Toi aussi, tu es dans la différence et la répétition.

« Et ces autres vies que tu m'as racontées ? »

Au fur et à mesure que je t'écrivais, le sentiment d'une obscure souffrance qui me contraignait à l'architecture s'est enfin dissipé.

Si j'étais passé(e) par tant de bâtiments, une pyramide, une cité-palais, des temples, une église, un jardin, une ville scientifique, une prison idéale, c'était pour retrouver cet espace originaire, cet être-ensemble dont le modèle est les bras de la mère et le lien qui l'unit à l'enfant. Ces vies n'avaient été que détours, évitements, contournements, variations, extrapolations, raffinements de ce manque originaire, de cette intériorité à habiter qui fait de la vie biologique une existence, de ce lien unissant et séparant l'intérieur et l'extérieur, charnel, sensuel, primitif, tissant la présence au monde réciproque.

J'avais cherché dans l'espace, dans le bâtir, un lieu qui soit un lien. Ou l'inverse. Et c'est la seule chose qui vaille en architecture, selon moi.

« Tu as écrit tout ça pour en arriver là ? me dirais-tu avec ta brutalité coutumière, si tu étais là, à partager l'été français.

– Je ne l'ai pas seulement écrit, je l'ai vécu, crois-moi ou non, peu importe.

– Tu veux me faire croire que ces vies enchaînées n'avaient finalement que ce dessein à accomplir, offrir un abri, un berceau au nouveau venu ?

– Oui, prends ou laisse, mais c'est ma vérité. À la méconnaître, j'ai erré dans le Temps. Et il m'a fallu au passage changer de sexe pour y accéder. »

Tu souriras, narquoise.

« Ce faisant, tu t'es retrouvée dans le plus traditionnellement féminin…

– Est-ce que les valeurs dominantes de l'architecture sont si universelles ?

– Tu n'as construit pendant quinze ans que des crèches…

– Je suis arrivée, comme dit le philosophe, "dans le retrait de ce qui est ancien", ça dépasse la question du genre…

– Admettons. Mais pourquoi as-tu mis tant de temps à comprendre ?

– Il existe un autre temps que celui auquel on nous fait croire, c'est celui du sens, ou de l'écriture, et, comme tu le vois, il se fabrique dans l'après-coup. Si je n'avais pas écrit pour toi ce récit, je ne me serais pas souvenue de ce rêve ancien, je l'avais complètement oublié. Qu'en dis-tu ?

– J'en dis que tu t'es mise à écrire maintenant parce que, à mon tour, je t'ai *abandonnée*…

– Tu me manques, c'est vrai, mais cette séparation n'est pas un abandon. »

La douleur de ma hanche raide qui se fait insistante me réveille. Les yeux clos, je tente de ressaisir le rêve qui m'échappe : une étendue libre, sauvage, des hommes marchaient en chantant, presque nus, ils allaient vers une montagne sacrée, mais très vite les images s'enfuient et retournent à ce monde de l'oubli.

J'aime cette bizarre architecture des rêves, faite de concrétions brutales, de déformations loufoques, de strates de temps télescopées, de sagas conceptuelles qui récapitulent mon savoir en un film intense, vertigineux. Les rêves m'offrent parfois des images archétypales fastueuses, il m'arrive de rire aux éclats de leurs rébus remplis d'humour qui se moquent, la nuit, de mon sérieux d'artisan ou d'enfant avide.

La chaleur pèse sur mes paupières, la sueur fait couler de fausses larmes sur mes joues.

Une cigale ne cesse de frotter ses ailes pour célébrer l'été.

Ce récit de vies antérieures touche à sa fin.

Tu es loin, mon enfant, mais si proche puisque je n'ai cessé de t'écrire.

Me suivras-tu dans ma recherche de l'envers de l'espace ?

Telle une île aux contours imprécis émergeant peu à peu dans la brume aux yeux du navigateur épuisé, la phrase suivante hésite à se former…

Oui, j'en ai presque fini.

La torpeur me reprend, plongée confuse et muette, je suis poisson nageant entre des épaves, algue molle, longues herbes s'étirant en lascives tentacules, chercheur de trésor de goélette naufragée… Perdue, éperdue, indécise, tournoyant dans ces images floues, anciennes, traces qui s'effacent, prête moi aussi à n'être qu'une trace, sable, galet sans mémoire, squelette d'ivoire, signes d'écriture…

Mais non, pas encore, pas si vite…

Dès que je me décide à ouvrir les yeux, la table oblongue de bois que j'ai jadis dessinée m'offre son appui, m'invite à poursuivre, à écrire ; je me dandine pour ruser avec la douleur de ma hanche, j'étends ma jambe, j'étire mon pied sur l'herbe sèche. Plus de moyen de rêver ni d'être seule quand on a mal.

Les ailes du papillon ocre et noir posé sur mon cahier ne vibrent pas. Dort-il ?

Nul souffle d'air n'allège la canicule emplie de reptations de lézards et de bourdonnements d'abeilles.

Les pages blanches attendent que j'épingle encore sur elles des ruines, des fragments de phrases, les archipels d'une vie disséminée, les images éclatées d'un désir…

L'ombre du magnolia vernissé s'est déplacée et le soleil éclabousse ma main aux jointures enflées. Combien elle a tracé de croquis, de plans, calculé de devis, signé de contrats, caressé de têtes d'enfants par le monde… Et la voilà, un peu raide, qui crochète avec avidité le stylo, plus vite disciplinée que moi-même, mais mon geste reste en suspens, je n'écris rien, il n'y a plus rien à dire.

Toutes ces vies sont enfin éteintes, et celle-ci s'en va tout doucement.

Mon regard erre de cette simple terrasse au jardin qui jouxte l'ancien relais de poste que j'ai remodelé afin de m'y reposer, mais se préparer à la mort n'est pas du repos, c'est aussi constant que la douleur, ça aiguise la saveur du moment, ça rend les nuits moins pénibles, ça me submerge, le jour, de la grâce impitoyable du vivant, qui continuera sans moi.

Des géraniums impertinents font leur farandole, la glycine tombe en cascade au coin, les pivoines se rengorgent, les orgueilleuses, les fourmis trottinent au pied du magnolia astiqué pour la parade, et des impatiens rouge et blanc piaffent de conquérir le coin des roses veloutées. Les dahlias en touffe bariolée exhalent leur âcreté, non loin d'une rangée impressionniste d'œillets de poète blancs tachetés de filets de sang. Groseilliers, framboisiers jaunes translucides, fraisiers rampants et sournois, cassis aigrelets…

Du trèfle envahit le gazon parsemé de pâquerettes têtues de simplicité sous la vague nomade de graminées des champs alentour, le prunier, les cerisiers prétentieux, le poirier qui se tord vers la terre comme un maudit, un laurier rouge sang, quelques jeunes ficus en prennent à leur aise désordonnée, un yucca presque trentenaire envoie ses flèches vers l'azur.

Le liseron délicat et pervers enserre la clôture d'une étreinte qui vise à tuer le chèvrefeuille, les lilas. Les pensées multicolores s'en moquent, aussi sautillantes que des papillons. De timides coquelicots, quelques boutons d'or obstinés, des chardons, des digitales, des armoises, des orties bataillent sur le bas-côté du chemin de notre résidence d'été. Plus loin, des palmiers, des pins parasols, des eucalyptus nous isolent de la petite ville.

Cette inlassable alchimie m'ignore, ce mouvement incessant, ce faux silence masque les métamorphoses imperceptibles. Nature invente ses formes, ses couleurs, et déploie une splendeur sans souci de géométrie, d'équilibre, elle se répand, se donne avec une exubérance qu'aucun de nos travaux n'atteindra jamais.

Je referme mon cahier, le soleil est trop éclatant, je me réfugie dans la maison fraîche et silencieuse près de ton père, l'homme que j'aime.

Dans la pénombre du bureau, sur l'écran en veille de l'ordinateur, l'icône du courrier : un mail, que tu as envoyé d'Australie, vient d'arriver. Là-bas, c'est la nuit. Tu écris aussi.

« De retour de la montagne d'Uluru. Une météorite énorme, colorée.

« Je suis sur les traces de Bruce Chatwin et des *songlines.*

« Pour les Aborigènes, Uluru c'est le nombril du monde, c'est là que tout a commencé. En allant dans ses cavernes, sur ses falaises et près de ses cascades, ils peuvent communiquer avec les ancêtres et entrer dans le *Dreamtime*, leur mythe des origines, un temps parallèle au temps réel. Le chant du *Dreamtime* raconte la période mystique de création pendant laquelle les esprits ancestraux sont venus façonner les hommes et la terre. La terre est chargée de la présence des ancêtres qu'elle incarne, le monde visible est conscience réalisée ; et le monde invisible est conscience en devenir.

« Pour ces raisons spirituelles, les Aborigènes refusent de transformer la nature. Ils veulent vivre en accord avec les rythmes de la terre, et ils ne construisent rien.

« *Ils ne construisent rien.*

« Rien, oui, tu as bien lu.

« Ils se déplacent selon des lignes de chant, les *songlines*, qui suivent les veines d'énergie de la terre et correspondent à l'histoire mythique du lieu, qu'ils chantent en marchant. Ces *songlines* leur ont été communiquées en rêve par les esprits ancestraux afin de leur permettre de revenir en chantant sur les traces du *Dreamtime*.

« Leur vie est un long pèlerinage, le *walkabout*, en quête de leurs ancêtres :

« "Les Anciens chantèrent en parcourant le monde entier. Ils chantèrent les rivières et les étendues, les puits salants et les dunes. Ils chassèrent, mangèrent, firent l'amour, dansèrent, tuèrent : où que leur chemin les menât, ils laissaient une traînée de musique. Ils enveloppèrent le monde entier dans une toile de musique ; finalement, quand la terre fut chantée, ils se sentirent fatigués."

« Les *songlines* tissent un réseau dense sur la croûte terrestre et établissent des liens entre les tribus.

« Il n'y a plus ni intérieur ni extérieur. Le monde est perçu dans sa continuité dans le temps et l'espace, entre matière et esprit.

« Ça doit te parler, non ?

« Et du coup, l'architecture, puisqu'elle est intégrée dans leur perception de l'univers, n'est plus pour eux une nécessité, ils n'ont pas besoin de structurer les rapports entre leur intériorité et le cosmos.

« Bref, c'est une architecture immatérielle…

« Ils m'apprennent à entrer en vibration avec les lieux, avec l'énergie qui m'entoure. Tu devrais en faire autant, et tes amis architectes aussi…

« Pour qu'esprit et matière redeviennent solidaires, il s'agit de puiser dans l'univers cette énergie et d'en faire une force afin qu'elle participe au mouvement général de la création.

« Tu comprends ? »

Table des matières

Achevé d'imprimer en janvier 2006
sur les presses du

Groupe Horizon

Parc d'activités de la plaine de Jouques
200, avenue de Coulin
13420 Gémenos – FRANCE

pour le compte des Éditions Ramsay

Imprimé en France

Dépôt légal : janvier 2006
N° d'impression : 0510-165
ISBN : 2-84114-766-5